普通高等教育“十四五”经济类系列教材

大数据金融

刘雪峰　马　丽◎主编

中国铁道出版社有限公司
CHINA RAILWAY PUBLISHING HOUSE CO., LTD.

内 容 简 介

本书旨在系统地介绍全球范围内大数据金融的实践与理论，探讨大数据技术如何赋能金融行业，提升金融服务效率。本书不仅覆盖了大数据金融的基础知识，还深入解析了大数据在金融各细分领域中的应用案例，是结合金融理论与数据科学的综合性高等院校教材。

全书共十章。首先，从大数据的概念入手，逐步展开大数据与金融的融合过程；其次，介绍大数据相关技术；最后，分别对银行业、证券业、保险业、互联网金融和征信业等行业中的大数据应用进行细致分析，展示大数据如何改变金融生态、提升风控能力、优化客户服务。此外，本书特别关注供应链金融中大数据的作用，以及大数据金融机构与产品的创新。书中还探讨了大数据金融商业模式的演变，分析了金融信息安全面临的挑战，以及大数据背景下的风险管理与控制策略，分析了大数据与金融监管的关系，包括监管科技的最新进展。

本书适合作为高等院校经济类专业的教材，也适合金融行业从业人员参考。

图书在版编目（CIP）数据

大数据金融 / 刘雪峰，马丽主编．-- 北京 ：中国铁道出版社有限公司，2024．8．--（普通高等教育“十四五”经济类系列教材）．-- ISBN 978-7-113-31356-2

Ⅰ．F830.41

中国国家版本馆 CIP 数据核字第 2024T6V176 号

书　　名：**大数据金融**
作　　者：刘雪峰　马　丽

策　　划：潘星泉　　　　编辑部电话：（010）51873090
责任编辑：潘星泉　贾淑媛
封面设计：高博越
责任校对：安海燕
责任印制：樊启鹏

出版发行：中国铁道出版社有限公司（100054，北京市西城区右安门西街8号）
网　　址：https://www.tdpress.com/51eds/
印　　刷：东港股份有限公司
版　　次：2024年8月第1版　2024年8月第1次印刷
开　　本：787 mm × 1 092 mm　1/16　印张：11.75　字数：285千
书　　号：ISBN 978-7-113-31356-2
定　　价：38.00元

前　言

大数据产业已成为战略性新兴产业。中共中央、国务院发布的《关于构建更加完善的要素市场化配置体制机制的意见》明确提出："培育数字经济新产业、新业态和新模式，支持构建农业、工业、交通、教育、安防、城市管理、公共资源交易等领域规范化数据开发利用的场景。"数据作为一种新型要素，和劳动力、资本、技术、土地等一起融入经济价值创造的过程中，推动社会的创新发展。我国正积极培育数据要素市场，推进大数据的开发利用，释放数据红利，而金融行业在经营管理业务中累积了海量数据，数据来源可靠且多元化。因此，应用大数据具有天然优势，大数据和金融的深度融合成为大数据应用的重要领域。

大数据金融正在改变金融业的商业模式和服务模式，提升金融行业服务价值，推动金融业创新发展。大数据金融市场广阔，应用场景不断扩展，迎来快速发展时期。当前，大数据在风险防控、信用评级、普惠金融、智能投顾和供应链金融等方面的应用发展迅速，改变了传统的金融风险管理模式和产品创新方式，能够进一步减少信息不对称性和道德风险，大幅提高金融体系的市场定价能力和服务效率，拓展金融服务的边界，提高金融机构服务的综合化和智能化。因此，大数据金融能够发挥大数据的指数效应，重构金融生态圈，释放数据金融价值，提高金融机构竞争力。未来金融业的竞争，将是数据间的竞争，大数据作为战略性资源的价值将愈发凸显。

大数据金融是利用大数据技术突破、革新并发展传统金融理论、金融技术和金融模式的一种全球性趋势。这一趋势既是现有技术进步的必然结果，又是未来金融发展的强劲动力。为了满足大数据金融迅猛发展下的新型金融人才需要，高等院校金融人才培养的课程体系也需要不断更新和完善。教育部实施"六卓越一拔尖"计划2.0，全面推进新工科、新医科、新农科、新文科建设，提高高校服务经济社会发展能力，其中，新文科建设就是要推动哲学社会科学与新科技革命交叉融合。显然，大数据、云计算、人工智能和区块链等新技术将在我国人文社会科学学科体系构建中发挥重要作用，促进多学科专业的交叉融合。大数据金融有机融合大数据科学知识和金融专业知识，既有大数据算法等数据科学基础知识，又包括具体的金融行业应用和理论分析，是培养现代高素质复合型金融人才的重要课程。

本书在编写过程中，以大数据在金融行业的应用分析为重点，阐述大数据金融的含义、特征、具体应用以及大数据算法等知识，努力做到理论分析和实践案例的有机结合。同时，本书分析了国内外大数据金融应用的一些真实案例。这些案例时效性强，便于加深读者对理论内容的理解，使得本书具备一定的现实指导作用。

本书具体内容安排如下：第一章为绪论，讨论了大数据概念的界定、大数据产业的关键节点、大数据带来的变革以及大数据在金融业中的应用现状；第二章分析了大数据与金融的融合与发展，主要内容有大数据金融的内涵与特点、金融大数据资源及处理技术、大数据金融模式以及大数据金融的发展状况与趋势；第三章是大数据相关技术，研究了大数据存储、处理与计算和数据挖掘等技术；第四章是大数据金融的应用分析，主要研究了大数据在银行业、证券行业、保险行业、互联网金融行业、征信行业中的应用；第五章分析了大数据在供应链金融管理中的应用、供应链金融管理中大数据的运用以及大数据下的供应链金融风险管理及趋势；第六章分析了其他大数据金融机构与产品，主要包括信托业大数据金融、融资租赁业大数据金融、第三方支付大数据金融、众筹大数据金融以及互联网金融门户大数据金融；第七章是大数据金融商业模式与生态环境，包括大数据金融商业模式概述、大数据金融商业模式构成要素、基于大数据应用的典型金融商业模式创新、大数据金融商业模式的创新发展、大数据金融生态环境演化趋势、大数据金融生态环境建设；第八章是大数据与中国金融信息安全分析，分析了金融信息安全的重要性、大数据对我国金融信息安全的新挑战、各国对大数据与金融安全问题的处置经验、我国金融信息安全现状以及我国金融信息安全建设；第九章是大数据金融风险管理与控制，论述了金融大数据的风险管理方法与应用模式、大数据风险控制与传统风险控制的区别以及大数据金融风险控制实例；第十章是大数据与金融监管，分析了金融监管的发展、金融监管与监管科技，以及监管科技的模式与创新。本书适用于高等院校经济类专业教学，也可以供金融机构和企业人士了解大数据金融相关知识和行业应用。

本书由哈尔滨学院刘雪峰和马丽共同编写，具体章节分工如下：刘雪峰负责编写第三章、第四章、第六章、第九章，马丽负责编写第一章、第二章、第五章、第七章、第八章、第十章。

本书在编写过程中，借鉴了大量专业人士、同行和机构的文献资料，在此表示诚挚的谢意。由于我们经验有限，书中难免有不足之处，请广大师生和读者提出宝贵意见和建议，欢迎同行专家批评指正，以便后续修改完善。

编　者
2024年3月

目　录

第一章 绪　论

学习目标

1. 掌握大数据的定义与内涵。
2. 熟悉大数据的发展现状和趋势。
3. 了解大数据的相关技术。

近几十年来，随着信息技术发展的日新月异，数据分析已广泛运用于国民经济、商业实践和社会生活等各个领域，深刻影响着人们的日常生活，大数据概念开始备受社会各界的广泛关注。本章从大数据概念的界定出发，指出大数据带来的时代变革，并简述了大数据在金融行业的应用现状。

第一节　大数据概念的界定

随着计算机技术全面融入人们的日常生活，数据已经积累到了一个由量变引起质变的程度，它不仅深入到人们生活的方方面面，其累积速度也呈指数级增长，最终出现了“大数据”这个用语。大数据应用到了当今社会几乎所有领域中，不管是云计算、物联网，还是社交网络、移动互联网等，都与大数据息息相关。大数据已经成为有特别含义的专用词汇，不再单指数据体量大。

在互联网技术的强大支撑下，数据在金融领域的重要性日益凸显。掌握数据资源、挖掘数据价值，成为企业关注的焦点，也是企业盈利的需要。在新的发展环境下，了解并科学运用大数据，已成为包括金融业在内的各行各业制胜的关键。

一、大数据的概念

大数据是一个不断发展的概念，可以指任何体量或复杂性超出常规数据处理方法的数据。什么是大数据？通俗来讲，大数据就是大量的数据，但是，众多的数据有何作用？人们如何从大数据中获益呢？

数据本身可以是结构化、半结构化甚至是非结构化的，随着物联网技术与可穿戴设备的飞速发展，数据规模变得越来越大，内容越来越复杂，更新速度越来越快，大数据研究和应用已成为产业升级与新产业崛起的重要推动力量。

从狭义上讲，大数据主要是指处理海量数据的关键技术及其在各个领域中的应用，是指从各种组织形式和类型的数据中发掘有价值的信息的能力。一方面，狭义的大数据反映的是数据规模巨大，以致无法在一定时间内用常规数据处理软件和方法对其内容进行有效的抓取、管理和处理；另一方面，狭义的大数据主要是指海量数据的获取、存储、管理、计算分析、挖掘与应用的全新技术体系。

从广义上讲，大数据包括大数据技术、大数据工程、大数据科学和大数据应用等与大数据相关的领域。大数据工程是指大数据的规划、建设、运营、管理的系统工程；大数据科学主要关注大数据网络发展和运营过程中发现和验证大数据的规律及其与自然和社会活动之间的关系。

二、大数据的特征

大数据是数量巨大、结构复杂、类型众多的数据集合，也是可以通过数据分享、交叉复用的知识与智力资源，更是现代社会的一种核心资产。大数据的基本特征可以用“4V”来概括：volume（量级巨大）、velocity（获取及处理速度极快）、variety（数据多样性）、veracity（真实性）。

（一）volume（量级巨大）

海量的数据是大数据最基本的特征，根据互联网数据中心的定义，大数据的标准是其数量级要超过100 TB，也就是102 400 GB。我们知道，一个普通电子书刊的大小只有几兆字节，即使是高清的电子图书也只有几十兆字节，大数据的最低要求是其数量级相当于上亿本图书，相当于三个中国国家图书馆的藏书量。在过去，如此量级的数据是难以想象和获取的，但是，随着信息技术和网络技术的发展，这一切成为可能。微型计算机、移动终端设备技术的进步提供了大量的源数据，使得人类的一切商业或非商业的活动得以被记录下来；存储介质的革命、单位芯片晶体管的几何级增加又使得超级数据的保存成为可能；超级计算机、云计算技术又给数据的转换、分析提供了便捷。古时候，人们只能依赖于竹简上的书写传承知识，造纸术和印刷术发明后，可以较为便捷地通过印刷书籍传播文化；到了近现代，能通过图片、视频、音频等进行记录。然而，数据的保存和传播仍然不能很好地进行黏合和被计算机处理。近年来，随着二维、三维技术的成熟，图像、声音乃至动作才被计算机完整地刻画和记录，并且能够进行数字搜索、分析和运用（如3D打印技术）。

大数据“大”的特性还有另一层面的含义，那就是追求样本的“全”。在过去，由于知识与技术的局限，只能通过抽样的方法获取数据并运用于分析预测，进而运用于全样本性质的统计推断；但是在技术高度成熟的信息社会，获取数据的成本瓶颈得以解决，人们已经拥有了获得全样本的便捷条件。采用全样本进行分析，显然比抽样更具说服力。

（二）velocity（获取及处理速度极快）

在大数据时代，数据的获取是随时随地进行的。与此同时，数据的处理也是飞速的：当人们刚刚浏览完购物网站，打开微博时，就会出现广告，推荐之前在购物网站上浏览的类型相似的商品。数据处理的及时与迅速，和技术进步紧密相连，更是现实需求所导致的，也是大数据区别于传统海量数据处理的重要特征之一。在这样一个日新月异的时代，只有即时地分析处理数据信息，企业才能获得消费者此刻的偏好，也才能立刻做出生产和销售决策。在大数据时代，“时间就是金钱”，一点不为过。

（三）variety（数据多样性）

数据本身存在结构化数据和非结构化数据的区别。结构化数据是指存储在数据库中，可以通过二维表结构实现逻辑表达的数据，简言之，就是可以用相同或相似的表结构进行表达的数据；而非结构化数据则很难用二维逻辑表来表达。早期的非结构化数据主要指的是文本信息，如邮件、医疗档案、写作文档等；随着互联网和物联网的发展，网页搜索记录、社交媒体状态、图片、视频等也纳入其中。数据的多样性，也同样体现在数据来源及数据应用过程中。例如：一个人的信用记录不仅来源于银行，还来源于保险公司、公安系统、就业单位等其他与生活和工作相关的地方；同样，运用个人信用记录的地方也并不单一，现实数据总是多样化存在的。

（四）veracity（真实性）

大数据的真实性也称为价值密度低。数据价值密度低是非结构化大数据的重要属性：大数据的出现，开启了全新的全数据时代。在过去，要获得春节联欢晚会的收视率和好评度，只能采用电话随机采访的抽样调查方法；而现在，基于互联网等技术，可以直接从智能电视和计算机终端获取全部的收视数据。在抽样时代，数据量小，每个数据都显得很重要，存在随机抽样带来的偏态风险；而在大数据时代，数据的价值密度变低了，但每一个数据都是对真实世界的无偏刻画。

三、大数据与传统数据的区别

大数据是以数量巨大、结构复杂、类型众多的数据集合以及基于云计算的数据处理和应用模式，通过数据的集成共享、交叉复用形成的智力资源和知识服务。大数据与传统数据在产生方式、存储方式、使用方式等方面都有所不同。

（一）产生方式

传统数据是根据研究目的进行采集的，采集的数据具有重要性。因为监管要求、业务逻辑或者技术便利，大数据具有“自产生”的特点，不需要特别的采集过程，如搜索数据、交易数据等，尽管有些数据可能没有价值。

（二）存储方式

大数据的规模远远大于传统数据的规模。相对于传统数据库，量变引起质变，需要新的数据库技术来支持存储和访问。新型的大数据存储系统除了要具备高性能、高安全、高冗余等特征之外，还需要具备虚拟化、模块化、弹性化、自动化等特征，才能满足具有大数据特征的应用需求。

（三）使用方式

传统数据是基于样本思维进行采集的，其分析方法主要是基于概率论理论和抽样理论。通常是通过这些样本数据来推断总体，很难从这些数据中提炼出超出研究涉及的知识。而大数据则是基于全体思维，所采集的数据基本能够代表整体，通过人工智能、神经网络等讲求高维和高效率的分析技术可以从这些详尽的数据中得出有价值的规律和知识。

四、大数据的内涵

大数据的概念较为抽象，“数据”是从广义层面上而言的，囊括结构化数据和非结构化数据。大数据中的“大”既形容数据量多，又形容数据产生和变化的速度非常快。大数据的内涵主要体现在数据类型、技术方法和分析应用三个方面。

（一）数据类型方面

在数据类型上，无论是结构化与半结构化的交易数据，还是大规模的非结构化数据，都可纳入大数据的范畴。换言之，大数据就是涵盖各类数据的数据集，如社交平台运营中产生的数据、金融交易过程中生成的数据。

（二）技术方法方面

大数据技术的关键在于，从繁杂的数据中提取所需信息，并实现对数据价值的利用。大数据有其自身的生命周期，总体上看，大数据处理技术体现在存储、挖掘、分析三方面。其中，大数据挖掘主要采用的是分布式挖掘和云计算技术。

（三）分析应用方面

大数据分析应用的关键在于，借助一定的技术手段对数据集合进行分析，从中提取有价值的信息。在实践中，数理统计法的应用已经成熟。数据分析往往要依靠计算机和人工共同完成，其中，计算机是实施自动化分析的有效工具，人工则在数据选择与参数设定上起到关键性作用。

五、大数据的价值

大数据最大的价值是能够通过挖掘数据之间的相关性，把模糊的、隐含的、时滞性的问题，以可视化的、明确的、预演的方式展现出来，以便于决策和管理单元采取措施，解决所暴露的问题。这和传统的数据分析有着明显的不同，以往的数据分析或商业智能，更多的是面向过去已经发生的，而大数据是面向未来即将发生的。对金融行业来说，大数据具有以下几方面的价值。

（一）销售机会增多

对于金融企业而言，可根据获取的交易数据，以及用户的个人资料、浏览行为等各种数据，科学把握消费者的意向，进而有针对性地进行产品生产、改进和营销。例如，百度通过分析客户的搜索历史有针对性地进行广告推送，阿里巴巴根据天猫用户特征包下生产线定制产品，这些都是基于互联网用户行为而进行的精准营销。

（二）客户服务改善

大数据的应用可以有效地改善客户服务。大数据不仅可以分析量化数据，还可进行文本分析、语音分析。在客户体验方面，通过对交易数据、多渠道交互数据、社交媒体数据等的全面分析，帮助企业真正了解客户需求，并预测客户未来的行为，从而为客户提供更好的服务。在客户情感分析方面，通过对客服中心、社交媒体等数据的文本分析、语音分析，洞察客户情绪变化，分析客户的兴趣点、异常行为、意见、态度等，指导相关部门制订销售策略、市场策略等，并优化改进客户服务。

（三）客户流失预警

开发新客户往往比留住老客户要付出更高的成本。大数据技术的应用可以预警客户流失，降低客户流失率。大数据技术是科学分析客户行为的有力支撑，有助于把握导致客户流失的因素，如客户对产品不满意、对服务不满意等，以便企业及时采取策略，进行积极有效的改进。研究发现，客户在放弃某一产品之前，或者会密切关注其他类似产品，或者已经发生了购买相关产品的行为，大数据技术恰恰为掌握这些情况提供了可能。

（四）金融产品创新

大数据应用为金融行业突破传统金融产品带来了革新。例如，金融贷款产品正在从抵押贷款向无抵押贷款演变，通过大数据应用建立信用评估机制，极大地提高了信用风险评级的及时性和准确性，抵押贷款模式正在逐步被信用贷款模式所取代。

（五）运营效率提升

借助于大数据分析和预测模型，能实现对客户消费模式和购买需求的分析，针对其个性需要展开精准营销，大大提升销售运营效率。在业务流程方面，通过大数据在存储和处理方面的优势，各种数据可被直接推送到需要这些信息的岗位，信息传递的中间环节被压缩，业务流程得到简化，从而带来巨大的效率提升空间。

在资金需求预测方面，可以借助于大数据构建资金需求预测模型，实现对资金需求的有效预算，帮助金融企业提高周转效率。

（六）商业模式创新

互联网和大数据技术在金融领域的渗透与应用，有力地推动了传统金融的变革，给传统金融的发展带来了新的机会，颠覆了信息不对称的原有格局。例如，在网络贷款业务中，可通过分析贷款者的相关行为数据得出违约率的大小，据此确定是否提供贷款及贷款额度。保险业务的发展也是如此，可在分析保险主体相关行为数据的基础上进行差别定价，如通过对人体的心率、体重、血脂、血糖、运动量、睡眠量等数据进行分析，预测客户的健康指数，帮助人身保险公司提高客户识别率，据此制订个性化的费率和承保方案。

（七）风险管控加强

由于金融的本质是对风险的控制和管理，这一特点决定了金融机构在风险管控方面的重视程度远远高于其他行业。风险管控是金融企业运营中的一个重要组成部分。风险发现得越早，挽回损失的概率越大。大数据的运用将有助于金融企业大大提升风险管控能力，通过对最底层交易数据的全面甄别与分析，企业能够提高风险透明度，实现事前预警、事中控制。例如，大数据可以帮助银行建立动态的、可靠的信用系统，识别高风险客户及各种交易风险，进而有效地进行防范和控制。

金融行业的业务范围是由客户、交易、资金、场所共同组成的联合体，任何一个要素的变化，都有可能带来意想不到的价值。

第二节　大数据产业的关键节点

一、数据的挖掘和存储：对应云技术的运用和升级

云计算是大数据存储和分析的重要基础设施，正是云计算的迅速发展推动了大数据产业的发展，原因有以下三点：一是云计算按需付费和资源共享的特性降低了企业产生和使用大数据的门槛；二是低门槛的特性又推动了大量中小企业使用云计算，从而提高企业信息化程度，加速了数据的产生；三是云计算低使用成本、高计算能力提升了企业的大数据处理能力。

二、数据的整理和分析：对应算法与AI的运用和升级

大数据算法及人工智能的迭代升级提升了数据分析能力。深度学习算法突破性地以更接近于人脑的方式利用大量数据训练机器，使其自主掌握规律，而且结果将会随着数据量的不断增长而更加准确可靠。

三、大数据技术的运用场景：对应政府、企业的开放

制约企业大数据发展的最主要因素是数据资源的短缺和技术水平的不足，其次是投资大而没有看到明显效益，最后是诸如人才短缺等其他原因。数据资源增长迅速，但是如何通过技术手段获取高质量的数据是企业面临的重要问题。随着政府对大数据战略的日益重视，政府和企业的数据开放流动正在开始。

政府拥有最丰富和最优质的大数据资源，各个政府部门掌握着社会第一手的原始数据，如房地产、医疗、教育、金融、交通、旅游、气象、电力、海关、司法、人口等各类经济和社会运营的基础数据。目前政府已经出台政策逐步开放大数据供社会利用。若政府大数据能够获得有效利用，将产生巨大的价值。

相应地，企业的经营中也会产生大量数据，包括用户信息、用户行为、产品运行数据等。过去互联网数据已经进行了大量的应用，未来随着企业销售、供应、经营的互联网化，企业与客户、供应商、中间商的互动互联网化也将产生大量的数据。

第三节　大数据带来的变革

一、大数据与社会变革

社会变革是科技创新的产物，蒸汽机的发明和电力的广泛应用将人们带进了工业社会，计算机和互联网的成熟则使人们进入了信息社会。而现在，基于移动互联、物联网、云计算，则将开拓全新的大数据时代。大数据已经改变了人们传统的认识和对待事物的方式，无论在医疗、商业、金融，还是教育、气象、军事等领域，大数据对于现代社会基因的改变是全方位的。

大数据不仅改变了公共卫生领域，更彻底颠覆了商业、金融等领域。商业机构可以获取人们在购物网站的搜索记录、购物记录，从而得到人们的购物倾向；金融机构可以依托人们的购物消费记录、借贷记录，准确地对个人的信用状况进行评估；股票分析师甚至可以从人们留在社交网站上的文字中提取出个人情绪，进而预测股市的涨跌大数据。

（一）数据安全

随着大数据的广泛应用，数据安全日益引起关注。随着全球各国逐渐采用更先进的数据安全技术并制定更完善的数据保护法律，数据安全监管趋严将是未来的一大趋势。

在数据安全方面，相比于商业机密的保护问题，人们更注重的是如何守护个人隐私。数据安全意识提升的背后是人们对数据公开化及其风险的担忧。如果数据风险无法被有效管控，人们就无法在真正意义上信任数据，而这将在很大程度上阻碍日益发展的大数据产业。个人的隐私、公司机密乃至国家与国家之间的数据保护，将会是未来亟待完善的部分。当数据成为商业重要且关键的资产时，像“首席数据隐私官”这样的职业也就应运而生了，数据安全与数据隐私保护成为数据应用中不可或缺的一部分。

（二）数据分析的简化与外包

数据分析工作的简化与外包，预示着未来大数据将会向产业链分工的方向发展。随着数据信息的迅速膨胀和大数据应用的逐步落地，能够独立完成从原始资料采集、加工、分析到落地应用的完整程序的企业会越来越少。未来数据的每一个处理阶段，都有机会发展出专门的技术公司协助企业完成大数据应用前的准备工作。大数据产业链上的每一个环节都有可能产生新的问题与创新，大数据产业革新的每一个阶段都有可能激荡出新的问题与机会。新的问题不断地聚集起来，对应的数据源也趋于集中，这时一个新的产业链机会也就随之产生。中间层（middle layer）的服务与创新，将在大数据产业的发展中扮演至关重要的角色。

（三）政府的数据态度

从大数据产业链的整体来看，政府拥有最多的数据。政府拥有大部分公共服务领域的关键数据源，它是公共数据开放的大资源，也是一把驱动大数据的金钥匙。政府的数据涵盖金融、医疗、能源、食品、交通、治安、环境等多个方面，且所有这些数据都是相对集中且十分关键的，政府数据的开放将是产业创新的催化剂，对于整体数据产业的发展至关重要。

（四）多屏时代

过去几年间，手机极大地颠覆了人们的生活，但随着大数据的发展，可以预见未来将有两个新的屏会改变人们的生活：一是Smart TV，即家里的电视屏，收集你看过的节目的相关数据并向你推荐你可能爱看的节目，形成自然数据闭环；二是物联网汽车，将来所有汽车的内部都由中央显示屏控制每个部分、记录汽车行驶中的所有数据，信息的流动由此产生。可以根据时间分配（time share）和载具分配（device share）这两个层次来思考这个问题：通常情况下人在不同的时间会因为当时具体的环境状态，对不同的设备具有不同的依赖程度。在家时对Smart TV的依赖度一般会比手机高，而离开家前往下一个目的地时，则更需要的是手机。如果是自己开车，车载导航或车载屏幕将会成为主要的关注对象。因而，未来互动的过程中应当更加关注如何采集到有价值的数据，并进一步对使用者的日常生活做出优化的回馈。

（五）数据行业化

受互联网影响比较大的行业必然更容易数据化，因而大部分大数据应用的落地点都与特定行业相关，已经崭露头角的就有金融、医疗、电商等行业。下一步，大数据的应用应该会在不同的领域各自发展，并不存在适用于每一个领域的通用的解决方案，而包括零售、医疗、教育、金融等行业都将因“互联网+”的带动而发展。很多小公司起步时，产生了很多小数据，这是从0到1的过程，然后整合碎片化的数据，最后积累大量数据。这三个进程的时间点加上不同的应用，铸就了行业大数据。

二、大数据与思维变革

大数据对社会的变革是显性的，推动这种变革的动力来自大数据对人们隐性的思维变革。从重要性来看，思维的变革甚至比社会的变革更加重要，因为思维的转变是社会变化的源泉。思维的变革体现在以下几方面。

（一）世间万物都变得可量化

记录信息的能力是原始社会和现代社会的分界线之一。早期文明最古老的工具是基础的计算和长度、重量的计量。几千年来，数据的二维记载方式一直延续下来，但并没有太大改变。在如今的大数据时代，可量化的不仅仅是陈旧的统计数据，一切文字、声音、影像、方位、情绪乃至思考都变得可以量化。谷歌数字图书馆将图书进行扫描，并运用光学字符识别系统，使得每一个字符都变得可搜索。前者使得图书数字化，可以供人阅读；而后者则真正实现了文字的数据化，使得文字可以被搜索、被分析。从此人们不用再面对浩如烟海的文献不知所措，仅仅点击鼠标就可以看到所需的文献。同样，人们的声音、影像乃至思考等都被解码成为一定的数据进行存储，数据化使得分析变得更加容易，人工智能得以实现。用声音控制手机开关、刷脸进门早已不是新闻，而让电子设备跟随人的思考进行运转，不久也定会成为现实。在大数据时代，世间万物都“活”过来了，成为随时可供人们运用的大数据。

（二）数据抽样将成为历史，全样本时代再度来临

也许很多人并不知道，统计学兴起不过三百余年，在统计学诞生之前，诸如人口普查等统计工作都是按照全样本进行的。统计学诞生之后，因为极大地降低了获取样本的数量和成本，简化了数据分析过程，所以得以广泛使用至今。但是，采用样本推断总体难免出现偏差，抽样的随机性很难保证，单个异常值也会对总体推断造成很大的偏误。如今，在大数据时代，获取全样本已经变得可行，互联网使得获取信息的成本非常低廉，而计算机的发展也使得处理大规模数据不再是难事。

如前文所言，数据的丰富使得单个数据的价值密度变低，也使得数据变得混杂不精确；然而，这是大数据时代必须接受的现实。在抽样时代，数据的精确性是第一位的，因为任何极端值的出现都会对结果造成很大的影响，所以人们会利用各种方法来保证抽样的随机性；然而，在大数据时代，运用“概率”说话，少数极端值并不会对分析结果产生明显的影响，为了获取足够多的数据，只能放松对于精确性的要求。

（三）相关性可能比因果性更重要

科学探究是为了发现真理，也就是寻求因果关系，利用大数据分析事物的因果变化显然是大有裨益的。但在更多的时候，人们运用大数据可能仅仅知道“是什么”就足够了，而不必计较“为什么”。尤其在商业领域，企业只要能够从大数据分析中知道消费者喜欢哪类商品就足够了，而没有必要去研究消费者偏好背后有什么特殊原因，虽然有时候了解这种原因可能会带来额外的商业利益。零售巨头沃尔玛通过分析大量的历史销售记录，发现季节性飓风来临之前，不仅手电筒销售量会增加，而且蛋挞销售量也相应增加，因而每当季节性飓风来临时，沃尔玛就把蛋挞放到飓风物品相关的位置。这给它带来了很大的商业利润。你很难运用因果关系去解释这种现象，人们担心飓风会破坏电力设施而增加手电筒的购买，这是可能的因果关系；然而，人们为什么单单大规模采购蛋挞而不是其他食品，显然难以用因果关系去分析。沃尔玛也并不关心这种因果关系，这种分析一来耗费大量的时间和金钱，二来对销售无益，它只需要知道，在飓风来临之前人们需要蛋挞，这已经足够了。

（四）大数据预测讲求时效

数据分析的核心作用在于对未来做出预测，预测对于时效性的要求显然十分苛刻。尤其在商业领域，时间就是金钱，效率就是生命。如果数据分析滞后，预测将没有任何意义。所以，在大数据时代，对于计算能力的要求非常高。

三、大数据引发金融业变革

在互联网应用环境下，以网络信息平台为主要竞争领域的金融机构，正逐步迈入“数据为王”的大数据时代。在这一时代，企业竞争力的强弱将不再仅仅取决于服务产品的优劣，

还取决于对大数据的获取、分析和处理能力。可以说，谁占有了数据，谁就能在市场竞争中获胜。基于大数据的应用，各行各业都进入了新的发展机遇期，也必然要面临新的挑战。与其他行业相比，金融业在大数据应用方面其实拥有先天的优势：一方面，作为现代国民经济发展中轴和动力的金融行业，拥有大量高价值密度的数据资料，如客户身份、资产负债情况、资金收付交易等信息，对这些数据进行挖掘、分析、处理，会产生巨大的商业价值；另一方面，作为现代经济运行中"管钱"的行业，金融业的发展前景也比较好，能够吸引大量的深谙大数据技术应用的高端人才。经过多年的积累发展，再加上"互联网+"时代下技术和平台的推动，我国的金融行业可以说已经初步迈入了大数据时代。在我国，金融机构的数据规模已经达到100 TB以上的级别，特别是非结构化数据迅猛增长，而且其价值的挖掘越来越受关注。

（一）大数据应用背景下金融业的发展机遇

互联网技术和大数据技术必然会给不断向互联网转型的金融业带来新的发展机遇。

1. 大数据推动金融机构的战略转型

随着社会经济的发展，"金融非中心化"的特色日益凸显，商业银行等金融机构作为主要金融中介的地位正在下降，主要表现为核心负债流失、盈利空间不断收缩，以往的业务定位已经无法满足"互联网+"时代的市场需要。

不管是新的客户需求还是企业的竞争需要，都要求金融机构进行业务上的调整和创新。大数据技术的成熟，使金融机构的深化转型和创新成为可能。金融机构可以利用其天然的高价值密度数据信息，挖掘客户潜在的消费需求，从而准确定位市场需求和资源配置，推动业务的转型创新。

2. 大数据技术能够降低金融机构的管理和运营成本

利用大数据技术，金融机构可以增强自身的洞察力和决策力，找到内部的管理运营缺陷，并优化机构运作流程，从而降低管理和运营成本。同时，充分掌握有价值的数据，并做出科学的数据分析，对于把握客户行为意向具有重大的指导作用，有助于提高营销活动的针对性，节约时间，降低运营成本。

3. 大数据技术有助于降低信息不对称性，增强风险控制能力

以往金融机构对客户信息的获取，主要来源于客户本身提供的财务报表等。这种信息流通的不对称性，使金融机构在对客户进行信用评定时承担了很多不确定的风险。在大数据技术的强有力支撑下，金融机构能更全面地掌握客户信息，并对客户的交易数据进行分析，降低交易风险，提高自身的风控水平。

（二）大数据应用背景下金融业面临的挑战

当然，任何变革和转型都不会是一帆风顺的，机遇往往与挑战并存。在金融领域内，要真正掌握大数据优势，就必然要推进金融机构的转型发展，科学分析发展中存在的问题，并采取各种手段积极应对挑战，变不利为有利，改善金融机构的发展环境。

1. 大数据技术应用可能导致金融业竞争版图的重构

国家政策的转变、市场的开放化，以及互联网技术和平台的发展普及，一方面降低了金

融行业的准入标准，使越来越多的市场主体参与进来；另一方面使得更多的非金融机构，特别是大型互联网企业，开始越来越多地介入金融领域，这些大型互联网企业（如阿里巴巴、腾讯等）往往能够利用自身的技术和平台优势，在金融服务市场中站稳脚跟，甚至抢占原有金融机构的“蛋糕”。

因此，大数据技术的应用，既为金融机构的腾飞带来了契机，也对原有的竞争市场产生了冲击。如果传统的金融机构不能突破固有的组织架构、业务流程和管理模式，不能利用自身的大数据优势进行相应的变革和转型，那么，其很有可能就会被新的市场竞争淘汰。

2. 大数据的基础设施和安全管理亟待加强

在大数据时代，金融机构的数据分析已经不再仅仅局限于财务报表等结构化数据，而是更多地涉及影像、图片、音频等非结构化数据。这一变化对金融机构在软硬件基础设施升级和安全管理等方面提出了更高的要求。

如今，金融大数据安全问题已经成为金融业大数据转型不容忽视的议题。近年来，国内金融机构也一直致力于金融数据的保护。但是，业务链的延伸、云计算的普及、系统复杂度的提高等因素，都进一步增加了大数据的风险隐患。金融企业在借助大数据的便利之时，也不得不承担由此带来的风险。

3. 大数据的技术选择存在决策风险

从当前国内整体发展来看，我国大数据技术和平台的建构还处于摸索阶段，不论是技术层面还是法规制度建设方面，都有待发展完善。例如，金融业传统的事务型数据库主要用于对结构化数据进行分析，缺乏对非结构化数据进行处理的能力。然而，大数据时代的数据信息越来越偏重于图片、影像等非结构化数据，因此需要建构出一个成熟的分析型数据库，这样才能够充分利用大数据技术的优势。

对金融机构来说，需要准确把握和定位大数据发展的整体趋势，选择最合适的时机进行大数据技术的升级转型，既不超前也不保守滞后。只有这样，才能最大限度地避免因决策不当而对企业发展造成负面影响。

第四节 大数据在金融业中的应用现状

随着信息技术和移动互联网的发展、金融业务和服务的多样化、金融市场的整体规模扩大，金融行业的数据收集能力逐步提高，存储了大量时间连续、动态变化的数据。与其他行业相比，大数据对金融业更具潜在价值，麦肯锡的研究显示，金融业在大数据价值潜力指数中排名第一。

一、传统金融业大数据应用

（一）银行业大数据应用

近年来，银行业的交易数据、客户数据、管理数据等均呈爆发式增长。大数据对传统银行业的影响尤为突出，其中股份制商业银行是应用大数据最为活跃的群体，目前银行业大数据应用主要集中在客户营销、产品创新、风险控制和运营优化等领域。银行业在大数据应用方面具有以下先天优势条件：一是海量数据存量，即银行拥有大量结构化数据和非结构化数据；二是大数据技术日新月异，银行拥有雄厚的财力来支撑大数据技术的研发和应用。

大数据应用对银行业务的革新作用主要体现在以下四个方面：一是通过加强对客户数据的分析和洞察，得到客户的全景视图，提高新客户的获取率和留存率，以及潜在客户的激活率和持续性，提升客户的整体价值；二是通过交叉营销分析、精准营销分析和个性化推荐分析的应用，改善金融业务营销；三是利用大数据技术下的市场风险分析、中小企业风险评估、实时欺诈交易分析和反洗钱活动分析等手段，提升风险管控水平；四是通过增加渠道优化分析、市场分析、热点分析等多维分析方法，提升产品运营质量，加速产品创新。

（二）证券业大数据应用

大数据对于证券业也有着深远的影响。在大数据时代，证券信息的形式、数量和质量等都对证券市场参与者的大数据分析处理能力提出了前所未有的要求。在大数据趋势的影响下，国内外主要交易所都加强了信息产品研发，有针对性地推出了市场信息分析、市场情绪分析和机器可读新闻等产品，部分交易所还推出了供市场参与者使用的大数据“云平台”。此外，部分证券交易所还加强了大数据证券产品的研发，众多投资机构已经将大数据因素纳入自身投资分析框架中。

（三）保险业大数据应用

大数据与保险业有着天然的关联性。众所周知，保险业通过上门、柜面、电话、信函等多种渠道，积累了大量的客户交互数据。近年来，保险业基于大数据的创新实践层出不穷。其中最具突破性的当属由中国保险保障基金有限责任公司出资20亿元成立的大数据保险信息公司——中国保险信息技术管理有限责任公司，催生出中国保险行业首家数据共享平台。该平台将成为整个保险行业在大数据发展方面的有力支撑，因为数据的整合与共享是发展大数据保险的基础，而这一点却是任何保险公司都难以独自实现的。多家保险公司已经进行了大数据布局，主要领域包括产品创新、风险控制和运营优化等。除此之外，近年来新兴的互联网保险也成为保险业收集数据的新平台。以下介绍几类典型的应用。

1. 承保定价

在大数法则下，保险产品的定价主要是基于样本数据的分析。在大数据时代，保险定价是基于社会和全体数据，不仅包括保险公司存储的客户数据，还包括整个互联网上的数据，如来自社交网络上的文字、图片或者视频信息。这将颠覆传统保险精算的理论和技术，推动保险商业模式的革命性和突破性创新。车险将采用差别定价模式，生命表也将发生更新换代式的变革，所有的投保人将获得一个公平的保险价格。例如，保险公司可以通过数据分析，掌握客户车辆的主要用途、基本行车路线、路途的风险程度、驾驶习惯等风险状况，以此评估客户车辆的风险指数，进而制定差别费率，对于风险低的客户降低费率，对于风险高的客户提高费率甚至拒绝承保。

2. 保险产品营销

传统的广告宣传手段是利用传统媒体，如电视、广告牌等，每个用户看到的广告都一样，若该用户没有相关需求，广告也就没有效果。大数据时代的保险营销不是针对所有群体的一个广告及营销手段，而是实施精准营销。精准营销是通过分析客户行为，制定相应的销售与服务策略，把合适的产品或服务，以合适的价格，在合适的时间，通过合适的渠道，提供给合适的客户。大数据技术的应用，可以帮助保险公司完成寻找目标客户、挖掘客户潜在保险需求等任务。大数据营销使保险公司的客户营销策略更为精确直接，避免了以往常见的逐户拜访、陌生拜访、陪同拜访现象，也避免了和同业竞争对手直接碰撞。相比于开拓新客户，大数据营销对原有客户购买力的深度挖掘和忠诚度培养具有重要意义。现在已经越来越流行确立首席信息官（chief information officer，CIO）为精通数据技术和保险业务的管理者，CIO独立于公司各个部门，负责选拔和培训专业人员、调试设备、开发软件、整理和筛选代理人手中的客户资料，并充实数据仓库。在客户资源上，客户不再是代理人的个人资源。代理人依靠强大的数据后援，签单量和保单质量都会大幅提高。

3. 保险欺诈识别

保险欺诈，尤其是健康保险领域的欺诈具有专业性、隐蔽性等特点。为了防范健康保险交易中诈骗的发生，美国各州在建立全民医疗保险的网络销售平台时，附加建立了专业软件平台，用于自动识别和侦破可疑的健康保险索赔数据。这是一个依赖大数据技术建立回馈机制，并应用机器学习技术不断提高和进化的动态防卫系统。该软件可以随着数据更新寻找规律，适应欺诈的新特点并加以追踪鉴别，建成后将大大提高理赔和管理效率。在国内，全国各地的保险公司正在积极建设客户理赔信息即时共享机制、完善统一的欺诈风险信息库，以及广泛的异地协查网络，积极实现商业保险与社会保险之间的信息实时对接，扩大共享范围，提高支撑识别保险欺诈的数据质量。

4. 互联网保险

互联网保险是一种以互联网为媒介的保险营销模式，是指保险公司或新型第三方保险网以互联网和电子商务技术为工具来支持保险销售的经营管理活动。与传统保险相比，互联网保险具有以下特性：降低保险公司和保险中介机构的运营成本，拓展保险公司和保险中介机构的业务范围，提供较高水平的信息服务，为客户提供便捷工具，使客户享受个性化服务，降低保险公司的风险，更有效地保护客户隐私以及虚拟化的交易方式等。

（四）信托业大数据应用

虽然信托业在国内起步较晚，但最近几年发展得非常迅速，信托业资产规模急剧攀升。20多年的快速发展使信托业内部积累了一定的数据资源，信托业大数据的应用主要在于对内部数据的深度挖掘分析。对大数据进行深度挖掘不仅是为了实现高净值客户的开发和维护，而且是为了强化信托公司内部风险控制、支持业务精细化管理、助力服务和产品的创新等。

（五）融资租赁业大数据应用

融资租赁又称现代租赁，是指实质上转移与资产所有权有关的全部或绝大部分风险和报酬的租赁。融资租赁资产的所有权在合同期截止时可以转移，也可以不转移。目前大数据与融资租赁业的融合也日渐显现，主要集中于融资租赁企业的风险管理和市场营销方面。

（六）担保业大数据应用

担保是指法律为确保特定的债权人实现债权，以债务人或第三人的信用或者特定财产来督促债务人履行债务的制度。大数据在担保方面的应用与融资租赁业非常相似，两者都强调对债权的风险管理，所以在风险管理和数据挖掘方面有着广泛应用。

二、基于互联网的机构与产品

近年来，互联网金融的发展如火如荼，而大数据则是互联网金融发展的一剂强心针，对传统金融行业格局产生了巨大的冲击，推动着传统金融体系的重塑。大数据与互联网金融的结合主要体现在以下几方面。

（一）大数据征信体系

金融征信体系是金融业征信系统及信用管理运行机制的总称，以金融业主管部门为主导进行建设。其主要用户是金融机构，主要征信对象是授信申请人，其主要目的是实现信用信息在金融业内互通互联，共同防范信用交易风险。

我国的金融征信体系有两个基本特点，即行业征信与准公共征信。行业征信是指金融机构传递的信用信息，是我国金融征信体系主要的信息采集来源，金融机构就是其主要服务对象，即征信是在行业内部进行的，征信的结果也主要是为本行业服务。准公共征信就是金融征信体系首先要在金融业内进行信息的共享，其次才有选择地以有偿或者无偿的方式对外公开一些数据与信息，而公开这些信息的前提是不影响金融行业的安全。

大数据技术在征信领域的应用使得非金融行业的信用数据也能够运用于金融征信体系的建设，弥补了传统金融征信体系中数据来源单一、局限于行业内部的不足，能够提高征信数据的质量。同时，大数据技术使得实时获取用户信息成为可能，形成对用户信用水平的动态衡量，改变了以往根据过去的信用信息进行评估的状况，这是征信体系的一大进步。

（二）众筹

众筹作为一种新型的互联网融资方式，相对于传统的融资方式而言更为开放、更具普惠性。能否获得资金也不再是以项目的商业价值作为唯一标准，只要是公众喜欢的项目，都可以通过众筹方式获得项目启动的第一笔资金，且一般首次筹资的规模都不会很大，为更多小本经营或创业人提供了无限的可能。

大数据在众筹领域的应用在于能够降低运营成本。开展众筹业务的互联网公司在积累数据之后可以利用大数据分析技术，自动给中小企业进行信用打分，降低成本，借助互联网快捷的网络信贷、众筹等模式，快速抢占中小企业融资市场，这给互联网金融企业和中小融资企业都带来了不同的盈利模式和融资渠道。而对于传统金融机构，其复杂烦冗的风控体系和征信模式也会受到一定的冲击，迫使其在保证安全的同时进行系统的创新和转型。

（三）大数据指数

大数据指数最大的创新点在于将互联网与大数据技术引入指数编制中，利用大数据对市场主体情绪进行刻画和量化，为目前市场上的指数投资带来了全新的视角和参考体系。这是大数据技术在指数编制上实现的创新，也开创了大数据时代的投资新策略。

传统金融领域和新兴金融领域的两地开花，为大数据的发展孕育了无限可能，传统金融借助于大数据的力量紧跟时代，新兴金融依托大数据的发展完善金融服务。大数据的运用为各个金融机构在产品创新、营销方式、运营方式、管理效率、风险控制等方面均带来了改变和革新。

思 考 题

1. 大数据与传统数据有何不同，其独特性体现在哪些方面？
2. 在大数据产业中，开放数据和数据隐私之间如何平衡？
3. 在大数据推动下，未来的商业模式会有哪些创新？
4. 目前金融业中大数据应用的主要场景有哪些？
5. 金融科技（FinTech）中，大数据和人工智能技术如何相互促进？

第二章 大数据与金融的融合与发展

学习目标

1.掌握大数据金融的定义与特征。

2.熟悉金融大数据分析处理流程。

3.深入理解大数据在金融领域的应用。

大数据是时代的特征，大数据与金融本是两个不紧密相关的概念，但是随着现代移动互联网的广泛运用，以及大数据相关技术不断发展成熟，大数据被越来越多地应用于金融领域，大数据金融的概念应运而生。本章从大数据金融的内涵、特点、发展状况与趋势出发，详细叙述大数据与金融的融合与发展。

第一节 大数据金融的内涵与特点

中国金融业历经多年的高速发展，已步入了转型时期，经营模式将从“以产品为中心”向“以客户为中心”转变，管理模式将从“粗放型”向“精细型”转变。为了能够更加迅速、全面、准确地了解与掌握客户需求，传统的“经验依靠型”必须向更为精细、可靠的“数据依靠型”转变。大数据时代的到来，使得这一进程得以实现，大数据金融也将对传统金融业产生深远的颠覆性影响。

一、大数据金融的内涵

大数据金融，是指利用大数据开展的业务，即对海量数据，经过互联网、云计算等信息化的处理方式，对客户的消费数据进行实时分析，为金融机构提供客户的全方位信息，通过分析和挖掘客户的交易和消费信息掌握客户的消费习惯，并准确预测客户行为，提高金融服务平台的效率和降低信贷风险。

广义的大数据金融是包括整个互联网金融在内的所有需要依靠挖掘和处理海量信息的线上金融服务。也就是说，如众筹等互联网金融行为，其核心都是大数据金融。

狭义的大数据金融指的是依靠对商家和企业在网络上的历史数据的分析，对其进行线上资金融通和信用评估的行为。

无论是广义还是狭义的定义，大数据金融的核心内容都是对商家和客户的海量数据进行收集、存储、挖掘和整理归纳，使互联网金融机构得到客户的全方位信息，掌握客户的消费习惯并准确预测客户行为。

大数据金融是大数据技术应用于金融业的产物，体现了鲜明的技术特征。大数据技术在金融领域的应用，就是在数据挖掘与分析的基础上，更有针对性地为用户提供金融产品与服务，为用户带来更佳的消费体验，优化金融交易模式，净化金融环境，促进金融的创新发展。

首先，当代金融机构的发展离不开大数据的支撑，大数据金融有利于金融机构进行精准营销，大大提高其金融服务效率。因为大数据技术的运用可以提供更为周到的金融服务，增加客户的认同感和归属感，在客户心目中树立起良好的企业形象。其次，大数据金融迎合了当前金融机构迫切需要转型升级的内在需求，提高了金融机构的盈利水平，逐步形成了自身的核心竞争力。最后，在互联网企业涉足金融和其他同类金融机构的双重夹击下，传统金融机构必须顺应时代发展潮流，积极变革，转变自身的思维，大力发展大数据金融，提高自身在金融业中的竞争力。

此外，大数据金融对传统金融行业的革新、产业链的价值重构、互联网金融生态圈的建设等起到了重要的推动作用。

金融行业的大数据大致分为以下三大类：

（1）传统的结构化数据，如各种数据库和文件信息等。

（2）以社交媒体为代表的过程数据，涵盖了用户偏好、习惯、特点、发表的评论、朋友圈之间的关系等。

（3）日益增长的机器设备及传感器所产生的数据，如柜面监控视频、呼叫中心语音、手机、ATM等记录的位置信息等。

根据金融行业的分类，可以将大数据金融细分为大数据银行、大数据保险和大数据证券。差异化车险定价是大数据应用于保险行业的一个典型。具体而言，就是参照驾驶信息制定不同层级的车险价格，如果车主乐于遵守驾驶规范，就可为其提供价格较低的车险；而对于违章较多的车主，则为其提供价格较高的车险。信用卡自动授信是大数据在银行业的应用，银行根据信用卡客户数据确定是否授信及计算信用额度。机器人投资是证券领域应用大数据的典范，证券公司通过分析影响股价的多维因素创设模型，促进股票选择的自动化和智能化，科学把握交易时机。

二、大数据金融的特点

大数据金融是时代发展的产物，是金融业和大数据技术发展到一定阶段的必然要求，两者的融合来自三个方面的推动力，分别是金融业应用大数据技术的优势、大数据技术应用的逐步成熟和金融业创新发展的必然要求。

（一）金融业应用大数据技术的优势

金融业是一个典型的数据密集型产业。与其他行业相比，金融业的数据类型和自身各方面资源更适合大数据技术的广泛应用，所以大数据技术对金融业而言更具潜在价值。金融业在促进大数据技术与金融业融合发展方面具有以下优势。

一方面，金融机构沉淀着大量数据，在利用大数据技术方面具备显著优势。第一，银行通过日常业务可以积累海量用户数据，不仅包括所有客户的账户和资金收付交易等结构化数据，还包括客服音频、网上银行记录、电子商城记录等非结构化数据。金融机构在业务开展过程中积累了包括客户身份、资产负债情况、资金收付交易等大量高价值的数据，这些数据在运用专业技术进行挖掘和分析之后，将产生巨大的商业价值。第二，金融业务的开展离不开数据的支撑，金融机构通常拥有丰富的处理传统数据的经验，这些经验同样也可以运用到大数据处理中，使金融机构更好地适应技术变革，增强自身的竞争力。

另一方面，金融机构的预算充足，能够提供优越的薪酬待遇，吸引大量的大数据技术人才加入金融机构的大数据基础设施建设中，促使金融机构的数据处理技术加快升级，更好地促使大数据技术与金融业的深入融合。此外，大数据的决策模式也适用于金融业的日常决策过程。在大数据技术的推动下，金融业的管理模式、发展趋势、产业创新日新月异。因此，金融机构利用大数据技术实现金融业与大数据的融合有其内在的合理性。

大数据金融相比于传统金融具有无可比拟的优势。企业可以通过大数据金融对商业模式和盈利模式加以创新，获得在产业链中的核心地位。大数据金融带来的技术革新和金融创新不仅能支持中小企业的发展，还能促进我国经济结构调整和转型升级。因此，大数据金融战略是企业和国家的战略选择。

（二）大数据技术应用的逐步成熟

大数据技术应用的逐步成熟是推动大数据与金融业融合的重要因素，为“大数据金融”概念从理论变成现实奠定了技术基础。

大数据技术的深入发展和广泛应用离不开互联网的快速普及。近年来移动互联网呈爆发式增长，全球数据量以几何级数增加。数据的形式不再集中于可量化的、精确的结构化数据，而是出现了大量非量化的、非结构化的数据，使数据类型更加复杂，处理分析难度增大。数据类型的增加也对大数据技术处理数据的速度和获取数据价值的能力提出了更高的要求。经过多年的发展，大数据领域已经涌现出了大量的数据处理技术，它们成为大数据采集、存储、处理和呈现的有力武器。大数据相关的技术和工具层出不穷，新的技术和工具，如Hadoop分发、Spark平台、下一代数据仓库等，成了大数据领域的创新热点。同时，云数据分析平台趋于完善。大数据的分析工具和数据库也在向着云计算方向发展。云计算为大数据提供了可以弹性扩展、相对便宜的存储空间和计算资源，使得中小金融机构也可以像大型金融机构一样通过云计算来完成大数据的分析应用。

此外，随着数据分析集的逐步扩大，企业级数据仓库将成为主流。大数据技术的成熟发展不仅为金融业带来了数据处理技术，而且凭借大数据思维影响着金融业的进一步发展。金融业只有在运营中积累独一无二的数据资源，变数据为黄金，方能迎来更大的发展。随着大数据技术的逐步成熟，其在金融领域的应用也越来越广，最终促成大数据金融的蓬勃发展。

总之，大数据技术的发展成熟，是实现大数据在金融行业广泛应用的基础。如果没有大数据处理工具的运用，大数据金融只能停留在概念阶段，只是一个空想。而如今，大数据金融已经变成现实，其无时无刻不在影响着经济的运行，影响着金融机构的决策方式。

（三）金融业创新发展的必然要求

创新是事物发展的源泉，需求是事物发展的内在动力。随着互联网时代的飞速发展，以及物联网、云计算、数据挖掘等技术的逐渐成熟，利用最新技术提高自身的竞争力成了金融机构的内在需求。金融机构利用大数据技术的根本目的在于提高金融服务水平，提高金融数据的运用效率，创造更大的价值，更好地促进金融资源与实体经济的有效结合。

1. 提升金融服务水平

随着后危机时代全球经济逐渐复苏，金融业正进入一个全新的发展阶段。各种新型的金融机构层出不穷，如征信公司、小额信贷公司等，金融行业的竞争越发加剧，严重挑战着传统金融机构的运营模式。传统金融机构亟待寻找突破口，寻找新的创新点。而大数据技术正是金融机构推动业务创新和产品创新进而提高金融服务效率的重要支撑。

通过大数据技术，金融机构可以精确地刻画出客户画像。客户画像主要分为个人客户画像和企业客户画像。个人客户画像包括人口统计学特征、消费能力数据、兴趣数据、风险偏好等。企业客户画像包括生产、流通、运营、财务、销售和客户数据、上游和下游相关产业链数据。通过大数据技术对客户个人情况等静态信息和交易记录等动态信息的综合分析，金融机构可以得出客户的消费偏好、风险偏好等内在的客户行为数据，从而投其所好，为客户提供个性化的服务。所以，客户画像可以帮助金融机构更加了解客户，根据客户的需求，量身定制金融服务，从而提高客户的满意度和忠诚度。

同时，在拥有了客户画像的基础上，银行还可以有效地开展精准营销。精准营销最大的优点就是可以实施个性化推荐，即金融机构可以根据客户的偏好进行服务或者对银行产品进行个性化推荐，如根据客户的年龄、资产规模、理财偏好等对客户群进行精准定位，分析出其潜在的金融服务需求，进而有针对性地进行营销推广。利用大数据技术所得出的客户行为信息，是金融机构提供个性化服务的基础。提供有针对性的服务，可以使客户的需求得到最大限度的满足，进而促进金融服务和产品的创新，提高金融机构服务水平。精准营销的一个典型实例就是实时营销，它根据客户的实时状态来进行营销活动。比如，根据客户当时的所在地、客户最近一次交易记录等信息有针对性地进行营销，或者将改变客户生活状态的事件（如改变居住城市等）视为营销机会。一方面，实时营销可以提高营销的成功率；另一方面，也方便客户使用服务，提高金融机构的服务水平。

大数据技术也在金融客户生命周期管理上发挥了重大的作用。客户生命周期管理包括新客户的获取、现有客户的防流失，以及失去客户的赢回等。通过大数据技术可以建立一系列的监测模型，分析客户在金融生命周期的哪个阶段，客户对企业的价值如何，从而帮助金融机构提供差异化的服务。针对处在不同生命周期阶段、不同价值的客户采取差别性对待策略，以更好地发挥现有客户的价值，提升服务质量，同时培养潜在客户，从整体上改善金融机构的服务水平。

总之，金融机构的发展需要大数据的支撑，大数据技术的应用促使金融机构整合各方面的信息，形成客户画像，并在此基础上进行精准营销，提供个性化的定制服务，从而提高金融行业的服务水平。大数据技术的应用可以使金融机构更加贴心地为客户服务，增加客户的认同感和归属感，提高客户的满意度。

2. 提高金融机构管理效率

当前，随着我国经济发展进入“新常态”，传统金融机构管理效率低下、运营成本和风险控制成本过高、盈利能力下降等短板愈加凸显。大数据技术的出现迎合了金融机构迫切需要紧跟时代趋势、转变经营战略的需求，使得金融机构能够提高管理效率，降低运营成本和管理成本，提高风险控制能力，降低整体风险，从而提高盈利水平，形成自身的核心竞争力。大数据技术通过对大量金融相关数据的分析整合，可以更加清晰地指出当前金融机构存在的关键问题，从而更好地对症下药，提高金融机构的管理效率，以弥补当前金融机构所面临的不足。

大数据技术的应用有利于提高金融机构管理效率，主要体现在降低金融机构的运营成本和提高金融机构的风险控制能力两个方面。

一方面，大数据技术能够降低金融机构的管理成本和运营成本。大数据技术可以提高金融机构的内部管理水平，通过减少组织纵向层级、增强横向联系来推进组织机构扁平化，使金融机构内部管理信息的传递效率和质量均有所提高。同时组织纵向层级的减少，也精简了管理的机构，降低了管理成本，提高了管理效率。通过大数据技术，金融机构还能够得到精确的客户画像，使金融机构能够更好地了解客户的消费特征和行为习惯，及时、准确地推荐合适的产品或者服务给合适的客户，提高营销的成功率，得以降低人力、物力成本。在大数据技术的支持下，金融机构改变了以往靠提高业务覆盖面、占据市场份额取胜的传统管理模式，改为提供精准服务、以服务质量取胜的新型模式，从而降低运营方面的成本，提高盈利水平。

另一方面，大数据技术能够增强金融机构抵御风险的能力。大数据技术可以帮助金融企业更好地实施风险控制与管理。金融机构可以通过大数据技术建立征信体系来提高风险管理效率，降低业务成本。征信体系，就是指按照一定的数据采集标准，对信用主体的信用信息进行采集、加工、核实和更新，以实现信用信息在体系内互联互通的一种信用管理运行机制。征信体系所包含的信息主要由三部分组成：第一部分是个人或者机构的基本信息；第二部分是客户与金融机构的交易记录；第三部分是客户与非金融机构的交易信息，包括金融机构以外的交易记录。征信体系通过大数据技术对上述信息进行综合分析，判断客户违约的概率，提高管理客户的效率，通过采集更广泛、更真实的数据，运用大数据分析和处理技术，可以更深刻地分析客户或项目的风险，从而更好地监控风险，改善风险决策模式，提高风险管理效率。大数据技术有助于降低信息的不对称性程度，增强风险控制能力。金融机构可以摒弃原来过度依靠客户提供财务报表获取信息的业务方式，转而对客户的资产价格、账务流水、相关业务活动等流动性数据进行动态和全程的监控分析，从而有效提升客户信息透明度，更加有效地控制经营中的各类风险。

3. 互联网金融发展的推动

随着互联网的深入普及，互联网金融异军突起，已演化成不可阻挡的时代趋势，互联网金融公司如雨后春笋般纷纷出现，冲击着传统金融机构的地位，对传统金融机构运行构成潜在威胁。在互联网信息平台上，互联网金融企业能够借助网络对大量分散主体展开标准化、自助化的服务，以降低金融服务的边际成本，直至其趋近于零，从而实现规模经济和范围经济。互联网金融的进步有益于降低小额分散零售客户的金融服务风险与成本，极大地提高了金融服务效率。同时，互联网技术大大降低了信息获取成本、信息清算成本、风险识别成本、客户管理成本，从而大大地提高金融服务的价值创造能力。

大量非金融机构切入金融服务链条，从客观上降低了金融业的准入门槛。非金融机构利用自身的技术优势和监管盲区在金融业的大碗中分得一杯羹，冲击了传统金融机构的服务模式。阿里巴巴和腾讯就是这类企业的典型，它们利用原有平台的用户交易数据，分析用户的消费偏好、行为模式，进而为用户提供个性化服务。同时，它们利用平台的协同效应，为用户提供多样化的理财服务。此外，一些新型金融机构也紧跟时代趋势，率先利用大数据技术进行业务创新，小额信贷公司就是其中的典型代表。小额信贷公司一般依托于互联网和大数据技术，为客户提供一定金额下的“金额小、期限短、随借随还”的纯信用小额贷款服务。其通过对大量数据的分析处理，将传统的抵押贷款模式转变为信用贷款模式，为优质顾客的小额贷款提供更加便利的服务。小额贷款既方便又实用，节省人力物力，是对传统金融机构的有益补充。同样还有如火如荼的征信体系建设，无论是芝麻信用还是腾讯信用，都对传统金融机构的业务产生了一定的冲击。大数据与金融的融合已是时代的趋势。率先转型的金融机构的成功已经说明了大数据金融的发展趋势不可阻挡。传统金融机构如果不借助大数据技术进一步发展，最终将被时代所淘汰。所以，传统金融机构必须充分利用大数据技术，转变自身的思维，积极变革，提高自身在金融业的竞争力。无论是从金融机构自身来看，还是从其他企业对金融业的介入来看，金融与大数据的融合都已是既成事实。金融机构优化利用大数据技术，可以进一步提高自身的竞争力，顺应时代的发展趋势。

第二节　金融大数据资源及处理技术

一、金融大数据资源

（一）证券期货业数据

证券期货业的经营对数据的实时性、准确性和安全性要求极高。证券期货业数据包括实时行情、历史金融数据、统计数据、新闻资讯等，涵盖股票、基金、债券、股指期货、商品期货、权证、黄金、外汇、指数、理财产品、宏观经济与行业经济等方面。其中，实时行情数据情况见表2-1。

表2-1　证券期货业实时行情数据

数据类型	数据描述
证券行情数据	沪深证交所股票、基金、债券行情数据和逐笔成交明细数据，权证、外汇、指数行情数据
期货行情数据	商品期货、股指期货的实时行情报价和高频数据等
宏观经济与行业经济数据	国内宏观经济数据、地区经济数据、行业经济数据、国外宏观经济数据

证券期货业数据具有数据量大、变化快等特征。期货高频行情数据每秒更新2次，每日产生上万笔交易数据。在国外市场上，股票的高频行情数据更新速度更快，支撑了高频交易等新兴交易模式的发展。宏观经济与行业经济数据包括国内宏观经济数据、地区经济数据、行

业经济数据、国外宏观经济数据四大类，涉及超过13万个经济指标、670万条经济数据。在新闻资讯方面，除了发布的新闻信息、相关机构的研究报告，还有从论坛、微博等网络媒体摘取的网络舆情信息，这些数据属于非结构化数据，其处理需要网络爬虫、语义分析等非结构化数据处理技术。

（二）银行业数据

在数据爆发式增长的今天，银行每天都在生成、获取海量数据。第一，传统的交易系统每天产生数亿笔客户交易，形成了TB级的结构化数据；第二，在业务处理过程中银行采集了大量用于集中作业、集中授权、集中监控的影像、视频等非结构化数据；第三，银行网站每天的点击量达到几千万次，隐藏着大量客户需求或产品改进信息；第四，各类媒体、社交网络中涉及银行的信息既有客户需求，也有客户投诉，这些都可以作为银行改进产品或服务的依据。上述数据或基于法规的存储要求，或基于市场营销、产品设计的分析需求，或基于风险与安全控制的行为审计需求，都需要银行对其进行存储和计算，其中一部分数据还需要及时计算。

（三）保险业数据

保险经营的基础是大数定律，即“从大量随机事件中找出必然规律”，这与大数据的特征高度吻合。目前，国内大型保险公司积累的数据量均已超过100 TB。保险业数据除去保单、理赔单、电话营销录音等保险公司保留数据，还包括大量的保险相关行业业务数据，比如，医疗保险涉及病历、医疗记录等数据，汽车险涉及投保者的驾驶违章记录数据等。保险业数据中的非结构化数据多保留为影像数据形式。这些数据可为保险公司的各类决策提供支持，支撑保险营销、定价、欺诈识别、精细管理、精致服务等业务的开展。

（四）跨行业互联网金融数据

在互联网技术高速发展的今天，以较低时间成本和经济成本提供支付和融资服务已经成为可能。网络化的平台、标准的流程极大地降低了数据收集的成本。以腾讯为代表的互联网公司积累了大量数据。

在支付服务中，数据资源主要包括用户的转账汇款、机票订购、火车票代购、保险续费、生活缴费、考试缴费等支付服务数据；在网络融资服务中，数据资源主要是贷款方的财务报表、运营状况、个人财产等资信相关数据，以及投资方的个人基本信息、显性行为信息和隐性行为信息等与其风险或收益偏好相关的数据。无论是支付服务还是融资服务，除了在自身服务平台上搜集的数据，都可以从互联网上获取海量数据资源，对客户的行为进行交叉验证，这些数据可以是用户的网页浏览数据、在其他电商平台上的交易数据、在博客上发布的言论、在社交网站上发布的信息，也可以是相关新闻的文本、照片甚至是视频等。

二、金融大数据处理的关键技术

金融数据一般具有“流数据”的特征，需要在短时间内快速处理。与其他行业相比，金融数据具有逻辑关系紧密、处理实时性要求高、可展示性需求强等特征，通常需要以下几类关键技术。

（一）数据分析技术

这主要包括数据挖掘、机器学习等人工智能技术，主要应用在用户信用分析、用户聚类分析、用户特征分析、产品关联分析、营销分析等方面。金融系统对安全性、稳定性和实时性要求比较高，对大数据计算处理能力的要求也非常高。

（二）数据管理技术

这主要包括关系型和非关系型数据管理技术、数据融合和集成技术、数据抽取技术、数据清洗和转换技术等。金融行业对数据的实时管理能力要求非常高，需要灵活地进行数据转换配置和任务配置。

（三）数据处理技术

这主要包括分布式计算技术、内存计算技术、流处理技术。金融数据的海量增长使得金融机构需要通过新型数据处理技术来更有效地利用软硬件资源，在降低IT投入、维护成本和物理能耗的同时，为金融大数据的发展提供更为稳定、强大的数据处理能力。

（四）数据展现技术

这主要包括可视化技术、历史流展示技术、空间信息流展示技术等。主要用于金融产品健康度监视、产品发展趋势监视、客户价值监视、反洗钱反欺诈预警等方面。金融数据种类多样，相关统计指标复杂，需要大力发展数据展现技术，提高金融数据的直观性和可视性，提升金融数据的可利用价值。

第三节　大数据金融模式

按照大数据服务所处的环节，可以把大数据金融划分为平台金融模式和供应链金融模式。建立在B2B、B2C或C2C基础上的现代产业通过在平台上凝聚的资金流、物流、信息流组成了以大数据为基础的平台金融，如阿里金融以及未来可能进入这一领域的电信运营商；建立在传统产业链上下游的企业通过资金流、物流、信息流组成了以大数据为基础的供应链金融，如京东金融平台、苏宁易购的供应链金融模式。

一、平台金融模式

平台金融模式依赖于自身交易平台上众多商户的经营活动产生的大数据，平台方可以利用这些大数据进行数据挖掘，从而为平台上的商户提供快速信用评价、授信服务。平台金融模式的优势在于，平台方掌握了商户大量的交易信息，对于商户可谓知根知底，对商户的客观了解甚至超过商户自身。大数据金融的核心在于信用评估，或者说在于管理风险：这种基于大数据的精确的信用评估，能够有效地解决风险控制问题，降低坏账率。依托稳定持续的大数据和先进的云计算技术，系统能够自动地进行信用评价和授信，借贷流程完全能够实现流水化，在提升效率的同时也降低了运营成本。

二、供应链金融模式

供应链金融于19世纪在荷兰出现，到20世纪末逐渐成熟。在一个完整的供应链中，各个节点的资金状况良莠不齐，某个节点的资金匮乏可能导致“木桶效应”，使得整个供应链效率降低。在这种情况下，供应链金融发挥了极大的功效。依托于某一个实力雄厚的核心企业，以自有资金或者联合金融机构对整个供应链的参与者提供金融支持和服务，实现了产业链的协调发展。在这个过程中，核心企业依托自身数据能够对产业链中的企业进行较好的风险评估。

京东金融自2012年开始涉足金融服务，同年，京东金融自主研发产品获得中国银监会审批，2013年12月推出京保贝。金融业务正在成为京东不可或缺的一部分，2014年3月7日，京东低调上线理财产品“小金库”。2015年9月，京东农村信贷品牌“京农贷”正式发布。11月4日，京东金融携手腾讯等机构在北京宣布成立互联网金融安全联盟。2016年1月16日，京东金融获66.5亿元融资。5月，京东金融宣布，推出企业理财服务产品“企业金库”。2017年1月，中国银联同京东金融签署战略合作协议，并宣布后者旗下支付公司正式成为银联收单成员机构。2018年7月12日上午，京东金融宣布已与中金资本、中银投资、中信建投和中信资本等投资人签署了具有约束力的增资协议计划，融资金额约为130亿元，投后估值约为1 330亿元。2019年9月17日，京东金融更名为“京东数字科技集团”，标志着公司从单纯的金融科技公司向数字科技公司的转型，业务范围更加广泛，涵盖智慧城市、数字营销等多个领域。2020年，京东数科实现营业收入206.54亿元，供应链金融模式收入42.84亿元，占比20.3%。2022年，京东科技继续强化其在大数据、AI、区块链等前沿技术上的研发投入，旨在打造更高效、安全的金融服务解决方案。特别是在风险管理、智能投顾、区块链金融等领域，京东科技保持行业领先地位。

一般企业在与核心企业合作时，既要保证供货，还要承受应收账款周期过长的风险，资金往往成为最大的压力。而这些企业往往因为规模小、资金薄弱，难以得到银行的贷款，资金链断裂成为笼罩在这些企业头上的阴影。京东正是利用用户数据和现有的金融体系，根据每个环链上的业务需求，满足中小微企业的金融需求。

京东做金融有其天然优势，因为京东有非常优质的上游供应商，还有下游的个人消费者，积累了非常多潜在的金融业务客户。有现成的大数据资源，京东选择做金融水到渠成。

传统的供应链金融只针对某个特定的产业链，其运作相对简单和“感性”；大数据视角下的供应链金融涵盖的面则非常广泛，而且依赖于精确的数据“理性”。京东是大数据供应链金融的典型代表，京东依赖自己掌握的各个类型、各个行业、各个地域的关联企业的海量交易数据，通过数据挖掘评价企业信用、资金运用状况，进而联合银行等金融机构为这些企业提供金融支持和服务。京东在供应链金融中发挥了对上游企业进行信息收集、信息挖掘、信用评估的作用，进而向银行提供担保。

京东的供应链金融是京东与银行、供应商的双向深度绑定。从供应商的角度而言，要获得京东的金融服务，必须与京东有长久的支付、物流业务，从而形成信息流；从银行的角度而言，借助京东的大数据，能够实现对企业快速、精准的信用评价，从而提高资金流的效率。这是一种多赢的结果，通过物流、信息流、资金流的整合，每一方都能从中获得巨大的收益。

这也是许多电商平台急于涉足金融，而金融机构要涉足电商的原因。

未来京东数科会覆盖更多的融资服务，而对于所产生的数据，包括消费数据、物流数据、供应商财务信息以及金融状况信息，将通过大数据技术进行有效的分析，对风险状况也能够实时监控。同时，在了解客户需求的前提下，提供简单融资、快乐融资的融资服务。

以上是依据大数据所处环节来解析大数据金融模式；也可以依据行业进行划分，分别考察大数据在银行业、证券业、保险业中的作用；也可以依据产品模式来探究大数据在第三方支付与货币市场基金、众筹等新金融模式中的作用。无论用哪一种方法，都能得出这样的结论：大数据已经改变了传统金融的基因。

第四节　大数据金融的发展状况与趋势

一、大数据金融的发展现状

大数据技术在金融行业的应用，有效地改善了传统金融模式存在的弊端，但也存在着诸如对传统金融机构产生冲击、数据安全性有待加强以及技术决策风险系数持续升高等一系列问题，使得大数据金融模式在实际落实过程中产生了一定的挑战与风险。

当前，大数据金融所面临的挑战主要来自以下几个方面：

（1）传统金融机构方面。由于大数据技术的影响，一些非金融机构也加入了金融行业，而非金融机构占据一定的技术优势，增大了相关部门对其进行监管的难度。

（2）数据安全性方面。对于金融企业而言，始终存在着网络数据安全问题，如果不能保障数据安全，就会出现数据信息泄露的可能性。各金融机构针对这一点已经制定出相应的安全措施，而且在不断地完善安全措施。

（3）技术决策风险方面。大数据技术在金融行业的应用起步较晚，很多技术模块还处于起步阶段。再加上部分企业对结构化数据处理较为依赖，从而影响了非结构化数据处理技术的发展，使得金融机构只能通过探索的方式选择大数据技术，这就会提升技术决策风险系数。

（4）人才方面。大数据发展对人才的复合能力要求更高。国家很注重大数据人才的培养。

面对大数据金融所带来的风险和挑战，只有积极找出应对策略，才能保障大数据金融的顺利发展。大数据金融应在以下几个方面寻求突破：

第一，优化大数据金融机构发展规划。数据量过大，是现代金融行业典型的特点。金融机构应该根据大数据时代的特点，对其长远发展进行合理规划。要以客户需求为发展基础，不断补充和完善客户数据结构，加大业务创新力度，为业务风险控制做好准备。在制订客户数据结构时，要充分考虑客户基本信息、喜好以及行为习惯等内容，并对客户的各项数据进行全面分析，从而对客户进行科学评估，根据评估内容，对现有的数据结构进行及时调整，形成动态化机构发展规划。

第二，加大关键技术研究与创新力度。针对大数据技术存在的问题，金融机构应该加大对关键技术研究与创新的力度，确保能科学地收集和管理各项金融数据，为落实金融企业信息化建设工作提供可靠保障。

由于大数据技术研究要求相对较高，所以研发企业应该加大对商业智能及人工智能的研究力度，为大数据技术研究形成良好铺垫。同时要足够重视对可视化技术、非关系型数据库管理等技术的发展，要带动移动互联网、云计算以及物联网技术有效结合，保证各项数据处理技术能够更加成熟。

同时，还要加快知识库技术以及网页搜索等核心技术的研发速度，保证各项单项技术产品的水平，从而为金融机构提供可靠的数据支持，降低金融机构在技术选择中所面临的风险。

第三，完善数据安全管控工作。为了确保数据信息的安全性，金融机构要强化数据安全动态管控，以确保数据信息安全系数的提升。在对数据实施安全管控时，技术人员要明确机构内部各项金融数据业务，要科学调控链条中涉及的各个机构，并要统一数据安全管控标准，以保证切实提升金融数据自我监督工作水平。同时，还要增加和监管机构的交流机会，保证监管机构能够对金融机构进行合理的指导，保证各项安全管控工作的顺利调整。同时，金融机构的安全管控技术人员，还要加强与客户之间的交流，使客户能够掌握正确的数据使用方式以及数据安全防范方式，让客户也参与到数据风险管理中，从而有效增强金融机构的风险管理能力。

第四，增强用户体验重视度。一方面，大数据金融产品要以客户为出发点，重视客户体验反馈，以提升客户对于大数据金融产品的好感度，保证产品在市场中的销售量。鉴于此，金融机构要加大对产品内容与服务的研究力度，可以在安全操作原则基础上，有效简化用户操作步骤，为客户提供更理想的金融服务。同时，还要利用移动网络技术，建立社交网站、微信以及移动客户端等新型销售平台，充分运用新媒体增加与客户之间的交流，及时收集客户使用意见，不断优化客户体验。另一方面，要将移动金融与大数据金融有机结合，使金融机构可以不受时间、地点等传统产品办理因素的限制，为客户提供更加人性化、全方位的产品和服务。

第五，借助开源软件推动大数据技术进步。大数据中的关键技术几乎都来自开源模式，正是开源模式推动了大数据技术进步。利用开源软件，企业可以更为便捷地进入大数据应用服务市场，提供丰富的大数据开发和应用工具。当前，不论是行业科技巨头还是小微初创企业，都普遍使用开源软件做大数据处理和预测分析。由此可见，开源不仅驱动着大数据技术的创新，也推动着大数据产业不断进步，促进了大数据应用生态体系的繁荣发展。

在大数据时代，金融行业要想得到更好的发展，就需要全面研究大数据金融模式，深刻剖析大数据金融所面临的风险以及挑战，要结合时代特点以及金融行业发展特点，通过优化机构发展规划、加大技术研究力度以及完善数据安全管控等手段，科学地应对和解决各种问题，保证金融行业的持续发展。

二、大数据金融应用的重点

未来大数据金融应用的重点在于客户洞察、市场洞察及运营洞察三个方面。在客户洞察方面，一方面，金融机构可以捕捉和分析金融客户相关的海量服务信息数据，以提高金融服务质量；另一方面，可以利用各种服务交付渠道的海量客户数据，开发出新的预测分析模型，深刻解析客户的消费行为模式，进而有针对性地提高潜在客户的转化率。在市场洞察方面，大数据可以帮助金融企业分析历史数据，寻找其中的金融创新机会。在运营洞察方面，大数据可协助金融企业提高风险透明度，加大风险的控制和管理力度；同时也能帮助金融服务企业充分掌握业务数据的价值，降低业务成本并发掘新的套利机会。

具体而言，大数据金融应用能够带来市场营销、客户体验、风险、欺诈和运营五方面的价值体现。

大数据的经济价值体现在方方面面，但大数据的应用价值或是商业价值体现在哪些方面呢？具体而言，是在一个企业的价值链里面，如销售端、制造端、生产端、采购端等。从它的市场营销、客户体验，到内部运营的风险把控，可以利用大数据帮助我们了解任何一种类型的企业。营销，可以进行精准营销、事件营销、交叉销售。

传统数据和大数据结合将使得数据分析更精准。根据传统客户数据可以推荐一种适合的产品，如客户在网上搜索过理财产品，当客户进入理财经理室之前，理财经理就可以知道客户的行为，能够更好地向客户进行推送。

三、大数据金融的未来发展趋势

在大数据金融时代，“一切皆可数据化”，即企业或个人的各种融资行为都可以数据化，几乎所有的问题都能通过数据化的方法来解决。随着大数据与金融的深入融合，金融的进一步发展需要创新逻辑和创新思维，更需要创新想象力。“开放”和“融合”是大数据金融时代的核心词汇，大数据是重塑金融竞争格局的一个重要支点。在大数据技术日新月异的时代背景下，金融企业有效利用大数据的能力有待进一步提升，这也是大数据金融发展的必然要求，它将带动整个金融行业的革新，给整个金融体系带来创新动能。未来，大数据与金融的融合主要体现在以下三个层次上：一是大数据技术的提升使得数据价值被进一步挖掘，即大数据的价值变现呈现出新特征；二是金融行业架构重塑；三是大数据技术跨界应用，使得其突破金融行业边界。

（一）数据价值深入挖掘

如果把“大数据1.0时代”定义为大数据的效率时代，以发现、存储、处理大数据为特征，数据挖掘以结构化数据为主，以自身数据为主，以报表应用为主，那么“大数据2.0时代”就是实现大数据价值变现的时代，可以理解为“数据+平台+场景”。其中，数据包含金融企业自身数据和外部数据，平台包括移动App分析平台和DMP（大数据营销平台），场景需要金融企业共同开发，包含O2O场景和跨界营销场景。“大数据金融2.0时代”主要体现在以下几方面。

1. 移动大数据成为基础数据

金融企业欲在“大数据2.0时代”取得领先优势，就必须重视移动大数据的价值。金融企业必须打破自身的数据闭环，像互联网企业一样坚持开放心态，除了收集和处理自身App应用中的行为数据外，还需要利用具有价值的外部数据。

移动App应用中的数据包含了用户位置信息、生活轨迹和个人喜好，已成为金融行业大数据应用的基础数据。金融企业应主动寻求与拥有丰富移动大数据的互联网公司的广泛合作，坚持平等协作精神，共同开发移动大数据“金矿”。

金融企业在选择合作伙伴时，需要谨慎考虑与大数据巨头的合作方式，建议同新兴的、独立的移动互联网大数据公司合作，掌握合作的主动权和大数据应用的控制权，实现大数据应用的双赢。

移动互联网行业中的TalkingData（腾云天下）拥有大量移动互联网数据，是独立的第三方数据提供方，目前已经为招商银行、兴业银行、平安银行、国信证券、海通证券等金融企业提供了完整的移动大数据解决方案，获得了较好的大数据应用效果，传统金融企业可以尝试与其建立互利合作关系。

2. 通过移动App平台洞察客户行为

移动App大数据运营统计分析平台是基于Hadoop技术的非结构化数据存储和处理平台，利用Hive数据挖掘技术，提供数据采集、数据清洗、数据归类和分析的功能，提供客户登录时间、留存时间、活跃程度、用户点击习惯、用户行为分析、事件定义、事件管理、预警分析等功能。移动App大数据运营统计分析平台是洞察客户的传感器，利用反馈数据分析客户行为，为优化移动App提供有力支持。在移动互联网时代，银行要想提高对用户的认知、洞察客户、取得领先优势，就应具有移动App大数据运营统计分析平台或与其合作，它将成为大数据金融的必备武器。

3. 大数据营销平台（DMP）的出现

在“大数据2.0时代”，金融企业需要一个能够转化银行数据的平台，以实现金融大数据价值的变现。DMP就是承担这个使命的平台，其主要负责收集金融行业自身的交易数据，经过数据分析、加工后，为用户贴上标签，并结合外部数据，帮助金融企业实现大数据精准营销和客户挖掘。

DMP的出现将加速金融行业大数据商业应用的进展，真正将大数据同金融行业的实际业务结合起来。未来，DMP将成为金融行业大数据应用的主要平台，特别是引入移动互联网大数据和DSP（需求方平台）数据的DMP，将成为金融行业大数据应用标准。

4. 数据标签是大数据金融的基本元素

数据标签作为“大数据2.0时代”最基本的元素，正成为大数据金融的重要武器。很多大数据金融的应用都依赖于数据标签，数据标签的细化程度和覆盖范围体现了金融企业大数据应用的成熟度。数据标签可以分为用户属性、位置信息、游戏偏好、应用兴趣、消费偏好等类型。定义数据标签的方法可以从社会人特点和具体商业需求出发，定义出金融行业需要的客户群体信息。

（二）金融行业架构重塑

随着社会经济基础环境的改变，我国以银行为主的金融体系必然逐渐过渡到以整个社会大联网为平台的“大金融模式”。从目前国内金融行业发展的态势来看，已经初步体现出“大金融模式”的某些特点和趋势：一是以互联网平台集聚金融资源供求双方的信息，通过平台形成良性循环的各类金融功能和服务，进而构建一种全新的商业模式，如京东、招商银行、平安集团、建设银行等均将移动支付、清算结算、购物消费、征信、财富管理等金融行为网络化、一体化；二是互联网平台金融服务范围跨界化、金融产品种类多样化，如阿里巴巴等互联网企业向传统金融领域的渗透，利用互联网平台销售跨银行、证券和保险类的金融产品等；三是互联网平台的聚集效应是"大金融模式"诞生的基础。因此，大数据金融在互联网时代的发展优势十分明显。

"大金融模式"必然会重塑现有的金融体系架构，这种重塑体现在以下几个方面。

1. 竞争格局的变化

新兴信息技术和大资管（对中国资产管理行业环境的一种泛指）政策促使中国金融业出现了三个层次的竞争：一是金融业的潜在进入者与传统各类金融机构之间的竞争日益加剧；二是银行、保险、证券和基金等传统金融机构之间的直接竞争开始加剧；三是全国大型金融机构与区域中小型金融机构之间的正面竞争日趋激烈。互联网和大数据技术打破了原有行业的进入壁垒，使得传统金融行业与互联网企业、新兴网络平台直接展开竞争。在大资管政策的推动下，混业经营已经成为一种发展趋势，银行、保险、证券、基金等金融机构间分业经营的局面将不复存在。互联网和大数据技术将成为金融机构间展开混业竞争的关键。大数据技术和互联网打破了信息不对称和物理区域壁垒，使得区域中小型金融机构与全国大型金融机构站在同一层次竞争，迫使中小金融机构向差异化转型发展，否则将被淘汰。

2. 产业格局的变化

上述金融业三个层次的竞争将重构现有产业格局，互联网平台化的产业格局（大平台+众多小企业）将成为未来发展趋势。在大数据时代和混业竞争的背景下，由于金融业信息密集的特点，实力强的大型金融企业将快速扩张，大平台将凸显"赢者通吃"的态势，尤其是在标准化产品和低净值客户领域将更加凸显其规模优势和成本优势。与此同时，其他实力较弱的金融企业只能寻求差异化经营模式，改造和转型线下传统营业厅，通过线上线下深度融合的方式重点针对高净值客户提供非标准化产品和服务，否则将难以抵御大金融机构的强势竞争。由于金融需求的多层次性，小型金融机构可在一些细分领域找到适合的市场生存空间。

3. 监管体系的变化

在大数据时代，实时流转的信息交流超越了金融细分行业的界限，甚至超过了现有混业经营模式的界限。金融监管机构必须重塑自身的监管职能，以适应新时代下金融监管的需要。我国金融市场经过20多年的飞速发展，货币市场、资本市场、保险市场均取得了很大进步，混业和协调发展趋势明显，但互联网金融和大数据时代迫切需要金融监管体系的早日整合。

（三）大数据技术跨界应用

大数据时代模糊了行业间清晰的界限，不同行业可以实现信息的整合与共享，跨界经营越来越成为时代发展的趋势。一些互联网公司凭借数据资源优势和技术优势涉足金融业，打破了原有的竞争格局。

金融业的潜在进入者主要分为两类：一类是跨界企业，以阿里巴巴、京东等互联网企业为主要代表，新兴技术快速进步极大地促进了产业边界的模糊化，跨国竞争逐渐成为常态。

这类企业的共同点是在各自领域都拥有多年的业务积累，掌握了大量的用户数据，凭借这些信息涉足金融领域能够更好地满足用户的需求，进而促进整个金融生态环境的提升。另一类是互联网企业，主要以支付宝、财付通等第三方支付企业，以及小额网络信贷企业等。而传统的金融机构也通过自建电商平台、整合线下资源等，弥补自身在互联网平台搭建、数据来源方面的劣势。大数据无处不在，逐渐将人们生活中的不同行业连接起来，人们的生活将因此发生翻天覆地的变化。

思 考 题

1. 大数据金融中的“大”主要指什么？它如何影响金融服务的质量和效率？
2. 金融大数据处理技术中，哪些技术对提高数据分析的准确性至关重要？
3. 大数据金融模式有哪些典型的应用场景？
4. 未来大数据金融的发展趋势将如何影响银行、保险等传统金融机构？
5. 在大数据金融的发展过程中，监管科技（RegTech）将扮演怎样的角色？

第三章 大数据相关技术

学习目标

1. 掌握数据挖掘的方法。
2. 熟悉大数据存储的方案。
3. 熟悉关系型数据库。
4. 能应用数据挖掘方法解决实际问题。

在大数据时代背景下，完善大数据体系构建是一个长期的、持续迭代的过程，需要技术与算法的大力支持。基于算法的角度，大数据体系构建的基本过程主要包括数据采集与预处理、大数据存储技术和数据分析与指标构建三个步骤。

第一节 大数据存储

大数据即意味着数据体量的急速增大。为了满足大数据访问的效率与要求，大数据处理需要合理地存储与组织各种数据，以减少网络和存储I/O（输入/输出）的开销，提升系统性能。那么，如何对海量数据进行组织、存储变得更加重要，其中运用合理的存储技术是关键。下面介绍三种典型的大数据存储方案：分布式文件系统、非关系型分布式数据库、虚拟存储技术与云存储技术。

一、分布式文件系统

分布式文件系统需要解决的关键技术问题包括可扩展性、数据冗余性、数据一致性、缓存等。分布式存储面临的一个共同问题是如何组织和管理成员节点，以及如何建立数据与节点之间的映射关系。成员节点的动态增加或删除，在分布式系统中可以算是一种常态，目前比较常见的解决方案是使用分布式哈希表（distributed hash table，DHT）。分布式哈希表通常使用的是一致性哈希算法，即将所有节点组织在一个环状结构中，当要存放或查找某份数据时，只要通过数据的关键字，便可以计算出其对应的值。分布式哈希表的这个特点，基本可以保证将数据均匀地分布到各个节点上，从而达到负载均衡的目的。

从架构上讲，分布式存储大体上可以分为C/S（client-server，客户-服务器）架构和P2P（peer-to-peer，端到端）架构两种。当然，也有一些分布式存储中会同时存在这两种架构。而谈到分布式系统的设计，就不得不提及著名的CAP理论，该理论指出，一个分布式系统不可能同时保证一致性、可用性和分区容错性这三个要素。因此，一个分布式存储系统将根据其具体业务特征和具体需求，最大化地优化其中两个要素。当然，一个分布式存储系统往往会根据其业务的不同，在特性设计上做不同的取舍，比如是否需要缓存模块、是否支持通用文件系统接口等。

常见的分布式文件系统有GFS、HDFS、Lustre、Ceph等，它们各自适用于不同的领域，其中GFS和HDPS最具有代表性。GFS是Google设计的专用文件系统，主要用于存储海量搜索数据，处理大文件。HDFS是Hadoop框架的分布式并行文件系统，负责数据的分布式存储及数据的管理，并能提供高吞吐量的数据访问。本部分仅介绍HDFS系统。

（一）HDFS系统的概念和特性

第一，HDFS系统是一个文件系统，用于存储文件，通过统一的命名空间——目录树来定位文件。第二，HDFS系统是分布式的，由很多服务器联合起来实现其功能，集群中的服务器有各自的角色。

HDFS系统在大数据中的应用是为各类分布式运算框架提供数据存储服务，将大文件、大批量文件分布式存放在大量的服务器上，以便采取分而治之的方式对海量数据进行运算分析。

HDFS系统的特性如下：①有高容错性的特点；②整个系统部署在低廉的硬件上；③提供高传输率来访问应用程序的数据；④适合超大数据集的应用程序；⑤流式数据访问。

HDFS本身是软件系统，不同于传统硬盘和共享存储介质，在文件操作上有其独特之处。

（1）不支持文件随机写入。支持随机读，但没有随机写入机制，这与HDFS文件写入机制有关，所以不支持断点续传等功能。

（2）需要客户端与HDFS交互。目前已有开源支持HDFSmount到Linux服务器上，但性能不好。

（3）适合大文件读取场景。因为其分块冗余存储机制，其存储架构在处理小于其分块文件大小的文件时，会浪费管理节点资源，导致效率低。

（4）吞吐和并发能力具备可横向扩展性。单节点系统比传统硬盘效率低很多，但在大量机器集群环境下，其吞吐和并发能力可以线性提升，远远高于单一硬件设备。

（5）不适合高响应系统。HDFS是为高数据吞吐量应用而设计的，以高延迟为代价。

（二）HDFS的结构

HDFS中有三个重要角色：NameNode、DataNode和Client。

对外部客户机而言，HDFS就像一个传统的分级文件系统，可以删除、移动和重命名文件等。但是HDFS架构是基于一组特定的节点构建的，这是由它自身的特点决定的。这些节点包括NameNode（仅一个，在HDFS内部提供元数据服务）和DataNode（为HDFS提供存储块）。

存储在HDFS中的文件被分成块，然后这些块被复制到多台计算机中（DataNode）。这与传统的RAID架构大不相同。块的大小（通常为64 MB）和复制的块数量在创建文件时由客户机决定。NameNode可以控制所有文件操作。HDFS内部的所有通信都基于标准的TCP/IP协议。

1. NameNode

NameNode是一个通常在HDFS实例中的单独机器上运行的软件。它负责管理文件系统名称空间和控制外部客户机的访问。NameNode决定是否将文件映射到DataNode上的复制块上。对于最常见的三个复制块，第一个复制块存储在同一机架的不同节点上，最后一个复制块存储在不同机架的某个节点上。Metadata所有的相关服务都由NameNode提供，包括filename→block（namespace），以及block->DataNode的对应表。其中，前者通过FsImage写入本地文件系统中，而后者是每次HDFS启动时，DataNode进行blockreport后在内存中重构的数据结构。

实际的I/O实务并没有经过NameNode，只有表示DataNode和块的文件映射的元数据才经过NameNode。当外部客户机发送请求要求创建文件时，NameNode会以块标识和该块的第一个副本的DataNode的IP地址作为响应。这个NameNode还会通知其他将要接收该块的副本的DataNode。

NameNode在一个称为FsImage的文件中存储所有关于文件系统名称空间的信息。这个文件和一个包含所有事务的记录文件（EditLog）将存储在NameNode的本地文件系统中。FsImage和EditLog文件也需要复制副本，以防文件损坏或NameNode系统走失。

2. DataNode

DataNode也是一个通常在HDFS实例中的单独机器上运行的软件。Hadoop集群中包含一个NameNode和大量DataNode。DataNode通常以机架的形式组织，机架通过一个交换机将所有系统连接起来。

DataNode响应来自HDFS客户机的读写请求，并且还响应来自NameNode的创建、删除和复制块的命令。NameNode依赖来自每个DataNode的定期心跳（Heartbeat）消息。每条消息都包含一个块报告，NameNode可以根据这个报告验证块映射和其他文件系统元数据。

分布式文件存储的数据节点存储着文件块（Block），而文件是由文件块组成的，每个块存储在多个（可配，默认为3）不同的DataNode，可以提高数据的可靠性。

如果客户机想将文件写到HDFS上，首先需要将文件缓存到本地的临时存储区。如果缓存的数据大于所需的HDFS块大小，创建文件的请求将发送给NameNode。NameNode将以DataNode标识和目标块响应客户机，同时也通知将要保存文件块副本的DataNode。当客户机开始将临时文件发送给第一个DataNode时，将立即通过管道方式将块内容转发给副本DataNode。客户机也负责创建保存在相同HDFS名称空间中的校验文件。在最后的文件块发送之后，NameNode将文件创建提交到它的持久化数据存储（EditLog和FsImage）文件。

3. Client

Client一般用于实现客户端文件存储的所有操作，包括文件的增删以及查询等。

（三）HDFS文件写入与读取

HDFS文件的写入流程如下：

（1）客户端通过Distributed FileSystem上的create()方法指明一个欲创建的文件的文件名，然后Client通过RPC方式与NameNode通信，创建一个新文件映射关系。

（2）客户端写数据：FSData OutputStream把写入的数据分成包（packet）并放入一个中间队列——数据队列（dataqueue）中。OutputStream从数据队列中取数据，同时向NameNode申请一个新的block来存放它已经取得的数据。NameNode选择一系列合适的DataNode（个数由文件的replication数决定，默认为3），构成一个管道线（pipeline），假设replication为3，则管道线中就有3个DataNode。OutputStream把数据流式地写入管道线中的第一个DataNode中，第一个DataNode再把接收到的数据转到第二个DataNode中，依此类推。

（3）FSData OutputStream同时也维护着另一个中间队列——确认队列（ackqueue），确认队列中的包只有在得到管道线中所有的DataNode的确认以后才会被移出确认队列。

（4）所有文件写入完成后，关闭文件写入流。

从以上文件写入流程，可以总结出HDFS文件写入具有以下特性：①响应时间比较长；②文件写入效率与block块数和集群数量相关。

HDFS文件的读取流程如下：打开文件流（open()）；从NameNode读取文件块位置列表；FSData InputSteam打开read()方法；根据文件块与DataNode的映射关系从不同的DataNode中并发读取文件块；文件读取完毕，关闭input流。

因为冗余机制，当HDFS文件读取压力比较大的时候，可以采用提高冗余数的方式。同时，NameNode可以通过轮询的方式分配不同的Client来访问不同的DataNode上的相同文件块，提升整体吞吐率。

Hadoop在创建新文件时是如何选择block的位置的呢？综合来说，要考虑带宽（包括写带宽和读带宽）和数据安全性。

如果把3个备份全部放在一个DataNode上，虽然可以避免写带宽的消耗，但几乎没有提供数据冗余带来的安全性，因为如果这个DataNode宕机，那么这个文件的所有数据就全部丢失了。另一个极端情况是，如果把3个冗余备份全部放在不同的机架上，甚至数据中心里面，虽然这样一来数据很安全，但写数据会消耗很多的带宽。HDFS提供了一个默认备份分配策略：把第一个备份放在与客户端相同的DataNode上，第二个放在与第一个不同机架的一个随机DataNode上，第三个放在与第二个相同机架的随机DataNode上。如果备份数大于3，则随后的备份在集群中随机存放，Hadoop会尽量避免将过多的备份存放在同一个机架上。

二、非关系型分布式数据库

分布式数据库是利用网络将物理上分布的多个数据存储单元连接起来组成的逻辑数据库，其基本思想是将集中式数据库中的数据分散存储到多个数据存储节点上，并通过网络节点连接起来，以获取更大的存储容量和更高的并发访问量。与传统的集中式数据库相比较，分布式数据库具有高扩展性、高并发性、高可用性以及更高的数据访问速度。近年来，随着数据量的高速增长，传统的关系型数据库开始从集中式模型向分布式架构发展，从集中式存储走向分布式存储，从集中式计算走向分布式计算。

非关系型分布式数据库（not only SQL，NoSQL）是分布式存储的主要技术。NoSQL不一定遵循传统数据库的一些基本要求，如遵循SQL标准、ACID属性、表结构等。相比于传统数据库，它的主要特点包括易扩展、灵活的数据模型、高可用性、大数据量、高性能等。

（一）NoSQL简介

目前，NoSQL已经广泛应用在互联网公司，成为支撑数据业务的顶梁柱。NoSQL可以用在传统关系型数据库力所不及的一些地方，比如扩展性要求。尽管目前对于NoSQL并没有一个明确的定义，但是它们普遍存在以下共同特性。

1. 不需要预定义模式

不需要事先定义数据模式，不需要预定义表的结构。数据中的每条记录都可能有不同的属性和格式，当插入数据时，并不需要像传统的关系型数据库那样预定义它们的模式。

2. BASE特性

相对于关系型数据库严格的ACID特性，NoSQL要保证的是BASE特性，即基本可用（basically available）、软状态（soft-state）和最终一致性（eventual consistency）。

3. 分区

相对于将数据存放于一个节点，NoSQL需要将数据进行分区，将记录分散在多个节点上面。并且通常在分区的同时还要进行复制，这样既提高了并行性能，又能保证没有单点失效的问题。

4. 异步复制

NoSQL中的复制，往往是基于日志的异步复制。这样，数据可以尽快地写入一个节点，而不会因网络传输引起延迟。但缺点是并不总能保证一致性，当出现故障的时候，可能会丢失少量的数据。

5. 弹性可扩展

NoSQL可以在系统运行的时候动态地添加或者删除节点，不需要停机维护，数据可以自动迁移。

大多数NoSQL的研发动机，都是要在集群环境中运行。关系型数据库使用ACID原则来保持整个数据库的一致性，而这种方式本身与集群环境冲突。所以，NoSQL为处理并发及分布式问题提供了众多选项。然而，并非所有的NoSQL都是为了运行在集群上而设计的。图数据库就属于这种风格的NoSQL，它的分布模型与关系型数据库相似，但其数据模型能更好地处理复杂的数据关系。

使用NoSQL的好处是，开发者可以将精力集中在应用、业务或者组织上面，而不用担心数据库的扩展性。但是，仍有许多应用不能使用NoSQL，因为它们无法放弃强事务和一致性的需求，通常这些都是需要处理复杂关联性数据的企业级应用（如财务、订单系统、人力资源系统等）。包括Google在内的一些公司发现采用NoSQL会迫使开发者在应用开发过程中花费过多的精力来处理一致性数据以提高事务的执行效率。

（二）NoSQL的分类

目前主要有四种非关系型数据库管理系统，即列存储数据库、键值存储数据库、文档型数据库和图数据库。

1. 列存储数据库

大部分数据库都以行为单位存储数据，尤其是在需要提高写入性能的场合更是如此。然而，有些情况下写入操作执行得很少，但是经常需要一次读取若干行中的很多列。在这种情况下，将所有行的某一列作为基本数据存储单元效果会更好，列存储数据库由此得名。列存储数据库将列组织为列族，每一列都必须是某个列族的一部分，而且访问数据的单元也是列，这样设计的前提是，某个列族中的数据经常需要一起访问。典型的列存储数据库有HBase等。

HBase是Google BigTable的开源实现版本。数据存储在HDFS中，继承了HDFS的高可靠性、可伸缩架构，同时自己实现了高性能、列存储、实时读写的特性。

不同于HDFS的高吞吐低响应，HBase设计用于高并发读写场景。

（1）HBase基于Hadoop HDFS append方式进行数据追加操作，非常适合列族文件存储架构。

（2）HBase写请求，都会先写redo log，然后更新内存中的缓存。缓存会定期地刷入HDFS文件，基于列创建，因此任何一个文件（MapFile）都只包含一个特定列的数据。

（3）当某一列的MapFile数量超过配置的阈值时，一个后台线程就开始将现有的MapFile合并为一个文件，这个操作称为Compaction。在合并的过程中，读写不会被阻塞。

（4）读操作会先检查缓存，若未命中，则从最新的MapFile开始，依次往最老的MapFile找数据。可以想象一次随机读操作可能需要扫描多个文件。

HBase的文件和日志确实都存储在HDFS中，但通过精致设计的算法实现了对高并发数据随机读写的完美支持，这依赖于HBase数据排序后存储的特性。与其他的基于Hash寻址的NoSQL有很大不同。

在使用特性上，原生HBase不支持JDBC驱动，也不支持SQL方式进行数据查询，只有简单的PUT和GET操作。数据查询通过主键（row key）索引和Scan查询方式实现，在事务上，HBase支持单行事务（可通过上层应用和模块如hive或者coprocessor来实现多表join等复杂操作）。HBase主要用来存储非结构化和半结构化的松散数据。

HBase中的表一般有以下特点：①大：一个表可以有上亿行，上百万列。②面向列：面向列（族）的存储和权限控制。列（族）独立检索。③稀疏：对于为空（null）的列，并不占用存储空间（每个列族是一个文件，没内容的情况下不会占用空间），因此，表可以设计得非常稀疏。④HBase适用于海量高并发文本数据写入、存储、查询需求场景，这些数据量是传统数据库难以满足的。⑤详单管理、查询。⑥GiS数据存储、统计。

2. 键值存储数据库

键值存储数据库是最常用的NoSQL，它的数据是以键值对（key-value）的形式存储的。键值存储数据库的优势在于简单、易部署、处理速度非常快。但是，键值存储数据库只能通过键的完全一致查询获取数据，并且，当需要只对部分值进行查询或更新时，键值存储数据库就显得效率低下了。

根据数据的保存方式，键值存储数据库可分为临时性、永久性和两者兼具三种类型。临时性键值存储数据库把所有的数据都保存在内存中，可以非常快速地保存和读取数据。但是，由于临时性键值存储数据库把数据存储在内存中，因此存在数据可能丢失的缺点。永久性键值存储数据库把数据保存在硬盘上，读取速度不如临时性键值存储数据库快，但是数据不会丢失，Tokyo Tyrant、Flare、ROMA等都属于这种类型。两者兼具的键值存储数据库首先把数据保存在内存中，当满足特定条件时再把数据写入硬盘中，这样既确保了内存中数据的处理速度，又可以通过写入硬盘来保证数据的永久性。典型的键值存储数据库有Redis等。

Redis是一个高性能的key-value存储系统，基于C/C++开发，运行速度快，为了保证效率，数据都是缓存在内存中。采用Master-Slave架构。支持存储的value类型比较多，包括string（字符串）、list（链表）、set（集合）和zset（有序集合）。这些数据类型都支持push/pop、add/remove及取交集、并集和差集等丰富的操作，虽然采用的是简单数据或以键值为索引的哈希表，但也支持复杂操作，同时支持事务，支持将数据设置成过期数据。

3. 文档型数据库

文档型数据库的数据模型是版本化或半结构化的文档，并以特定的格式存储。文档型数据库可以看作是键值数据库的升级版，允许之间嵌套键值，但是文档型数据库的查询效率更高。文档型数据库可以通过复杂的查询条件来获取数据，虽然不具备事务处理和join这些关系型数据库所具有的处理能力，但其他的数据处理基本上都能实现。典型的文档型数据库有MongoDB等。

MongoDB可以为Web应用程序提供可扩展的高性能数据存储解决方案。MongoDB基于C++开发，保留了SQL一些友好的特性（查询、索引）；基于Master-Slave架构，内建分片机制，数据存储采用内存到文件映射，对性能的关注超过对功能的要求；支持JavaScript表达式查询。

MongoDB适用于需要动态查询支持，需要使用索引的分布式应用，对大数据库有性能要求，需要使用CouchDB，但因为数据改变频繁而占满内存的应用程序。

4. 图数据库

图数据库同其他行列式数据库或SQL数据库不同，它使用灵活的图结构模型，并且能够扩展到多个服务器上。对于很多应用来说，其中的领域对象模型本身就是一个图结构。以基于社交网络的应用为例，用户作为应用中的实体，通过不同的关系关联在一起，如亲人关系、朋友关系及同事关系等，不同的关系又有不同的属性。对于这样的应用，使用图数据库进行数据存储就比较方便。典型的图数据库有NeO4J等。

NeO4J基于Java语言开发，是基于关系的图数据库。它可以独立使用或嵌入Java应用程序，图形的节点和边都可以带有元数据，使用多种算法支持路径搜索，使用键值和关系进行索引，对读操作进行优化，支持事务（用Java API），使用Gremlin图形遍历语言，支持Croovy脚本，支持在线备份、高级监控及高可靠性，支持使用AGPL/商业许可。

NeO4J适用于图形类数据，如社会关系、公共交通网络、地图以及网络拓扑等，这是NeO4J与其他NoSQL最显著的区别。

三、虚拟存储技术与云存储技术

为实现存储的低成本、高扩展性与资源池化，需要用到虚拟存储技术和云存储技术。

（一）虚拟存储技术

虚拟存储技术是指将存储系统的内部功能从应用程序、计算服务器、网络资源中进行抽象、隐藏或隔离，最终使其独立于应用程序、网络存储与数据管理。虚拟存储技术将底层存储设备进行抽象化统一管理，底层硬件的异构性、特殊性等特性都将被屏蔽，对于服务器层来说只保留其统一的逻辑特性，从而实现了存储系统资源的集中，提供方便、统一的管理。相比于传统的存储，虚拟存储技术磁盘利用率高，存储灵活，管理方便，并且性能更好。

（二）云存储技术

云存储是云计算技术的重要组成部分，是云计算的重要应用之一。在云计算技术发展过程中，始终伴随着数据存储技术的云化发展历程。随着互联网技术的不断提升、宽带网络建设速度的加快，以及大容量数据传输技术的实现和普及，传统的基于PC的存储技术将逐渐被云存储技术所取代。

云存储是一种以数据存储和管理为核心的云计算系统，它是指利用集群应用、分布式文件和网络技术系统等功能，通过应用软件协同网络中大量的各种不同类型的存储设备，共同建设一个具有数据存储和业务访问功能的系统，以保证数据的安全性，节约存储空间。互联网技术的发展是实现云存储的基本条件。通过互联网技术，云存储才能实现数据、文档、图片、音频、视频等内容的存储和共享。

第二节　大数据处理与计算

随着数据持续爆炸式增长，仅仅对数据进行存储是远远不够的，还需要对其进行有效的处理和计算。本部分将介绍典型的基于并行计算的分布式数据处理技术（MapReduce）、分布式内存计算处理技术（Spark）和分布式流处理技术（Storm）。

一、基于并行计算的分布式数据处理技术（MapReduce）

Hadoop MapReduce是一种分布式海量数据处理框架。它采用主从结构，在一个MapReduce集群中有一个控制节点和多个工作节点。当集群运行时，所有的工作节点会定期地向控制节点发送心跳信息，报告本节点的当前状态。收到心跳信息后，控制节点会根据当前的工作情况和工作节点自身的状态给工作节点发送指令信息。控制节点根据收到的指令信息会完成相应的动作。MapReduce框架实现的是跨节点的通信，擅长横向扩充、负载均衡、失效恢复、一致性等功能，适合有很多批处理的大规模分布式应用，如日志处理、Web索引建立等。

MapReduce对于大规模数据的高效处理完全依赖于它的设计思想，其设计思想可以从三个层面来阐述。

其一，大规模数据并行处理，即“分而治之”的思想。

MapReduce借鉴了分治算法对问题实施的分而治之的策略，但前提是保证数据集的各个划分的处理过程是相同的，且相互独立，即任意两个数据块都不存在依赖关系。这样采用合适的划分对输入数据集进行分片，每个分片交由一个节点处理，各节点之间的处理是并行进行的，一个节点不关心另一个节点的存在与操作，最后将各节点的中间运算结果进行排序、归并等操作，以归约出最终处理结果。

其二，MapReduce编程模型。

MapReduce计算框架的核心是MapReduce编程模型，其中Map（映射）和Reduce（归约）

是借用自Lisp函数式编程语言的原语，同时其也包含了从矢量编程语言里借来的特性，通过提供Map与Reduce两个基本函数而增加了自己的高层并行编程模型接口。Map操作主要负责对海量数据进行扫描、转换以及必要的处理，从而得到中间结果。中间结果通过必要的整理，最后将由Reduce函数来处理并输出最终结果。这就是MapReduce对大规模数据处理过程的抽象。

其三，分布式运行时环境。

MapReduce的运行时环境实现了诸如集群中节点间通信、节点出错检测与失效恢复、节点数据存储与划分、任务调度以及负载均衡等底层相关的运行细则。这也使得编程人员更加关注应用问题与算法本身，而不必掌握底层的细节，就能将程序运行在分布式系统上。

二、分布式内存计算处理技术（Spark）

对于一些需要快速实时分析的业务操作，需要快速地对最新的业务数据进行分析处理。在线实时分析计算框架是为集群计算中特定类型的工作负载而设计的，引进了内存集群计算的概念。

Spark引进了名为弹性分布式数据集（resilient distributed datasets，RDD）的抽象。RDD是分布在一组节点中的只读对象集合。这些集合是弹性的，如果数据集的一部分丢失，则可以对它们进行重建。重建部分数据集的过程依赖于容错机制，该机制可以允许基于数据衍生过程重建部分数据集的信息。

三、分布式流处理技术（Storm）

对于现在大量存在的实时数据，如股票交易数据，实时性强、数据量大且不间断，这种实时数据被称为流数据（Stream）。流计算（Stream Computing）是专门针对这种实时数据类型（流数据）而准备的，是一种高实时性的计算模式，需要对一定时间窗口内应用系统产生的新数据完成实时的计算处理，避免造成数据堆积和丢失。典型的应用场景包括证券数据分析、网站广告的上下文分析、社交网络的用户行为分析等。

Storm是开源流计算平台。利用Storm可以很容易做到可靠地处理无限的数据流，进行实时数据处理。Storm可以使用任何编程语言，可以采用Cloiure和Java，非JVM语言可以通过stdin/stdout以JSON格式协议与Storm进行通信。Storm的应用场景很多，如实时分析、在线机器学习、持续计算、分布式RPC等。

（一）流式数据的概念

流式数据是指所产生的数据不是批量地传输过来，而是连续不断地像水一样流过来。流式数据的处理也是连续处理，而不是批量处理。如果等到全部数据收到以后再以批量的方式处理，那么延迟很大，而且在很多场合将消耗大量存储资源。

1. 静态数据

静态数据是先存储在磁盘上，然后提供给用户使用的数据。静态数据文件更新困难，而且不可能实现并行更新。

2. 动态数据

动态数据是流式数据。例如，一部电影就是动态数据。其动态表现在不是人们在屏幕上移动，而是屏幕上有源源不断的图像经过，每一张图像都是转眼间就消失了。在许多软件应用中，必须先让数据运动起来，然后才能对其进行处理。数据可以从一种功能流动到另一种功能，从一个线程流动到另一个线程，从一个流程流动到另一个流程，从一台计算机流动到另一台计算机。

为了有效地处理数据，应该尽可能地限制静态数据，因为磁盘驱动器是计算机系统中速度最慢的部件。对于动态数据，在大量的类似数据中，没有必要拥有专门的存储机制来优化数据检索。如果需要从静态存储库中检索数据，则需要确定如何进行检索。

3. 实时处理

在某些情况下，处理数据所需的处理权限和时间量必须得到环境的保证。为了确保指定的响应时间，不能以任何理由暂停执行程序。在这些情况下，处理必须在专门的操作环境中运行，也就是说，在支持这类调度的特定操作系统下进行。在较宽松的环境中，实时处理表明可以随时随地处理数据，时间范围从转眼的瞬间到数分钟甚至数小时不等。有些时候，数据可用性与数据创建之间可能存在延迟性。数据可能每隔15 min突然出现一次，延迟性就是数据突然出现和信息可用之间的时间。

（二）流式数据源

流式数据源种类繁多，在此列举几种。

1. 传感器数据

传感器产生的数据是流式数据最重要的来源。例如，在海洋中的温度传感器，每小时将所采集到的海面温度数据以数据流的方式传递给网络中的基站。由于其数据传输率较低，并不适于流式数据计算，所以可以将全部流式数据都存放在硬盘存储器中，然后进行批量计算。但是，如果需要将海水表面的高度数据通过GPS部件传给基站，考虑到海水表面的高度变化迅速，需要每隔0.1 s就将海水表面的高度数据传回一次，如果每次传送4 B实数，那么一个传感器每天产生的数据量为3.5 MB。为了探索和研究海洋行为，需要部署大量的传感器，如果部署1 000万个传感器，则每天传回的数据就有35 TB。针对如此大的数据量，因内存容量有限，不可能直接都存入硬盘，所以需要采用流式数据计算技术。

2. 图像数据

卫星每天都向地球传回大量太字节（TB）级的图像数据。监控摄像机产生的图像分辨率虽然不如卫星，但是，地球上的监视摄像机数量巨大，而每台监视摄像机都会产生自己的图像流。

3. 互联网及Web流量

互联网中的交换节点从很多输入源接收IP包流，并将它们路由到输出目标。Web网站收到的流包括各种类型，如查询与单击等。

4. 流媒体传输

流媒体传输技术也是一种流式处理技术。在网络上传输音频、视频等多媒体信息，主要有下载和流式传输两种方案。视频文件一般都较大，所以需要的存储容量也较大。同时，由于网络带宽的限制，下载需要数分钟甚至数小时，所以采用下载的处理方法时延较大。流式传输时，声音、影像或动画等时基媒体由音视频服务器向用户计算机连续、实时传送，用户不必等到整个文件全部下载完毕才观看，而只需经过几秒或十数秒传输，数据达到一定的数量之后即可观看，可以大大缩短用户需要等待的时间。当声音等时基媒体在客户机上播放时，文件的剩余部分将在后台从服务器继续下载。流式传输不仅大幅缩短了启动延时，而且不需要太大的缓存容量。流式传输避免了用户必须等待整个文件全部从Internet上下载后才能观看的缺点。

流媒体是在互联网中使用流式传输技术的连续时基媒体，如音频、视频或多媒体文件等都是流媒体。流媒体在播放前并不下载整个文件，只将开始部分内容存入内存，流媒体的数据流随时传送随时播放，只是在开始时有一些延迟。流媒体实现的关键技术就是数据流式传输。

（三）大数据的计算模式

数据批量计算与数据流式计算的区别在于流式计算不强调存储过程，注重实时，数据流进来时就处理，而不是数据存储完再处理。

1. 大数据流式计算模型

在流式计算中，无法确定数据的到来时刻和到来顺序，也无法将全部数据存储起来。因此，不再进行流式数据的硬盘存储，而是当流动的数据到来之后在内存中直接进行数据的实时输入、实时计算、实时输出。如Yahoo的S4就是典型的流式数据计算架构，数据在内存中被计算，并输出有价值的信息，并不存于磁盘。

2. 流式计算与批量计算的比较

（1）批量计算模式的局限性。批量计算模式已经无法满足下述需求：

- 数据量变得越来越大，数据类型繁多，不再是单一的文本数据，还包含图像、音频、视频等多种类型数据。
- 对计算数据产生结果的速度要求越来越高，如天气预报、金融分析、市场预测等应用更为突出。
- 对数据分析计算结果要求实时可用，如用户实时使用日志、交通流量实时监测、证券实时报价等。

（2）流式计算与批量计算的应用场景。流式计算、批量计算分别适用于不同的大数据应用场景。批量计算适用于对于先存储后计算，实时性要求不高，但对数据的准确性和全面性要求更高的应用场景。流式计算适于无须先存储，可以直接进行数据计算，实时性要求很严格，但数据的精确度要求较宽松的应用场景。

在流式计算中，由于数据在最近一个时间窗口内，所以数据延迟较短，实时性较强，但数据的精确度较低。流式计算和批量计算具有互补特征，在多种应用场合下可以将两者结合起来，通过发挥流式计算的实时性优势和批量计算的精确性优势来满足多种应用场景的数据计算。

（3）性能指标比较。大数据流式计算与批量计算在各个主要性能指标上的比较结果见表3-1。

表3-1　大数据流式计算与批量计算的比较

性能指标	大数据流式计算	大数据批量计算
计算方式	实时	批量
常驻空间	内存	硬盘
时效性	短	长
有序性	无	有
数据量	无限	有限
数据速率	突发	平稳
是否可重现	难	稳定
移动对象	数据移动	程序移动
数据精确度	较低	较高

3. 流式计算与实时计算的比较

批处理不是流式计算。流式计算是实时计算的子集。实时计算是从响应时间来区分计算类型，是指请求-响应时间较短的计算技术。流式计算是一种计算模型，这种模型中各个计算单元分布在多个物理节点上，数据以流的形式在计算单元之间流动形成整体逻辑。流式计算是实现实时计算的一种优秀的方式，在计算实时性要求比较高的场景中，能够实时地响应，响应时间一般在秒级。

第三节　数据挖掘方法

数据挖掘是指根据业务的需求和目的，运用合适的工具软件和数据挖掘方法对数据仓库中的数据信息进行处理，寻找特定的数据规律或数据模式，得出有价值的信息和知识。根据信息存储格式，可以把数据挖掘的对象分为关系数据库、面向对象数据库、数据仓库、文本数据源、多媒体数据库、空间数据库、时态数据库、异质数据库以及Internet等。数据挖掘常用的工具软件有Intelligent Miner、SPS、SAS、WEKA、Matlab、R语言、Python等。

在大数据时代，数据挖掘是最关键的工作。大数据的挖掘是从海量的、不完全的、有噪声的、模糊的、随机的大型数据库中发现隐含在其中的有价值的、潜在有用的信息和知识的过程，也是一种决策支持过程。其主要基于人工智能、机器学习、模式学习、统计学等。通过对大数据高度自动化的分析，做出归纳性的推理，从中挖掘出潜在的模式。可以帮助企业、商家、用户调整市场政策，减少风险，理性面对市场，并做出正确的决策。目前，在很多领域，尤其是在商业领域（如银行、电信、电商等），数据挖掘可以解决很多问题，包括市场营销策略制定、背景分析、企业管理危机等。

一、数据挖掘的概念

数据挖掘（data mining，DM）是从大量的、有噪声的、不完全的、模糊的、随机的数据中提取出隐含在其中的、人们事先不知道的、具有潜在利用价值的信息和知识的过程。所提取到的知识的表现形式可以是概念、规律、规则与模式等。数据挖掘能够对将来的趋势和行为进行预测，从而帮助决策者做出科学和合理的决策。

数据挖掘是一个交叉学科，涉及数据库技术、人工智能、数理统计、机器学习、模式识别、高性能计算、知识工程、神经网络、信息检索、信息的可视化等众多领域，其中数据库技术、机器学习、统计学对数据挖掘的影响最大。对数据挖掘而言，数据库为其提供数据管理技术，机器学习和统计学提供数据分析技术。

从以上定义，可以知道数据挖掘具有以下特点：

（1）数据量巨大。如何高效地存取大量数据，如何在特定应用领域中找出特定的高效率算法，以及如何选取数据子集，都是数据挖掘工作者要重点考虑的问题。

（2）动态性。许多领域的行业数据所包含的规律时效性很强，随着时间和环境的变化，规律也在改变。这种数据和知识的迅速变化，就要求数据挖掘能快速做出相应的反应以及时提供决策支持。

（3）适用性。数据挖掘的规律适用于一部分数据，但不可能适用于全部数据，这是因为外部的环境不可能完全相同。

（4）系统性。数据挖掘不是一个简单算法，而是一个较为复杂的系统，它需要业务理解、数据理解、数据准备、建模、评估等一系列步骤，是一个不断循环和不断完善的系统工程。

二、数据挖掘的原理

数据挖掘的实质是综合应用各种技术，对与业务相关的数据进行一系列科学的处理，这个过程中需要用到数据库、应用数学、统计学、机器学习、可视化、信息科学、程序开发及其他学科，如图3-1所示。其核心是利用算法对处理好的输入和输出数据进行训练，并得到模型，然后再对模型进行验证，使得模型能够在一定程度上刻画出数据由输入到输出的关系，然后再利用该模型对新输入的数据进行计算，从而得到新的输出，这个输出就可以进行解释和应用了。

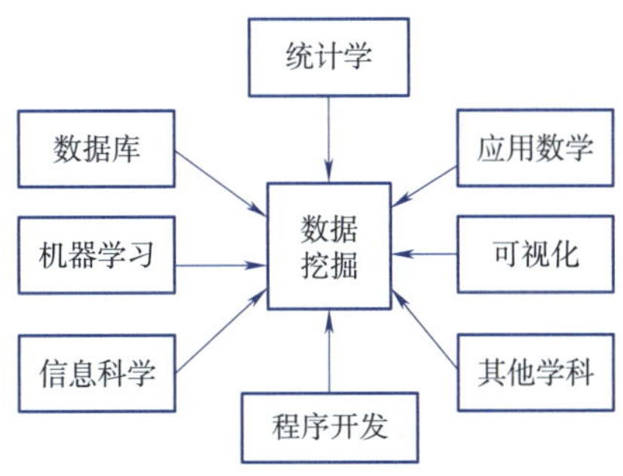

图3-1　数据挖掘与其他学科的关系

三、数据挖掘常用的方法

数据挖掘的任务是从数据中发现模式，按照数据挖掘的实际作用，数据挖掘常用方法可分为分类分析、回归分析、预测、关联分析、聚类分析、序列分析和偏差分析。

（一）分类分析

分类是数据挖掘技术中运用最为广泛也是比较重要的分析手段。它是指运用训练数据集，通过分析数据的特征和运用一定的算法求得分类规则，该分类规则就是数据分类的模型。然后运用该模型对任何位置的数据对象进行分类。例如鸢尾花分类问题，利用所输入的花瓣及花萼的长度、宽度，通过数据分析建立区分三种不同花种的规则或模型。此外，图样识别也是一种分类问题，基于输入图样的输入特征，将其归类至对应的类别，如晶圆图分类。贝里和利诺夫（Berrv&Linoff）将此类型细分为“分类”与“估计”，其实两者意义相同。差别在于前者分类的结果属于离散形态，后者则属于连续形态。

分类分为两个阶段：第一阶段，构建分类模型，即通过一定的算法对已知类标记的数据集建立外类模型；第二阶段，用第一阶段构造的模型来预测给定的数据对象的类别。

比较典型的分类方法有决策树分类法、贝叶斯分类法以及k-近邻分类法。分类分析可以被用于分析客户的属性和特征，进行精准营销。

1. 决策树分类法

决策树是用于分类和预测的主要技术之一，决策树学习是以实例为基础的归纳学习算法，它着眼于从一组无次序、规则的实例中推理出以决策树表示的分类规则。构造决策树的目的是找出属性和类别间的关系，用它来预测将来未知类别的记录的类别。它采用自顶向下的递归方式，在决策树的内部节点进行属性的比较，并根据不同的属性值判断从该节点向下的分支，在决策树的叶节点得到结论。决策树的表现形式类似于流程图的树结构，在决策树的内部节点进行属性值测试，并根据属性值判断由该节点引出的分支，在决策树的叶节点得到结论。内部节点是属性或者属性的集合。而叶节点代表样本所属的类或类分布。经由训练样本集产生一棵决策树后。为了对未知样本集进行分类，需要在决策树上测试未知样本的属性值。测试路径是由根节点到某个叶节点。叶节点代表的类就是该样本所属的类。

2. 贝叶斯分类法

贝叶斯分类法是利用统计学中的贝叶斯定理来预测类成员的概率，即给定一个样本，计算该样本属于一个特定的类的概率。这一算法主要利用贝叶斯定理来预测一个未知类别的样本属于各个类别的可能性，选择其中可能性最大的一个类别作为该样本的最终类别。由于贝叶斯定理的成立本身需要一个很强的条件独立性假设前提，而此假设在实际情况中经常是不成立的，因而其分类准确性就会下降。为此就出现了许多降低独立性假设的贝叶斯分类算法，如TAN算法，它是在贝叶斯网络结构的基础上增加属性对之间的关联来实现的。

贝叶斯分类的主要算法包括朴素贝叶斯分类算法、贝叶斯网络分类算法等。

朴素贝叶斯分类假设每个属性之间都是相互独立的，并且每个属性对非类问题产生的影响都是一样的，即一个属性值对给定类的影响独立于其他属性值。

贝叶斯定理是概率论中的一个结果，它跟随机变量的条件概率以及边缘概率分布有关。

通常来讲，事件A在事件B发生的条件下的概率，与事件B在事件A发生的条件下的概率是不一样的，这两者有确定的关系，贝叶斯定理就是这种关系的陈述。

3. k-近邻分类法

k-近邻分类法不是事先通过数据来选好分类模型，再对未知样本进行分类，而是存储带有标记的样本集，给一个没有标记的样本，用样本集中k个与之相近的样本对其进行即时分类。k-近邻分类法就是找出k个相似的样本来建立目标函数逼近。

k-近邻分类法的基本思路：首先，存储一些标记好的样本集；其次，要有一个未知类的样本用来对其进行分类；再次，逐一取出样本集中的样本，与未知类样本相比较，找到k个与之相近的样本，用这k个样本的多数的类为未知样本定类；最后，当样本集为连续值时，用k个样本的平均值为未知样本定值。

（二）回归分析

回归分析是指对具有相关关系的两个变量或多个变量建立合适的数学模型，以近似地表示变量之间平均变化关系的一种统计方法。回归分析与分类分析类似，但回归分析的目的不是寻找描述类的模式，而是寻找变量间的关系模式以确定数值。例如简单的线性回归技术，它的结果是一个函数，可以根据输入变量的值来计算输出变量的值。比较流行的回归分析技术有线性回归和逻辑回归，两者的区别在于线性回归的因变量是连续的，逻辑回归的变量是离散的。此外，还有非线性回归模型，有的可以转化为线性回归模型。回归分析方法被广泛地用于解释市场占有率、销售额、品牌偏好及市场营销效果。

1. 线性回归

线性回归是利用数理统计中的回归分析来确定两种或两种以上变量间相互依赖的定量关系的一种统计分析方法，运用十分广泛。

线性回归有很多实际用途，分为以下两个大类：

一类是，如果目标是预测或者映射，线性回归可以用来对观测数据集（x_i,y_i）（i=1,2,…,n），可拟合出一个预测模型$y=kx+b$。当完成这样一个模型以后，对于一个新的x值，在没有给定与它相配对的y值的情况下，可以用这个拟合过的模型预测出一个y值。

另一类是，给定一个变量y和一些变量x_1，x_2，…，x_p，这些变量有可能与y相关，线性回归可以用来量化y与x_j（j=1，2，…，p）之间相关性的强度，评估出与y不相关的x_j，并识别出哪些x_j包含关于y的冗余信息。

2. Logistic回归分析

Logistic回归模型是一种概率模型，适合于病例对照研究、随访研究和横断面研究，且结果发生的变量取值必须是二分的或多项分类。可用影响结果变量发生的因素作为自变量与因变量，建立回归方程。

Logistic回归分析的主要用途：一是寻找危险因素；二是预测；三是判别。

（三）预测

预测是大数据最核心的功能。大数据预测是指运用历史数据和预测模型来预测未来某件事情的概率。精度和不确定性是预测的关注点，通常用预测方差进行衡量。预测技术是以表示一系列时间值的数列作为输入，接下来运用计算机学习和统计技术对数据进行周期性分析、趋势分析和噪声分析，进而估算这些序列未来的值。例如，可以通过挖掘企业的历史销售数据预测该企业未来一年的销售额。

在数据挖掘中，预测是基于既有的数据进行的，即以现有的数据为基础，对未来的数据进行预测。预测方法有许多，可以分为定性预测方法和定量预测方法，如图3-2所示。

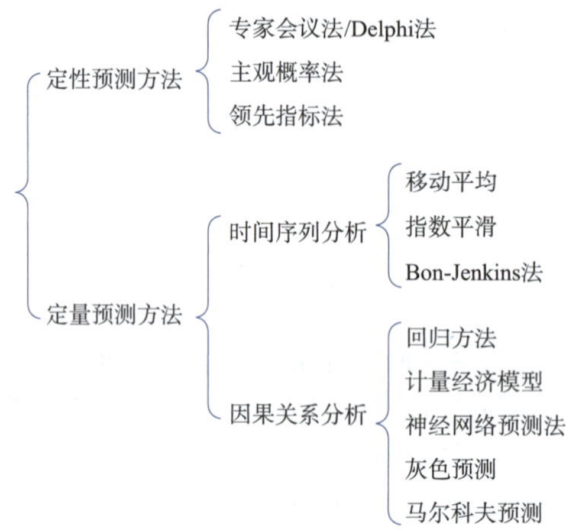

图3-2　预测方法分类图

（四）关联分析

关联分析主要用于发现隐藏在大型数据集中的有意义的联系，所发现的联系可以用关联规则或频繁项集的形式表示。在进行关联分析之前，首先要将数据集看成一个事务的集合，每个事务中包含若干条数据项。一个事务表示一个有意义的单元区间，在这个有意义的单元区间中，若干条数据共同出现即为一个事务。

下面介绍几种常用的频繁项集发现算法。

1. Apriori算法：使用候选项集找频繁项集

Apriori算法是一种最有影响的挖掘布尔关联规则频繁项集的算法。其核心是基于两阶段频繁项集思想的递推算法。该关联规则在分类上属于单维、单层、布尔关联规则。在这里，所有支持度大于最小支持度的项集称为频繁项集，简称频集。

该算法的基本思想是：首先找出所有的频集，这些项集出现的频繁性至少和预定义的最小支持度一样。由频集产生强关联规则，这些规则必须满足最小支持度和最小可信度。然后使用第一步找到的频集产生期望的规则，产生只包含集合的项的所有规则，其中每一条规则的右部只有一项。一旦这些规则被生成，那么只有那些大于用户给定的最小可信度的规则才被留下来。为了生成所有频集，使用了递推的方法。可能产生大量的候选集，以及可能需要重复扫描数据库，是Apriori算法的两大缺点。

2. 基于划分的算法

基于划分的算法先把数据库从逻辑上分成几个互不相交的块，每次单独考虑一个分块并对它生成所有的频集，然后把产生的频集合并，用来生成所有可能的频集，最后计算这些项集的支持度。这里分块的大小选择要使得每个分块都可以被放入主存，每个阶段只需被扫描一次。而算法的正确性是由每一个可能的频集至少在某一个分块中是频集保证的。该算法是可以高度并行的，可以把每一分块分别分配给某一个处理器生成频集。产生频集的每一个循环结束后，处理器之间进行通信来产生全局的候选*k*-项集。通常这里的通信过程是算法执行时间的主要瓶颈；同时，每个独立的处理器生成频集的时间也是一个瓶颈。

3. FP-树频集算法

针对Apriori算法的固有缺陷，J.Han等提出了不产生候选挖掘频繁项集的方法：FP-树频集算法。该算法采用分而治之的策略，在经过第一遍扫描后，把数据库中的频集压缩进一棵频繁模式树（FP-tree），同时依然保留其中的关联信息，随后再将FP-tree分化成一些条件库，每个库和一个长度为1的频集相关，然后再对这些条件库分别进行挖掘。当原始数据量很大的时候，也可以结合划分的方法，使得一个FP-tree可以放入主存中。

（五）聚类分析

聚类是根据相似度将数据分组，使同一聚类内的个体距离较近或变异较小、不同聚类间的个体距离较远或变异较大。其中，相似度可以利用不同的距离或相关来定义。例如，依据良率高低将晶圆区分为高良率与低良率的晶圆，以辨识制程良率的状况。

聚类与分类最大的不同在于聚类并没有预先定义好类别，聚类结果的意义须依靠分析者事后的阐释。因此，找出聚类本身，加以了解并解释聚类的意义才是最重要的工作。而聚类过程中依选择的变量不同，所得的聚类结果也不尽相同。聚类通常是在进行其他类型数据挖掘前的预先处理动作。

异常值分析是聚类分析应用的一个特性，通过相似度比对，找出与大多数聚类差异较大的样本数据。异常值的笔数或个数通常远低于其他数据，在大多数的分析情况下会将异常值视为噪声而予以剔除，但当少数数据才是关键时，如黄金客户鉴别、欺诈监测，异常值分析则转而成为分析重点。

聚类问题的研究已经有很长的历史。迄今为止，为了解决各领域的聚类应用，已经提出的聚类算法有近百种。根据聚类原理，可将聚类算法分为以下几种：划分聚类、层次聚类、基于密度的聚类、基于网格的聚类和基于模型的聚类。虽然聚类的方法很多，在实践中用得比较多的还是K-means、层次聚类、神经网络聚类、模糊C-均值聚类、高斯聚类等几种常用的方法，如图3-3所示。

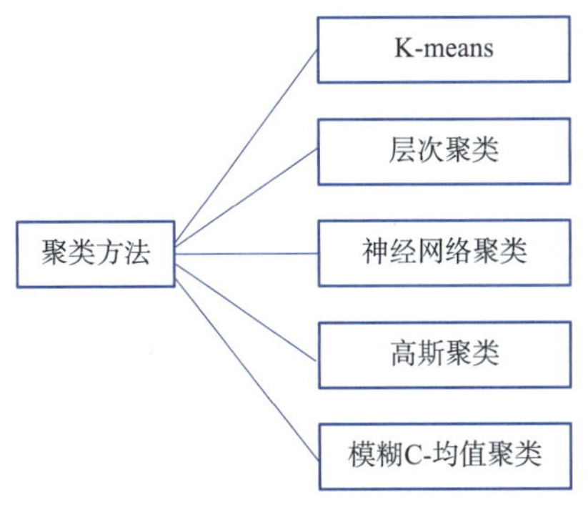

图3-3 常用的聚类方法

（六）序列分析

序列分析是对序列数据进行分析以发现蕴藏其中的模式和规律。序列数据和时间序列都是连续的观测值，观测值之间相互依赖。它们之间的差别在于序列数据包含离散的状态，而时间序列是连续的数值。序列数据和关联数据比较相似，它们都是一个项集或一组状态，区别在于序列分析分析的是状态的转移，将数据间的关联性和时间联系起来，而关联分析不需要考虑时间问题。Markov链是进行序列分析的主要技术之一。

（七）偏差分析

数据库中一般存在着很多异常数据，找出这些异常数据非常重要，偏差分析可以解决此类问题。偏差分析用于检测数据现状、历史记录与标准之间的显著变化和偏离，如观测结果与期望的偏离、分类中的反常实例、模式的例外等。偏差分析的基本方法就是寻找观察结果与参照之间的差别。如信用卡欺诈行为检测、网络入侵检测、劣质产品分析等。

思　考　题

1. 简述常见的分布式系统。
2. 实时数据处理在大数据计算中扮演着怎样的角色，它对业务决策有何影响？
3. 描述一种数据挖掘方法，并解释它在解决实际问题中的应用。

第四章 大数据金融的应用分析

学习目标

1. 掌握大数据在金融各行业的应用场景。
2. 熟悉网络银行的现状与发展。
3. 了解金融各行业应用大数据的案例。

工业和信息化部发布的《"十四五"大数据产业发展规划》提出，以推动高质量发展为主题，以供给侧结构性改革为主线，以释放数据要素价值为导向，打造数字经济发展新优势，为建设制造强国、网络强国、数字中国提供有力支撑。在通信、金融等十二大行业开展大数据开发利用行动。大数据在金融行业的应用广泛，涵盖银行、证券、保险、互联网金融、征信等领域，以下结合国内外案例重点介绍几大领域。

第一节　大数据在银行业中的应用

总体来看，大数据在银行业中的应用与创新主要体现在四个方面：

（1）对客户画像进行准确刻画，从而深刻了解客户的需求特征、消费习惯、信用水平等信息，为金融业务的开展奠定数据信息基础。

（2）精准营销。银行在为客户精准画像的基础上，可以有效地开展精准营销。营销方式包括实时营销、交叉营销、客户生命周期管理等。比如某客户使用信用卡采购婴儿奶瓶，可以通过建模推荐尿不湿等婴儿类产品；也可以将换工作、结婚等改变生活状态的事件视为营销机会。

（3）风险管控。在贷款风控、反欺诈、反洗钱等领域进行大数据分析，利用数据信息分析整合客户的信用水平，实时掌控客户的交易行为，从而提高银行对风险的预判与控制能力。

（4）运营优化。大数据将致力于优化银行的组织结构、提高银行的管理效率，打通银行与市场的沟通渠道，提高银行在资本市场中的活跃度。

对于不同规模、不同类型的银行，以上四个方面的大数据应用都将有所体现，但也会存在一定的差异，各有侧重。下面将从不同银行规模的角度进行具体分析。

一、大型商业银行

大数据环境对我国商业银行的影响主要有以下几个方面：

（1）颠覆商业银行发展战略。传统商业银行是在市场调研的基础上，通过预测未来经济运行状况，根据决策者的经验确定其经营战略。在大数据时代，商业银行通过运用大数据分析技术，准确定位自身的服务对象和服务领域，从而使得企业战略决策更加科学有效。

（2）变革商业银行运营方式。在大数据时代，商业银行的运营方式将面临重大变革，主要体现在运营精细化、虚拟化和科学化。海量数据将对商业银行运营方式产生深远影响，大数据处理技术将会使商业银行在客户开发、资产管理和产品创新等领域更加精细化；数据处理能力的提升将加快商业银行电子化发展进程，电子货币将会逐步取代实物货币；电子商务平台、客户自助服务终端的发展，将不断减少传统柜台服务，电子渠道将是商业银行发展的主流方向；科技进步使得商业银行将由过去的资金中介逐步向信息中介转变，由过去的存贷汇服务者向信息提供者、财富管理者转变。

（3）挑战商业银行数据驾驭能力。多样化的数据给银行数据处理带来新的挑战：海量数据的集聚，这是大数据处理的第一道关口；数据类型的多样性和异构性以及建模的复杂性，这些难题需要多样化的处理手段；大数据的准确性处理将会成为商业银行数据应用面临的一大课题。

此外，在快速变化的金融环境下，数据的有效性、数据噪声的去除等问题都会被提出来。

（一）风险控制体系创新

大数据在金融领域的核心作用在于提高金融机构的风险定价能力，为金融机构提供全面、动态的风险控制体系，并推动金融体系变革。

征信是风险控制体系的核心。2004年，中国人民银行建成全国统一的个人信用信息基础数据库；2005年，原有的银行信贷登记咨询系统升级为企业信用信息基础数据库。截至2023年末，数据库累计收录11.6亿自然人信息及1.3亿户企业和其他组织信息。但是，人民银行的征信数据是商业银行等金融机构上报的数据，存在信息量少、准确率低、时效性差等缺点，尤其是个人用户和小微企业，无法真正有效识别其信用状况。

大型商业银行拥有庞大的客户群体，因此积累了海量的客户数据。尽管大型商业银行在金融数据方面具有优势，但在个人用户和小微企业交易数据方面存在不足。在传统业务模式下，由于信用数据不足，大型商业银行较少向小微企业和个人用户提供信用贷款等服务。为弥补个人用户和小微企业信用数据的不足，大型商业银行选择与大型互联网企业合作，包括京东、天猫、拼多多等知名电商平台，以及腾讯、美团等互联网科技公司。

通过与京东、天猫、拼多多等知名电商平台的合作，大型商业银行能够获取个人用户和小微企业的电商交易数据。这些数据不仅覆盖了用户的消费习惯和购买力，还揭示了小微企业的经营状况和现金流等关键财务信息。通过收集电商平台上的个人和企业交易数据，银行能弥补客户生活数据的空白，深度挖掘和分析这些数据，从而更准确地评估信用状况，有效推动个人消费贷款和小微企业贷款业务的发展，扩大贷款业务的范围和深度。

虽然国内大型商业银行因安全性和可靠性考虑，较少依赖第三方征信公司的信用评分，但它们愿意与像腾讯这样的互联网科技公司合作。这些公司拥有先进的大数据技术和人工智能算法，能够协助商业银行高效处理和分析大量数据。合作使商业银行能够借鉴互联网科技公司的技术经验，提高数据处理和风险控制能力，扩大金融服务范围，增强市场竞争力。

（二）业务经营与客户关系管理创新

在大数据时代，“新型客户”已经形成。客户比以往有更多的选择和更自主的要求，需要银行提供更加多元化的金融产品和服务。在大数据时代，每一位客户都能够清晰地发出声音，客户有更多的话语权、更强的自主选择意愿和更多的选择权利。这类新型客户不仅要求银行能提供满足个人偏好或需求的、跨渠道的、一致的、良好互动的客户体验，还要求银行的服务能力和运营效率同步提升。银行推出一个金融产品或服务就能满足大多数客户需求的时代将不复存在，发现并留住最有价值的客户也变得越来越困难。

银行通过电商平台获取的数据不仅能用于个人或企业的信用评价，完善风险控制体系，同时也能提高客户黏性和活跃度，预测客户的消费行为，进行精准营销。银行将金融服务和生活服务结合起来，对客户的数据分析更为精确和立体，由此得出的策略也更具有针对性。对客户交易行为和消费行为更准确地预测和对客户群体更精确的细分，能够帮助银行做出更优化的决策，提供更具差异化和竞争力的服务。银行搭建电子商务平台，不仅采用B2C模式为个人客户提供服务，还采用B2B模式为企业客户提供服务。例如建设银行的“善融商务”企业商城，从事电子商务的企业供应商可以在平台上进行商品发布、在线交易、供应链融资等，而采购商也可以在平台上进行批量采购、发布求购信息以及申请融资贷款等。

相较于传统的互联网电商，多数银行都选择将电子商务模式与金融服务相结合，在网上商城内都设有“金融馆”或“金融超市”，并下设基金、理财产品、贵金属、保险、外汇等多个与金融产品和服务相关的子栏目，如交通银行的“交博汇”、建设银行的“善融商务”。除了金融产品外，消费者还可以通过银行的电商平台直接购车、购房并贷款。除了作为交易中介，提供第三方支付服务外，商业银行同时还开展电子商务平台分期业务，众多在售的产品都可以使用分期付款进行购买。与传统的电商平台相比较，银行提供分期服务的产品多、范围广、价格局限小，即使百余元的产品在银行的网上商城上也可以利用贷款购买。通常银行都采取限制加优惠的措施，消费者在持卡消费的过程中，只能使用该行的信用卡或者借记卡进行消费，但会有一定的优惠，以提高客户的忠诚度。

尽管上述业务的开展并非直接运用大数据技术，却是金融大数据的重要来源。大型商业银行正通过自身强劲的实力，获取底层数据，降低不必要的数据购买成本和风险。但在信息时代的潮流下，企业之间的合作共赢将是主要趋势，大数据难以被垄断。未来银行应与互联网企业、电子商务平台、社交网络平台等合作，进行信息整合与数据共享，促进金融服务与移动网络、电子商务、社交网络等的融合。

（三）管理决策方式创新

大数据的显著特征是全数据分析。在大数据体系下，相较于传统的方式，银行数据获取、分析和运用的渠道机制都已经发生了巨大改变。商业银行使用大数据分析技术和工具，对海量结构化数据和非结构化数据进行分析、判断和挖掘，能够及时、准确地发现业务和管理领域的风险与机会，为业务发展和风险防范提供全面及时的决策支持信息。

大数据金融的本质特征之一就是决策模式的不同：大数据决策建立在牢固的数据证据基础上。传统商业银行的决策模式依赖于样本数据分析和高层管理经验，片面性和主观性较强。而在大数据时代，使用全量数据进行分析，将使得分析结果更具客观性和决策支持性。银行的决策过程将以数据为核心，这对银行的管理者来说是一场改变思维习惯的管理革命，大数据的客观性将对现有银行决策机制产生历史性革新。

（四）商业银行应对大数据的经验和路径

1. 发达国家的经验

（1）英国商业银行。英国商业银行在大数据背景下，从被动参与到主动投入，由量变不断叠加到质变，在大数据技术框架的搭建和业务演变两个方面，经过了长期的演变。大数据技术框架是由一套完整的硬件和软件设施组成，通过硬件和软件设施来挖掘和分析海量数据背后的信息；银行业务演变主要表现为“零售业务—信贷业务—中间业务”，先易后难，逐步升级。由于部分商业银行受到外部环境和内部条件的双重制约，在科技、资金及人才等方面投入有限，因而在大数据时代采取渐进式发展道路。

英国商业银行有关大数据技术的应用还处于探索和试点阶段，却也取得了初步进展：将更多的新工具和新技术加入现代化的分析环境中，进行大数据平台的基础建设；积极推出基于大数据技术的试点项目，为实体经济发展和居民生活便利提供更加高效的金融服务。

（2）法国商业银行。法国商业银行基于整体视角，选择重点领域，在技术创新和经营方式两个方面，实现跨越式发展。在技术创新方面，突破传统技术框架，实现从数据采集到成果应用的一体化结构；在经营方式变革方面，根据客户不同的消费需求、价值预期等，制定出不同于竞争对手的经营策略，避免陷入恶性竞争。

（3）美国商业银行。美国商业银行发展路线为“数据—信息—商业智能”，提高了企业风险、资产负债和客户关系管理水平。

2. 我国商业银行的路径选择和政策建议

我国商业银行采取渐进式发展路径，现有应用以机构内部数据为主、外部数据为辅，数据的开放和综合应用还处在起步阶段；同时，大数据理论超越了实践应用，采取渐进式发展路径，有助于以量变引导质变，推动商业银行稳定变革。

（1）做好顶层设计，优化组织架构。商业银行应该从战略层面将大数据能力建设纳入发展规划，组织协调业务、管理、支持保障等多个部门的大数据工作推进机制。同时，积极与社交网络、移动通信等大数据平台开展战略合作，探索建立电子化金融商业模式，将金融服务与社交网络、电商、电信等深度融合。另外，在大数据时代，需要商业银行各部门之间的分工协作与相互支持，以构建更加高效的金融服务体系。

（2）提升大数据时代的核心能力。一是数据获取能力。就数据获取而言，商业银行除了应当搜集和整合日常经营活动中的数据，还应与拥有稳定数据源的公司进行战略合作。二是数据挖掘能力。商业银行应当具备海量数据快速处理能力，不断增强数据挖掘中的价值获取能力，从而形成多元化的金融服务层次。三是数据分析能力。数据分析的主要目的在于找出隐藏在数据背后的内在规律，为整体抉择、业务经营及信息披露提供信息服务。

（3）积极培育和维护客户。商业银行要从传统的“以业务为中心”的经营理念，向“以客户为中心”的服务模式转变。主动挖掘客户需求前景。商业银行应该通过对交易数据、多渠道交互数据、社交媒体数据等相关数据的全面分析，真正了解客户需求，并预测未来行为。创新客户关系管理模式。通过与客户保持高频次的互动，掌握客户在金融活动中的需求和痛点，将银行内部数据和外部社交数据互联，获得更加完整的客户视图。尊重客户隐私，维护数据安全。数据采集技术的发展使得个人的隐私信息很容易被获取，商业银行在数据挖掘过程中应最大化地隐藏用户隐私。

（4）加强人才队伍建设。商业银行需要早做准备，合理界定行业人才需求范围：数据分析技术、业务目标理解和沟通管理技能。数据分析是大数据应用的核心，没有数据的分析，就没有数据价值的提取；业务目标是所有数据解决方案的源头，有了业务目标，才有数据挖掘的方向。

二、中小型商业银行

（一）精准营销创新

当前我国商业银行服务同质化，产品差异性小，因而产品和业务创新是中小型商业银行提高核心竞争力的重要手段。从商业银行的角度来看，大数据的应用在提升效率、降低成本、加强风控、精准营销等方面，对银行业务发展的贡献日益显现。随着竞争的加剧，大数据也推动着银行的变革：根据数据智能分析向前台提供服务与反馈，支持实现以客户为中心的服务模式与体验；整合日益互联互通的各种服务渠道；形成从广泛的数据源持续获取、量度、建模、处理、分析大容量多类型数据的能力；在流程、服务、系统间实时共享数据，并将经过智能分析和加工的数据用于业务决策与支持；智能分析与预测客户需求。商业银行不断推出以大数据为核心的创新业务，拓展银行的业务发展空间，在使客户享受到优质金融服务的同时，银行自身运转也更加高效和顺畅。中小型商业银行面对的客户多为个人用户和小微企业，利用大数据技术开展精准营销，是众多中小型商业银行主要的方向。

不难看出，当前中小型商业银行运用大数据开展精准营销，尚处于大数据挖掘的起步阶段，其核心策略是拓展数据来源并进行深度分析。未来应加强小微金融服务与社交网络的融合，通过社交媒体等新渠道获取尽可能多的客户信息，从这些数据中挖掘更多的客户价值。最终将银行内部数据和外部社交数据互联，不仅能获得更加完整的客户画像，更能高效地进行客户关系管理，还可以创造性地利用社交网络数据等进行产品创新和业务创新。

（二）小微信贷业务创新

商业银行早期开展的数据分析系统，大多分布在信贷管理、风险管控领域，在产品研发、市场营销、客户服务、商业模式创新等领域应用较少，而后者往往代表着大数据的应用重点和未来方向。

小微信贷是中小型商业银行应用大数据分析的一个重要方向。从近几年各大国有银行和股份制商业银行的年报可以看出，商业银行对小微信贷市场的关注度不断提升。整体来看，中小型商业银行在小微信贷领域覆盖面有限，与其他平台竞争时亟须提高效率、降低成本。商业银行与电商平台相比有着更为丰富的产品和从业经验，而且有一套相对完善的风险管理体系，因而在业务开展方面更具优势。商业银行通过构建大数据金融平台，弥补自身在“小微贷”业务方面的经营短板，利用智能化和多样化的手段，结合自身优势，积极主动推进小微金融产品创新、业务创新、服务创新、流程创新和管理创新。同时，建立智能化的小微金融服务模式，通过挖掘数据的潜在价值，为小微金融业务中的客户终端交叉营销、营运流程优化、风险模型控制以及市场预测等各环节提供科学分析与决策依据。

小微信贷业务的开展往往受到股份制商业银行的重视，如平安银行提出的“供应链金融”概念，帮助小微企业实现价值附加。与小额贷款公司相比，小微信贷市场中的高端市场被银行占据，银行往往拥有雄厚的财力、成熟的体制，贷款额度较高，多在10万元以上。传统商业银行对于小微信贷市场的竞争威胁和行业整合将在未来几年加剧。小微电商经营于虚拟网络空间，金融服务模式必须与电商经营模式完全契合，才能满足电商经营的需要。

（三）与第三方征信公司的数据合作

中小型商业银行在数据采集方面有明显的不足，如果采取自建电商平台、自主进行数据采集、自主开发数据分析平台的方式则耗资巨大，因此可以通过数据合作的方式弥补自身不足，紧跟大数据时代的潮流，实现双方共赢，充分发挥数据作为一种重要资产的价值。北京银行成立了信用卡中心，并与独立第三方信用评估及信用管理机构“芝麻信用”签约，开展信用信息查询和应用、产品研发、商业活动等多个方面的合作。双方的合作开启了商业银行应用互联网征信的先河，探索互联网征信大数据批量化应用于传统金融。

三、互联网银行

自20世纪90年代起，互联网技术得到广泛应用，银行开始通过电子信息渠道来接收交易指令，为消费者提供服务，即我们常说的互联网银行服务。互联网银行的类型主要包括三个层次：一是提供信息的网站，主要是向消费者和公众发布银行产品与服务信息；二是简单的交易网站，可以实现提交银行服务请求、查询账户情况、向银行下达交易指令，但不允许进行资金转移；三是功能较强的交易网站，消费者可以在不同账户之间进行资金转移，可以支付账单以及在线进行其他的银行业务。传统互联网银行都建立在线下实体的基础上，即传统银行业务的互联网化。然而在大数据时代，出现了没有线下网点，成立之初就完全依赖线上业务的新型互联网银行，本部分若不做特殊说明，论述的均为此类互联网银行。

互联网银行建立在大数据分析的基础上。在大数据时代，克里斯·安德森提出了“长尾理论”。他认为，在产品的存储和流通的渠道足够大的前提下，之前需求不旺或销量不佳的产品共同占据的市场份额可以和那些少数热销产品所占据的市场份额相匹敌甚至更大，即众多小市场汇聚可产生与主流大市场相匹敌的市场能量。互联网银行的定位即是依托大数据优势，服务80%的普通客户，充分挖掘中低端客户的价值。互联网银行，尤其是资深电商企业设立的互联网银行，在征信方面有更为可靠的私有数据库，结合中国人民银行的征信体系，可以更有效地开展信用贷款等业务，显著提高金融业务的广度和深度，帮助互联网银行低成本、高效率地服务低收入人群和小微企业。互联网银行应当充分利用现有的优势与机遇，严格遵守国家金融法律法规和监管政策，以依法合规、审慎经营为基础，以持续发展为目标，不断创新。

（一）美国的互联网银行发展模式

经过十几年的发展，美国的互联网银行已经形成较为成熟的互联网运营模式。目前，美国的互联网银行主要有互联网平台模式、直销银行模式、银行服务商模式，这三种发展模式各具特色，各有优势。

1. 互联网平台模式

该模式以美国互联网银行（bank of Internet USA）为代表，它是一家纯正的美国本土互联网银行，于2000年7月开业，通过互联网在全美范围内提供互联网消费领域的银行服务，未设立任何物理网点，这与网商银行、微众银行的运营模式类似。其采取线上与线下相结合的方式。在线上利用大数据分析技术，针对客户群体特点开展精准营销，提供有针对性的产品，并以较高的利率、较少的收费项目吸引目标群体；在线下则与连锁超市等结成互联网合作伙伴，通过提供快捷的支付方式吸引此类客户。同时，通过线上线下客户端收集数据，利用大数据分析技术，开展交叉销售，牢牢锁定客户，提高服务水平与效率，从而提升企业的核心竞争力。

2. 直销银行模式

以ING美国直销银行为代表，其面向零售客户，产品和服务流程简单、标准化，便于网上操作和数据采集。风险控制依赖“硬信息”和“大数法则”，充分结合大数据技术，能够提高银行的风险管理水平和效率，从而能够更快捷地为客户提供服务。

3. 银行服务商模式

以Simple为代表，其本身不是银行，而是一家通过网页和手机移动客户端提供个人综合金融服务的银行服务商。合作银行提供一个由FDIC（联邦存款保险公司）提供存款保险的NOW存款账户，而Simple则在此账户基础上，结合大数据技术，明确目标客户定位，为个人客户提供包括综合理财在内的个人金融服务。

（二）中国的互联网银行发展现状

随着大数据浪潮的到来，基于电商或社交平台的企业成立互联网银行具有独特的优势。目前国内互联网银行的主要代表是腾讯、百业源、立业共同出资成立的深圳前海微众银行，阿里巴巴和万向出资成立的浙江网商银行，以及由百度和中信银行共同出资成立的百信银行。

作为首批试点的民营互联网银行之一，浙江网商银行在经营模式上将以纯互联网方式运营，不设物理网点，不做现金业务，也不会涉足传统银行的线下业务，如支票、汇票等。浙江网商银行定位于服务“长尾客户”，尤其是广大的小微企业、个人创业者和普通消费者，特别是其中的农村消费群体。将采取“小存小贷”模式，具体指主要提供20万元以下的存款产品和500万元以下的贷款产品。

浙江网商银行之所以能够采取“小存小贷”模式，源于阿里巴巴电商平台的大数据处理能力和征信体系的建设。浙江网商银行将普惠金融作为自身的使命，希望利用互联网的技术、数据和渠道创新来帮助解决小微企业融资难、融资贵、农村金融服务匮乏等问题，促进实体经济发展。浙江网商银行也是中国第一家将核心系统架构在金融云上的银行。基于金融云计算平台，浙江网商银行拥有处理高并发金融交易、海量大数据和弹性扩容的能力，可以利用互联网和大数据的优势，给更多小微企业提供金融服务。其中，蚂蚁小贷将运用大数据技术为淘宝、天猫上的小微企业、个人创业者提供小额贷款。芝麻信用通过云计算、机器学习等技术客观呈现个人的信用状况，这些信用评估可以帮助互联网金融企业对用户的还款意愿及还款能力提供依据，继而为用户提供快速授信及现金分期服务。

2014年12月12日，深圳前海微众银行（以下简称微众银行）由中国银监会批准成立，2015年1月18日对外试营业。微众银行也以“普惠金融”为概念，主要面对个人或企业的小微贷款需求。其创新了金融业务模式和金融交易方式，结合互联网平台，凭借大数据技术，提供高效和差异化的金融服务。微众银行既无营业柜台和营业网点，也不需财产担保，主要通过大数据信用评级和人脸识别技术发放贷款等。2015年5月，微众银行推出了首个互联网银行产品“微粒贷”。“微粒贷”属于小额信用贷款产品，具有“无抵押、无担保，随借随还、按日计息”的特点，额度在2万~20万元之间，日息0.005%，7×24小时服务，最快15分钟完成贷款。该产品已经投放在腾讯现有的一些流量较大的产品之中，如QQ、微信以及一些电商的平台上。2018年4月11日起，在微众银行App转入资金或购买理财单日限额下调至1万元。2017年“微粒贷”借款用户突破1 000万。截至2023年末，“微粒贷”已经累计服务超6 000万借款客户，年内日均发放贷款超90万笔。按年报显示“微粒贷”笔均贷款金额7 600元测算，“微粒贷”仅是日均放贷总额就有68.4亿元。

互联网金融产品的本质是传统银行个人信用贷款或者是循环贷款的互联网化。传统业务模式是以借款人的综合信用和收入、流水以及一些资产证明作为发放贷款的依据，而互联网银行的信用合规方式与传统银行有较大的差异，主要是利用线上的消费、支付、理财、社交等多维度的大数据，通过建模分析出具信用报告。阿里巴巴的芝麻征信、腾讯征信等都已经逐渐开始开发互联网第三方的征信市场，互联网银行可以借此获取用户的征信数据，作为评估贷款发放额度的主要依据。

随着互联网、移动互联网、社交网络、物联网、云计算等新一代信息技术的应用和推广，人类产生的数据成倍增长。金融风险基本上都需要数据和模型进行风险量化，市场规模较大。尤其是在一些较小的金融机构，如农商行、城商行、小额贷款公司等，期望使用大数据模型对风险、精准营销等多方面进行管理，但限于数据、能力、资源等多方面的问题，很难快速进入金融大数据的应用。

此外，目前国内以提供传统模型类产品、机器学习模型和产品、大数据模型和产品为主的团队较少，能够落地成形的产品更是稀少。不仅如此，市场上目前缺少实际可用的机器学习模型或大数据模型，市场上的大数据或机器学习模型主要是以项目的形式自建的，但可用性和产品化程度不高。

金融量化模型是各类金融机构非常重要的运营管理工具，它能够提供客观、稳健和高效的针对某一特定目标的量化评估结果，广泛地应用于授信审批、企业评级、额度管控、催收管理、交叉销售等各个业务领域，为金融机构提供集约化、便利的管控手段。

这里以新网银行金融大数据模型服务工具为例进行说明。

新网银行由新希望集团、小米以及红旗连锁投资，成立于2016年12月，定位为新一代互联网银行，致力于通过互联网技术为广大消费者和小微企业提供定制化的金融服务，也是中西部首家互联网银行。新网银行采取平台化策略，为广泛的互联网金融机构提供服务。

新网银行金融大数据模型服务工具项目依托新网银行风险管理团队的强大技术资源，拥有超过50人的专家团队，包括来自美国明尼苏达大学的CFA博士和金融机构、高科技机构的行业精英，核心团队成员来自摩根大通、Google、微众银行、京东、PWC、EY、广发银行等，在风险控制和互联网大数据应用领域拥有非常丰富的行业经验，团队技术力量较为突出，能够为项目的发展提供支持，并且有着明确的未来规划和广阔的发展空间。

新网银行金融大数据模型服务工具项目运用互联网大数据风控、云计算、人工智能等技术，解决小微企业和“长尾人群”风险识别难、客单价值低的难题，打造高效的数据信贷文化，提升客户体验，降低业务成本。目前在模型先进性、客户定制能力、接口稳定性、数据安全性、部署便利性等各个维度都取得了不错的平衡能力，能够有效地支持中小金融机构在大数据金融模型领域的应用，是目前市场上处于领先地位的较为成熟的应用方案。

新网银行金融大数据模型服务工具有着标准的输入和输出接口，支持多维度的数据接入和衍生；完成数据接入后，基于场景提供成熟的模型方案，通过模型和参数的选择实现灵活的模型部署和配置，并为服务模式提供运算结果；除了本地部署外，平台还提供云端部署，支持前端展示、后端输出。

新网银行金融大数据模型服务工具计划在现有模型模块的基础上，增加不同的模型类型和应用场景，支持现有模型效果的检验和优化调整，提供优质的机器学习模型工具，真正做到大众建模、共享数据，实现模型工具模块化；在每一个场景中深挖模型，从多种视角对同一场景进行模型分析和判断，形成多模型竞赛的分型模式，并且将数据接口和工具定制化，支持不同类型数据的衍生和深入扩展，支持各类细分模型的运行，同时接口输入支持直连不同的决策系统。

新网银行金融大数据模型服务工具项目带来的盈利有两个方面：

一方面，在行内可以提供模型产品服务：基于整合的大数据机器学习服务输出工具，能够集中行内的数据资源和科技运营资源，优化银行整体的风险控制水平，降低科技运营成本，提高银行盈利能力。

另一方面，可以为金融机构提供工具产品服务：外部金融机构可以基于此工具服务，灵活地使用自身获取的数据，在确保授权许可的前提下获取各类第三方数据，主要基于技术服务和模型计算输出的模型，可以采用规模、服务时长或者单一客户打包的收费方式提供给外部金融机构使用。

新网银行金融大数据模型服务工具项目的核心技术在于基于Java实时调用PMML结构的先进机器学习模型并进行评分输出，可以配置在不同业务的生产环境中，既支持单一案例动态实时的仪表盘展示，也支持标准接口进行批量的计算和运行；同时，能够自动进行常用征信核心字段报告的读取、匹配和衍生，输出JSON报文，支持数据落库保存。

（三）中国互联网银行面临的风险与挑战

没有物理网点和服务柜台，国内互联网银行如何规避经营风险、保证储户存款安全等将是其持续稳定发展面临的重要问题。具体体现在以下几个方面：

1. 竞争压力较大

互联网银行主要面对来自传统商业银行与非银行类互联网金融企业的竞争压力。互联网银行的目标客户为小微企业和个人消费者，这与当前的众多理财类产品既有的生态体系存在一定重合，因此互联网银行与众多互联网金融企业将在线上展开直接的竞争。与主流商业银行相比，民营银行的规模较小、资本实力较弱、经营有限，因而在整个银行业中市场竞争力通常处于不利地位。此外，大中型商业银行同样抓住了互联网和大数据所带来的机遇，因此互联网银行力求在大型商业银行占据市场大部分份额的情况下，通过差异化经营来分享市场份额，逐步发展用户规模并占据一定的金融市场空间，这对其存贷款等业务产品的创新性提出了很高的要求。

2. 业务经营信用风险较大

互联网银行除了需要面对包括宏观经济环境、金融环境等系统性风险外，还需要面对以信用风险为主的非系统性风险。因为互联网银行的主要客户是个人消费者和小微企业，这些客户的信用信息往往不完善或者信用水平不高，银行面临着更高的信用风险。大型商业银行有长期的业务经营积累，有庞大的业务规模、雄厚的资金链和国家信用作为保障，因而具有良好的信用基础。与大型商业银行相比，互联网银行则刚刚起步，发展规模较小，面临着外部较大的监管压力，虽然利用大数据创新建立了市场化的经营运作模式和风险控制模式，但其可靠性尚待检验。

3. 网络技术安全风险

在信息化时代，网络安全是一个必须重视的问题。具体到金融领域，网络技术安全是决定一家互联网金融企业能否长期、稳健发展的直接因素。因此，互联网银行必须把风险控制（包括网络技术安全风险）放在首位，需要在保证互联网用户体验和兼顾金融安全性之间寻求一个平衡点。目前大数据技术的广泛运用也带来了数据信息的安全性和保密性等问题，这也是互联网银行必须面对的挑战。

第二节　大数据在证券行业中的应用

证券行业其实是一个跟市场波动紧密联系的行业，大牛市和大熊市之间的区别同样能够反映在证券公司身上。行情好时，证券公司往往迎来利润的高峰期；行情差时，证券公司甚至可能需要面对亏本的局面。如此一来，大数据的应用模式是非常适合证券行业的。

一、证券行业创新

现代证券业具有资本密集、信息密集、智力密集和技术密集等特点。在大数据时代，数据信息不仅在量上剧增，而且在数据的产生、传播、内容、速度、形式等方面都更加多样、复杂，越来越呈现出细节化、多维化、立体化的特点，这些都对证券业务发展产生了深远影响。

与其他行业相比，证券业务更适合大数据思维方式。在多年的电算化运营中，证券公司的电算化系统已经积累了大量碎片化的标准数据，构成了海量的数据资产，这将在后期的数据挖掘和客户服务中发挥重要作用。互联网大数据金融模式在证券业的应用能大幅减小交易成本和信息挖掘处理成本，同时券商的海量客户信息将成为新的生产要素，进一步促进证券业大数据的发展。因而，大数据将推动证券行业继续革新。

在大数据时代，数据成为一种重要资源，将发挥越来越重要的作用。为了提高证券行业的整体效率，券商的数据中心首先要从半封闭的状态走向全开放的模式，而这样的转变将对证券行业的技术架构、业务架构和管理架构都产生非常大的影响。

（一）技术架构改变

在大数据时代，只有一小部分数据是以结构化的形态存在的，大部分数据是以“非结构化”形式存储在数据库中。传统用于数据分析的商业智能模型已经不再适用于目前的异构数据类型，包括电子邮件、图片、视频和机器生成的日志等。

大数据技术的日新月异，使得证券行业中的信息收集与分析反馈更加便捷高效。以银河证券为例，从提供基础搜索的应用程序和类似于商业智能报告的挖掘开始，首先，为客户提供关键字搜索及发现功能，以帮助客户更快地找到具体内容，实现大数据和有疑问的实际用户发起的点到点实时数据访问的结合。其次，在大数据可行的搜索技术中，强大的关键字搜索以及发现和导航能力，将为企业提供在极短时间内对海量数据进行更深入的挖掘和分析能力，同时运用数学、统计学知识，通过更长时间的数据累积，发现和创造更多更大的价值。

（二）业务架构改变

目前，我国券商的中介服务职能深陷同质化竞争的泥潭，相互间甚至引发了价格战。在大数据与互联网信息技术的冲击下，券商的金融中介职能将有所改变。如果标准化、同质化服务不能给券商带来正常利润，那么最优选择是要么从竞争中彻底退出，要么转变经营思路，将原先的通道业务转变成包含增值服务的金融服务商。因此，券商必须提前布局自身的职能转变，成为综合类金融服务产品的提供者。

在大数据的冲击下，券商现有的业务将有所调整。其中，传统经纪业务将最先面临转型压力。网络化冲击必将导致经纪业务线出现全行业的萎缩，但最先着手整理历史客户数据和建设标准化服务平台的大券商，则有望借机完成市场份额的新一轮扩张。另外，投行通道中介职能的重要性逐渐衰弱，历史上作为投行收入核心的IPO（首次公开募股）业务利润贡献度将有所下降。投行部门需要转型，并强化非通道方面的服务力度，如后IPO的跟踪服务。券商资管的下一个爆发点在于集合理财业务、资产证券化和信用业务。

（三）管理架构改变

国内证券公司起步较晚，证券公司的内部控制环境建设存在很多不足之处：一是证券市场存在一定问题；二是证券公司缺乏合理规范的法人治理结构，内部难以形成有效的制衡机制。当前证券公司对风险的内部控制意识薄弱，亟待完善。而大数据技术的到来正好可以弥补这方面的不足，利用数据的实时分析与反馈可以使内部风险的控制变得更加便捷和高效。

近年来，随着我国证券市场的迅速发展和网上证券交易量的蓬勃增长，市场监管者和经营者充分认识到开展信息化建设的必要性与紧迫性，证券行业信息化建设任重道远。证券公司希望构建一个完整的证券信息服务平台，用于支持公司内部的市场、行业、金融工程等方面的研究，为客户的理性化投资提供更好的服务，满足公司在资产管理、风险控制、投资决策等方面的数据支持需求。在可预见的未来，证券业在建立了企业级数据中心后，随着云计算的落地和应用的深化，企业级数据中心必将向社会化数据中心演变，从而构建行业平台数据中心，实现数据资源的共享。

二、证券投资决策和业务模式转变

信息拥有量决定着证券投资决策的成败。因此，信息传播对证券市场走势的影响一直是金融学研究的核心问题。长期以来，由于信息不对称造成的投资决策错误是投资失败的主要因素，因此如何有效地获得和分析信息并进行市场预测是产业界与学术界共同的研究热点。

一方面，当前传递信息、沟通交流的主要平台是各种新兴的网络媒体，如论坛、社区、博客、微博、微信等，平台上的海量信息为投资决策提供了丰富的数据；另一方面，大数据对信息的有效分析和利用也面临着来自互联网的挑战与困扰。当前，互联网已经成为股市投资信息传播的主要渠道，投资者利用网络搜索金融信息、与他人交流投资经验的现象越来越普遍。同时，资本市场的信息传播方式也产生了重大变化，互联网的广泛推广能够有效缓解证券市场的信息不对称问题。与此同时，新的市场信息结构也影响着投资者的行为方式，进而影响了股票资产定价和金融资源的配置。

未来，传统证券业金融机构与互联网、大数据将加快渗透和融合，并与金融系统内的其他金融机构和互联网公司处于相互渗透、相互合作竞争的状态，如果不及时改变，最终会被淘汰。

证券业的经营模式可能会发展成以下三种类型：

第一种是为小微企业和低收入群体服务，实现相互之间对接的网上模式，以代替传统的营业部模式。

第二种是面向中产阶级的综合服务模式，即通过深度挖掘互联网平台收集的数据，在对客户跟踪分类的基础上提供各类精准化服务。

第三种是面向机构客户和高净值个人客户的专业化综合服务模式，这些客户涉及多种专业化定制服务需求，如多元化投资等。

三、大数据时代的行情预测

随着社交化成为人们生活与工作中必不可少的环节，如何让社交网站所产生的大量数据创造价值成为最近几年一些基金公司或者科研院所思考的问题。

大数据可以有效地拓宽证券业企业量化投资数据维度，帮助企业更精准地了解市场行情。随着大数据的广泛应用、数据规模爆发式增长以及数据分析及处理能力显著提升，量化投资将获取更广阔的数据资源，构建更多元的量化因子，投研模型更加完善。

证券业企业应用大数据可对海量个人投资者样本进行持续性跟踪监测，对投资收益率、持仓率、资金流动情况等一系列指标进行统计、加权汇总，了解个人投资者交易行为的变化、投资信心的状态与发展趋势、对市场的预期以及当前的风险偏好等，对市场行情进行预测。

四、大数据时代的智能服务

智能金融终端机（VTM）在帮助营业部“瘦身”及支持传统营业部业务方面拥有明显优势。若VTM最终实现多项金融服务功能，就意味着VTM能提供比轻型营业部更专业的全方位服务。智能化、虚拟化应用范围除远程柜台业务办理之外，理财产品销售也可以拓宽至远程投资顾问服务。

根据行业现状分析，一段时间内并非所有一线销售和投资顾问均能通晓公司大部分业务。这个时候公司金融服务后台中心便扮演着重要的角色，客户体验的提升需要建立在专业的业务精英团队基础上。证券公司可以精心遴选出几十人组成精编客服队伍，根据业务类别对其进行区分。如将证券交易开户、业务咨询办理、产品咨询销售、理财规划配置、投诉建议等业务分别设定为1~5级，客户依照自身不同需求可在不同客户服务人员之间进行切换。

精编客服队伍的优势在于对公司业务更加熟悉和细化，风险控制能力较为恰当。经过统一培训，他们在与客户沟通时能够在较短的时间内让客户了解业务，并及时让客户获得适当的产品和服务。即使今后所有证券销售人员能够通过移动终端为客户提供多种金融服务，智能金融系统仍有存在的必要性。例如，在进行客户身份确认、一线人员业务深度介绍以及业务办理时均可能需要智能金融系统的支持和配合，最终达到消解客户业务风险和避免因业务介绍不准确而错失业务机会的目的。VTM实际上承载了轻型营业部和新型营业部的大部分功能。

第三节　大数据在保险行业中的应用

目前，保险业正日益被呈几何级数增长的海量信息包围，它们来自业务数据、财务数据，以及保险网销、电销渠道积累的大量视频、语音、图片、网络日志信息等非结构性数据。经过多年发展，这一数据量已达到100 TB以上级别。

大数据的采集对于互联网保险事业的发展起着至关重要的作用，将有利于收集更多客户信息，分析处理投保人个性化的风险信息，创新保险产品和服务，降低信息不对称风险，同时延长产业链和升级商业模式。此外，互联网销售大数据为保险公司提供了数据支持，保险公司的销售业绩显著提升。在创新与转型方面，大数据也发挥着重要作用，已经成为互联网保险创新的主要依据。随着大数据技术的发展和成熟，数据获取及其成本成为竞争的关键因素。

一、业务经营技术创新

（一）基于NoSQL的保单管理

保单管理是保险公司业务经营的重要方面。在传统的关系数据库中，从保单号出发，通过一系列关联操作（join），可以将绝大部分的业务数据串联。在关系数据库模式下，1∶*N*的关系往往被拆解为多个表进行保存，其优点是能够通过消除冗余，保证很好的数据一致性，同时节省存储空间；但是其缺点也十分明显，就是需要不断通过join操作进行多个表之间的关联才能够实现基于保单号的保单视图查询，这就会复杂化后续应用过程。

在数据可视化时代，基于NoSQL的数据模型设计可以以多结构化的模式进行存储。其优点是各条记录之间的格式可以不同：对于1∶*N*的关系，可以采用表中表的方式来存储；列式数据库增加了表的字段数，使得所有业务数据存储在一张表中成为可能。

（二）基于NoSQL的历史数据查询

随着保险公司日常业务的开展，其内部IT系统中存有大量历史数据。作为一个低成本解决方案，NoSQL将承担起查询历史数据的功能。有两种方式可以实现历史数据的查询：

（1）数据整合法：将不同版本的历史数据迁移整合到一个统一的模型和数据标准下，并在此基础上开发历史数据查询应用。这种方法要求掌握各个版本历史数据的迁移规则，适合那些有明确查询需求的应用情形以及针对应用而运作的历史数据查询平台。

（2）同源设计法：各个版本的历史数据按1∶1迁移到NoSQL中，并且数据保留其原有的属性和排列方式而无须改动，原先在传统数据库中搭建的应用也以1∶1迁移至新的平台。在这种方法下，不需要掌握各个版本的区别和转换规则，有助于降低历史应用管理成本，推动历史数据查询平台的运作以数据驱动的方式演进。

（三）基于语音数据识别的自动质检

近年来，我国保险业产品销售渠道格局发生了重大改变，电话销售日益成为保险产品销售的一个重要渠道。在电话销售管理中，一个主要的手段是通过质量检测发现销售人员通话过程中存在的问题。传统的质检方式是质检人员抽查听取销售人员的电话录音，但效率低下，抽查比例低，难以反映市场的全面性，同时质检结果主要由质检人员主观决定，其准确性难以保障。

而大数据技术的进步推动了语音数据识别技术的发展成熟，自动化的语音数据识别技术能够全方位提高质检的准确性。中国平安率先实施基于语音数据识别的自动质检应用，以替代传统的人工质检。在保险公司的电话销售自动质检中，违规词检测、服务忌语检测、标准欢迎语检测、标准结束语检测、健康告知检测、免责声明检测和十天犹豫期告知检测等规则都可以自主定义。

（四）基于内外部数据结合的地址信息标准化

保险单证上客户信息的人工录入是当前我国众多保险公司积累原始数据的一个重要来源渠道。以地址信息为例，我国目前对于地址信息还没有一个统一的标准，同一个地址会呈现出不同的填写方式。因而，客户填写信息状况会影响保险公司录入数据的完整性和准确性。而从行业以往的数据来看，数据质量在完整性和准确性方面都不尽如人意。

借助大数据技术，将人工信息与外部的标准化地址库进行匹配，可以以标准化地址替代既有的录入地址，进而与地图引擎结合进行地址标注，可以从两方面提升业务能力：

一是客户服务。有了标准化的地址信息，就可以按照区域合理划分服务人员的服务范围，同一地址或邻近地址的客户将由同一服务人员进行保单分配、递送各种通知等服务。

二是营销活动。标准化的地址有利于进行客户划分，将同一地址的客户归为同一个标签，统一策划上门营销活动，以提高营销活动的效率。

（五）数据标签化与数据补充

当前，电商、零售和电信行业已开始通过标签化来提炼客户特征，对已有数据进行加工和分析，并取得了良好的实践效果。由于保险业务较为低频，保险公司缺乏对客户的深入了解和洞察，给保险公司在设计产品和开展营销活动方面带来了挑战。目前，保险公司已经利用大数据技术提炼客户特征、形成客户标签，但现有的客户标签无论从标签的数量还是数据的丰富度、准确性上都有较大的提升空间。这也将激励保险公司与第三方公司合作，继续补充、完善既有客户的标签。

二、产品营销方式创新

传统保险公司常常采用陌生拜访、陪同拜访等营销方式开拓客户、销售产品，但在大数据营销的新时代，取而代之的是通过大数据分析发现潜在客户的精准营销。此种营销模式对于代理人素质的甄别和选拔也具有推动作用，可以提高保险从业人员的素质，给予客户专业、周到的保险规划，对于保险业形象的重塑也有着相当积极的意义。

大数据营销会彻底重塑传统保险产品的销售方式，而且保险公司的销售支持系统也有可能迎来一次重大变革。从客户资源来说，客户不再局限于代理人自己的个人资源，客户的质量将成为更重要的考核指标，与代理人的业绩评估、综合水平紧密相关。从公司提供的佣金来说，将客户名单统一上传至数据库，方便代理人直接使用，能够大大降低代理人开拓新客户的成本，因而佣金比例将会下降，能够减轻公司的运营成本。从销售管理的角度说，海量数据能够为代理人提供强大的后援，保障保单的签单量和质量。实际上，一些国内保险公司已经开始利用大数据技术进行保险营销和客户挖掘等，走在了市场的前列。

三、风险分析与预警

保险欺诈一直是保险行业的顽疾。传统上，保险公司使用统计模型来识别欺诈行为，但这些模型的缺点很突出。首先，它们的方法比较简单，导致许多欺诈行为无法被检测出来；其次，它们以以前存在的欺诈案例为基础，无法识别新型欺诈；最后，传统方法使用的数据单纯，无法适应多通道、多功能的信息源。大数据和最新的数据分析技术提供了解决上述问题的潜在途径。

（一）基于社交网络的风险分析管理

1. 社交网络分析（SNA）法

举例来说，在一次车辆事故中，车辆中的所有乘客都列出了自己的住址和电话号码，并把它们提交给保险商。但是，其中一个事故受害人提供的地址已经多次申报保险事故，或者被驾驶车辆也卷入了其他保险案件。如果能够快速鉴别这些信息，保险公司将节省大量时间并有望洞察其中的欺诈要素。社交网络分析法允许保险公司主动审视大量的数据，通过节点与链接展示乘客之间的关系。

SNA工具把多种分析方法融合在一起，包括组织规则、统计方法、模式分析和网络链接分析，来真正揭示大量数据之间的关系。当人们在网络链接分析中寻找欺诈行为时，他们会看到一个个数据簇以及数据簇之间的连接。诸如判决、止赎、犯罪记录、频繁的地址变更、破产等所有的公开数据都能被集成到一个模型中。运用该融合模型，保险商就可以对案件进行评级打分。如果分值很高，说明保险申报很有可能是欺诈性的。其原因可能源于一个记录在案的地址、一个可疑的索赔人或一辆在多个事故中出现的汽车。

2. 社会化CRM

社会化CRM既不是一个平台，也不是一项技术，而是一个过程，其要点在于把保险公司的CRM系统与社交媒体连接起来。当社交媒体在多个组织层面上与CRM系统集成时，客户的透明度就提高了。这种透明带来双向益处：公司更加信任客户，客户也更加信任公司。以客户为中心的生态系统增强了客户的可控性，显然会促进公司的业务发展，前提是公司能够有效地利用客户库的集体智慧。

社会化CRM基于公司现有的CRM系统，从各种社交媒体搜集数据。它使用一种“聆听”工具从社会交谈中提取数据，该数据可用作CRM系统中现有数据的参考。参考数据与存储在CRM中的信息一起输入索赔管理系统。索赔管理系统根据企业的业务规则分析这些信息并给出响应，确定是否为欺诈性索赔。鉴于社会化分析的结果只是建议性的，不能被用作最终确定拒绝索赔的理由，这一响应需由调查员独立确认。

（二）基于预测性分析的反欺诈系统

在反欺诈的理赔管理过程中，有三方面的因素需要去平衡。

1. 赔款本身

赔款是理赔中最大的一笔支出，在这部分支出中要尽量减少欺诈和渗漏。但是，如果保险公司没有经过充分调查就拒赔，会导致客户满意度降低；但是如果对每一笔赔款都过度调查，则又会导致工作效率下降。

2. 理赔成本

从企业经营的角度考虑，要尽量减少非必要成本。如果过于关注产能或者单笔理赔成本的减少，理赔速度会上升，但是可能会存在过度赔付；而且如果工作人员的专业化程度不高，就会打破工作量和专业化程度之间的平衡。

3. 客户服务

所有的客户都不愿意自己的赔付要求被质疑，这就需要保险公司很好地去把握客户满意度和案件调查之间的尺度；另外，人员冗余、专业化程度不够，以及工作人员在理赔过程中不恰当的管理、审核和操作，都会损害客户服务的水平。

目前，各家保险公司都已经采取了一些反欺诈措施与手段，但由于缺乏先进的、高效的甄别能力去识别最可疑的理赔行为，缺乏数据支撑的手段和系统去支持它的反欺诈业务流程，导致大量的工作资源投入浪费在没有目标的调查中。

四、大数据在保险行业的应用实例

与大数据结合是保险业未来重要的发展方向，这一点已经基本在保险业界及学术界达成了共识。但是，在讨论大数据时，我们往往会认为虽然大数据前景很好，但是距离我们大范围使用还需要一定时间。事实上，大数据的使用已经如雨后春笋般出现，在保险业内，诸如中国保信、众安在线、泰康“乐业保”及去哪儿网的保险经纪业务等都已经步入正轨，大数据在保险业的使用进度比我们所想象的要快得多。下面我们结合几个案例来看看大数据在保险业的应用。

（一）众安在线

众安在线财产保险有限公司（简称众安在线）成立于2013年10月，注册资本约为人民币12亿元，注册地为上海市。作为第一家获得互联网保险牌照的保险公司，众安在线不设分支机构，凭借开发以不同消费场景及生态系统为导向的保险产品及解决方案，开展在线承保和理赔服务。公司于2015年5月获得车险经营许可牌照，并在经营近4年之后，于2017年9月28日成功在香港联交所主板上市。

腾讯和平安的参与，使公司在诞生之时就具备了强大的互联网基因。强大的股东不仅帮助公司形成了稳定的资本结构，而且通过多元化的资源整合为它构建了完善的商业生态系统。2015年6月，众安在线进行了57.75亿元人民币的A轮融资，共发售16.7%的股份，估值达345亿元人民币。两年之后公司上市，腾讯和平安仍为前两大股东。众安在线除了依托自有的App、微信公众号、官网及淘宝自营店之外，还拥有众多线上和线下合作机构。众安在线拥有300多个生态系统伙伴，既包括淘宝网、去哪儿网等各类线上场景，也包括泛华博成、昆仑等保险经纪公司和一大批保险代理公司。目前，众安在线服务客户累计达5亿多人。众安在线建立了以生态为导向的保险商业模式，主要包括五个生态场景，即生活消费、消费金融、航旅、健康及汽车。众安在线深入生活消费场景寻找用户痛点，基于用户行为挖掘保险需求，致力于帮助用户完成消费的同时达成投保，实现与生态合作伙伴的共赢。

典型的产品有退货运费险。退货运费险分为买家版和卖家版两个类别。买家可在购买商品时选择投保，一旦发生退货，将由保险公司按约定保额赔付消费者，用以补偿退货发生的运费，赔付金额多为7~10元，投保和理赔的全流程均在线上完成。退货运费险谱写了中国保险产品设计的新篇章。它基于电商消费行为大数据，包括用户性别、历史购买行为、单次购买同类商品件数等数据，建立了动态精算模型，改变了传统保险业完全由精算师定价的局面。退货运费险是众安在线创新产品的中流砥柱。自成立以来，众安在线的退货运费险保单量占其总保单量的80%以上。自2024年起，众安在线的产品结构逐渐调整，但退货运费险保单量仍为最高。

众安在线的消费金融生态主要是指众安在线运用保险科技在消费金融领域提供的一系列产品及解决方案。众安在线通过对消费行为的全面分析及信用风险评估实现实时信用评级及实时借款人分期服务，服务对象为电商平台、合规优质的消费金融机构、持牌金融机构等。通过提供保险产品及解决方案，众安在线针对消费金融生态系统产品的整个交易流程开发了强大的风险控制机制。现阶段众安在线消费金融生态的主要合作方包括蘑菇街、分期乐、天翼和春秋航空等。

2016年11月，众安在线成立了一家全资子公司——众安科技，专注于共享已有的和新研发的科技成果，为普惠金融和健康医疗提供科技支持。针对财产险和寿险两类不同的核心业务系统，众安在线的科技团队已经分别做了业务布局：财产保险核心业务系统“无界山”和人寿保险云平台SpeedUp。无界山系统已拥有百亿量级的数据，其中60%左右与保单相关，并可实现实时数据分析。SpeedUp可对客户信息进行整合分析，并用于精准营销等大数据应用。SpeedUp通过实现自动化客户服务降低了长期的劳动力成本。此外，众安科技也开始开发核心寿险系统，该系统将由中国香港一家新的寿险公司实施。

众安科技目前开发及提供了四个系列的技术服务：T系列区块链服务、X系列智能数据服务、S系列保险加速产品及F系列金融科技产品。

T系列区块链产品包括钛空舱（数据分布式存储）、钛阳（数字身份证）、防伪溯源（智能防伪）、钛合约（电子签约）四个核心。钛空舱是点对点的安全数据存储系统，其利用散列法保护钛空舱中的文件不被篡改。文件分解后被存储在不同的地方，至少有两个副本，有效防范了因其中一个数据中心遭受攻击而导致所有数据丢失的风险。即使数据被泄露，外部方也无法恢复信息。因此，诸如包含客户信息、资产证明和电子合同的关键文件可以安全地存储在钛空舱中。众安科技利用自己的区块链平台已帮助一家中国供应链金融公司建立了供应链融资区块链。

X系列智能数据服务为客户提供精细化风险管理及定制化模型搭建方案。众安科技现已为合作的互联网金融平台提供定制化的数据建模服务X-model，每次收取一定费用。X系列产品还包括决策系统X-Decision、用户数据档案系统X-Man、智能客户服务和人脸识别等。已有超过150个客户享受到众安科技提供的X系列服务。

S系列保险加速产品通过为保险和金融行业设计应用程序，推动了传统保险业的数字化转型，它包括保险电子商务平台、基于云的保险核心系统以及金融核心系统。对于类似退货运费险这样需要弹性计算和大规模数据传输的险种，众安在线将系统搭建在阿里云上，这样可以降低数据传输中可能出现的延时性。遇到“双十一”这种订单高峰时期，只需在云上多加服务器即可，这就降低了自建服务器的成本。在2017年“双十一”期间，众安在线保单数量超过3亿张。其峰值保单处理量为每秒3.2万张，系统平均响应速度可达到每次10毫秒。2023年，众安在线出具55亿张保单，服务超过5亿用户，实现保费服务收入144.63亿元，同比增长37.5%。众安在线通过科技赋能大幅提升用户体验，承保自动化率达99%，健康险理赔线上化率达96%，每9秒有一个理赔结案，95%案件实现直通理赔，无须再次补交材料。

F系列金融科技产品致力于为金融行业提供信息化和云服务，推动传统金融行业的信息化升级，包括信贷云平台、资金资产平台和运营工具。

从发展趋势来看，首先，众安在线的险种逐渐呈多元化态势，退货运费险的占比逐渐下降，意外险及健康险比重上升，产品结构逐渐优化。其次，合作渠道的集中度也有所降低，众安在线CEO表示，接下来会持续在生活消费、消费金融、大健康、航旅、汽车等领域做出调整，形成五大生态结构均衡发展的态势。最后，众安在线上市的品牌效应将会形成竞争壁垒，提高市场认可度，从而降低渠道成本，优化利润结构。

（二）互联网巨头涉足保险

2023年双12期间，京东集团旗下全国保险经纪平台——京东保险经纪（天津）有限公司，推出新品牌“京东保”。基于对客户行为的数据分析，京东推出的新保险产品可以精准地判断客户需求，实现精确营销，并将保险信息、投保和核保等服务全程网络化，为客户提供量身定制的服务。借助其整体数据以及在此基础上的客户画像，京东能够为已有的寿险、健康险、车险甚至意外险等产品的设计和精算提供数据参考，设计出更符合某些特定人群的定制化产品。此外，通过京东数据，保险公司也将更好地实现对客户的全生命周期管理。

2021年11月，腾讯也开始涉足保险科技领域，推出了智慧车险并开发了移动展业功能，可以借助微信生态圈，帮助保险代理人和分销渠道实现异业联盟，进而降低展业成本。智慧车险的功能包括在线投保出单、微信场景支付和在线理赔等；同时，还可以通过社交场景，鼓励客户将投保页面分享给好友，好友投保客户可获得奖励，通过社交车险来提升交易额。腾讯借助微信强大的联结能力，不仅大幅提升了车主投保和理赔体验，也能提升保险公司的营运效率并增加销售额，助力保险行业实现“互联网+”的转型。

（三）新兴科技公司

1. OK车险

OK车险成立于2014年，适逢中国互联网金融的黄金发展期，是业内知名的创新先驱。公司凭借移动互联网与大数据技术的融合，开创性地提出“手机车联网”理念，通过智能分析驾驶行为数据，重塑传统汽车保险服务模式。其核心业务特色包括：

（1）个性化定价策略：依据用户驾驶习惯的精准分析，OK车险创新性地开发个性化定价模型，为驾驶记录良好的用户降低保险成本，激励安全驾驶行为。

（2）全面数字化体验：借助移动应用程序，OK车险实现了车险购买、理赔、事故处理等流程的无缝对接，极大提升了服务效率与用户体验。

（3）增值产品创新：除基础车险外，公司还推出“贴条险”等创新险种，精准满足特定用户需求，增强了用户黏性与市场竞争力。

近年来，OK车险在用户基础与业务规模上取得了显著增长，拥有超过180万注册用户，与超10家保险公司建立合作，月交易额达1 500万元，年度车险保费规模破亿。公司在技术创新方面亦不遗余力，持续优化风控模型，引领行业前行。

着眼于构建领先的车主服务平台，OK车险倡导安全高效的出行文化，鼓励用户成为“好车主”。通过与米其林等知名品牌的合作，以及参与Plug and Play独角兽加速计划，公司不断拓宽业务应用场景，深化市场布局。

展望未来，OK车险将持续深化技术创新与服务优化，紧密关注行业动态与监管政策，灵活应对市场竞争，稳固并提升其在互联网车险领域的领军地位。

2. 大象保险

大象保险是世纪保众（北京）网络科技有限公司打造的C2B（用户导向）的互联网保险综合服务平台，聚焦个人定制配置化、垂直领域细分化和专业服务效率化，面向普通C端客户提供保险服务，其定位是大数据与人工智能科技驱动的智能保险顾问平台。大象保险上游对接保险公司，并实时记录客户的数据，结合第三方的一些数据，通过精准刻画客户习惯和偏好，搭建客户分层分级体系，从而降低骗保的风险。随着更多保险产品的迭代和数据准确度的提升，大象保险会基于客户画像来做产品的智能匹配，可以利用智能机器人为客户提供保险知识普及、产品导购和后端理赔的自动化及全流程服务，最终发展成以高净值家庭资产数据为基础的大数据服务平台。

从上述三个例子，我们可以对大数据在我国保险业的发展情况有一个大致认识。大数据是未来保险业竞争中的关键因素，通过海量数据的获取、处理、分析，保险公司可以对客户或目标人群的行为特征、业务需求等各方面情况有一个相对精确的刻画，从而为产品的开发定价、业务的开展和风险的管理提供决策参考。在当前进行保险大数据运作的公司里面，众安在线和去哪儿网下属的保险经纪公司是属于互联网企业携其数据优势扩张到保险业的，而中国保信则是由保险监管机构牵头，立足于服务各家保险公司的数据平台。面对着互联网企业在金融业和保险业咄咄逼人的态势，保险公司应该如何看待大数据、如何利用大数据促进自身发展成了当前摆在各家保险公司决策层面前的一个问题。

大数据似乎拥有异乎寻常的魔力，互联网企业凭借着自身的大数据优势，是否可以完全颠覆保险行业？随着时间的推移，传统的保险公司是否将逐渐沦为互联网大数据企业的OEM公司？这就需要对大数据保险或者说互联网保险有一个更为清晰的判断，我们更多应该考虑的是大数据或者大数据公司的能力圈。其实，正如马明哲所言，按照在网上开展业务的难易度，各金融子行业由易到难的排序是基金、证券、银行、保险、信托、投行业务；而在保险的四大业务板块中，从易到难的排序是财产险、健康险、养老险、人寿保险。这是由互联网的特点、金融及保险的业务特点所决定的。相比于线下面对面的交流交换，业务线上化的主要动力就在于节约成本。但是，由网上交易的特点推断，适合网上销售的保险产品应该是刚性需求的、标准化的、相对简单的，如车险及其他一些简单透明的财产保险。因此，互联网企业开展保险业务与保险公司开展保险业务相比具有一部分相对优势，这主要体现在线上环境及大量用户数据上。但是在人寿保险等相对来说比较复杂、风险较难控制的险种上，传统保险公司仍然有其在承保、理赔和内控上的优势。从实践来说，互联网保险公司的业务经营是更多地为其互联网客户的用户体验服务，更多考虑的是互联网企业自身平台生态圈的优化。故而，在这种情况下，保险公司与互联网保险公司之间应该是协作多于竞争的。互联网大数据与保险的融合，更可能的趋势是保险公司使用互联网工具或利用互联网公司来扩大销售，降低成本，同时增强自身经营能力、风险管理能力；而互联网公司则使用保险工具或利用保险公司来完善平台信用体系的建设，增加服务内容，提高自身的吸引力。

只有重视大数据在保险业中的应用，时刻注意大数据技术发展的最新成果，形成大数据思维习惯，积极引进大数据处理相关人才，保险公司才能在未来的竞争中取得战略优势。大数据相关的具体技术问题的化解和发展战略的明确，能够真正为大数据的保险公司带来实实在在的利益。如何从当前的数据孤岛中整合数据？如何在数据挖掘分析成本与收益之间取得最佳平衡？如何在数据半衰期内利用好数据？如何保证数据的匿名性从而避免伦理上的难题？在没人愿意成为“nobody”的时代如何尊重消费者的隐私权？实施大数据战略对保险公司软硬件有什么样的要求？这些问题都值得我们深思。虽然我们已经在路上，但是离大数据真正发挥全部能量还有很远。

第四节　大数据在互联网金融行业中的应用

人们在网上活动的信息都会形成数据，运用大数据技术对数据进行收集、整理、挖掘、分析和深度应用，可以实现互联网金融产品、技术、营销和风险的创新管理。目前，互联网金融的大数据应用包括精准营销、风险管理、信用评价等。

一、精准营销

大数据的应用给传统的互联网金融营销模式带来了巨大变革。互联网公司可以运用大数据技术对客户在互联网上留下的交易、支付、评价等行为数据信息进行挖掘分析，根据客户的特征、需求和偏好细分客户群体，对客户进行分类管理，针对每一类别的客户定向投放广告和定制产品，从而实现精准营销。例如，支付宝聘请了位于硅谷的数据分析实验室的专家从事行为分析，将客户细分成50个族群进行研究。亚马逊运用大数据技术对客户的浏览记录、购买行为等进行挖掘分析，进而预测客户的潜在需求。

二、风险管理

金融创新和金融风险相伴相生。互联网金融在提高金融效率的同时，也带来了一些难以防范的风险。市场风险、信用风险、流动性风险、法律风险、操作风险等都有不同程度的暴露，且交织在一起。在大数据时代，运用大数据技术能够及时发现风险，并采取措施加以规避和防范。在流动性风险的防范方面，余额宝通过对支付宝的大数据（如客户数量、流量转化率、客户评价等）进行挖掘分析，总结出大量客户申购赎回情况、客户结构、客户行为规律，据此预测客户下一次申购赎回的时间，从而做出预案以化解流动性风险。在客户流失方面，支付宝根据客户开启和注销账户的数据建立了流失预警模型，进而采取相应的措施争取和留住客户。在系统性风险的防范方面，监管部门通过对大数据的挖掘分析对互联网技能进行实时预警，及时处理突发性事件，防止系统性风险的发生。

三、信用评价

大数据时代的到来引发了对涉足互联网金融的客户进行信用评价的变革。客户的信用评价不仅包括对评价对象静态信息的分析，还包括对动态信息的分析挖掘。征信机构可以通过大数据技术对客户的注册登记信息（静态信息）以及他们在网络上的购物、支付、投资、生活、公益等数据（动态信息）进行分析挖掘，形成用户的行为轨迹，通过交叉检验，对客户的真实身份进行识别，进而建立信用评价模型，对客户进行分类，再提供有针对性的服务。例如，微众银行通过大数据技术对贷款人的银行储蓄、贷款数据、信用卡数据、社交数据等进行挖掘分析，从而对贷款人进行信用评估，并据此授予贷款人一定的贷款额度。阿里巴巴的芝麻信用、腾讯的征信产品、微信的公众号个人信用评分等都是互联网个人征信的开始。

四、大数据在互联网金融行业的应用实例

小微企业是国民经济的重要组成部分，在提供就业岗位、推进城镇化建设、促进经济增长和维护社会稳定等方面，小微企业发挥了举足轻重的作用。但小微企业在经营中面临的融资难、融资贵问题已成为小微企业进一步发展的障碍，最终会对整个国民经济的发展造成不利影响。

正常的经营风险不是“信贷难”的主要原因，它可以通过风险溢价来解决，核心原因是贷款过程中的欺诈。最佳解决办法是由独立第三方为多家金融机构提供真实信息。因此，建立小微企业金融大数据库，真实呈现小微企业经营场景，解决金融机构和小微企业之间的信息不对称问题，对缓解小微企业“信贷难”现象、促进国民经济健康持续发展意义重大。

综上所述，基于线下调研、线上结合的小微企业数据服务，将成为各类金融机构风控部门的支撑；建立小微企业大数据库，构建小微企业全息画像，打造小微企业评分评级体系将拥有广阔的市场。

这里以上海数喆数据科技有限公司为例介绍小微金融大数据库建设和数据服务。

上海数喆数据科技有限公司（以下简称数喆数据）成立于2016年1月，起源于西南财经大学中国家庭金融调查与研究中心。2016年6月，数喆数据成功获得3 000万元首轮融资。2024年完成了E轮融资数喆数据努力打造中国最权威的小微企业大数据库，致力于为小微企业服务，将实际经营场景、各方数据整合起来，形成客户画像，建立全小微企业的征信体系，更加有效地服务于小微企业，做中国领先的小微金融大数据服务商。

数喆数据拥有世界领先的线下数据采集技术体系：云端和移动端信息化采集技术、电子问卷基于自主开发的AQL数据编程语言、丰富多样的组合线下采集模块、一流的质量控制信息系统，并取得软件著作权五项。

在技术应用层面，数喆数据继承并发展了高度工具化、规范化的线下数据生产流程，并在此基础上不断优化、持续研发线上线下工商数据集成和匹配的算法，相继推出“反欺诈与贷后预警系统”和全新的尽调平台。

（1）世界领先的线下数据采集技术体系，覆盖千万级小微企业。首创拉网式线下调查、互联网数据集成、政务数据合作的数据O2O模式。

（2）线下数据体量大范围广，数据挖掘分析、集成匹配技术领先。具有领先的数据挖掘、统计匹配、数量建模、机器学习技术和方法。可进行极低成本、极快速度、极高质量的线下千万级小微商户数据采集。入户调研能力强，口碑好，成功率高，可以深耕商圈，持续获取数据。

（3）先进的信贷风控决策及建模技术，智能化审批。数据驱动，实时和全方位甄别信用风险和欺诈风险。决策引擎驱动，可灵活配置，智能化审批。集合小微信贷领域的大量政策、规则、策略，构建额度模型、评分卡。移动互联、机器学习的技术和方法，构建小微信贷风控和智能反欺诈模型。

针对小微商圈和小微商户数据空白，数喆数据通过线下数据采集和线上数据匹配，建设国内权威的线下线上小微金融大数据库，填补小微商圈和小微商户数据空白，提供以小微金融风控信息检索与查询、小微企业信贷需求匹配、小微企业信用评分评级为主的小微金融数据研究和服务，以解决信用领域的信息不对称问题。

数喆数据的目标市场定位为千亿元规模的金融和大消费市场。公司团队结合线上数据抓取与集成技术，打造了基于商圈、覆盖全国、具有自主产权的千万级小微企业大数据库。目前，数喆数据的服务已成熟覆盖三大应用场景。

场景一：帮助金融机构提升小微经营性信贷与风控水平。

场景二：政府、园区委托调研，对统计数据进行深度分析。

场景三：在金融和大消费行业，利用大数据进行精准营销。

盈利模式有三种。一是小微经营性信贷风控综合解决方案的收费方式：咨询项目本身收费，模块调用按照调用次数收费。二是撮合与助贷的收费方式：获取佣金和服务费。三是数据产品和数据工具的收费方式：按照项目收费，尽调项目按单量收费。

数喆数据由大数据、小微金融领域内的著名学者领衔创办。公司的团队中，有多名国内外顶级学府毕业的博士、硕士，作为公司的研究和业务骨干，为公司科学的业务流程和精准的数据生产保驾护航。

数喆数据已完成三轮全国家庭和小微企业抽样调查，这是目前世界上规模最大、国内影响力最大的非官方抽样调查。数喆数据的数据调研和分析研究成果，多次获得政府权威部门的批示；同时，已与财政部、中国人民银行、国家统计局等政府机关，以及多家全国性金融机构达成长期战略合作。

数喆数据是目前国内唯一一家基于线下线上模式开展小微企业数据库建设、小微金融数据服务和评估、调研与咨询服务的小微金融大数据公司，引领着行业发展的趋势和方向。同时，数喆数据成功获得千万级天使轮融资，表明资本市场对该公司的认可。

第五节　大数据在征信行业中的应用

一、大数据征信的概念

征信体系主要是指在相关主管部门的推动和组织下，按照一定的数据采集标准，采集、加工、核实和更新关于信用主体的各项信用信息，以实现信用信息在体系内互联互通的一种信用管理运行机制。

我国的征信体系建设经过十几年的发展探索已经初有成效，在政府部门、行业组织和地方政府等层面逐渐发展，扮演着不同的角色。根据数据来源和应用领域的不同，我国征信体系可以分为金融征信体系、行政管理征信体系和商业征信体系。

金融征信体系建设主要由金融业主管部门主导，目前我国已经形成了以中国人民银行征信中心为核心的初具规模的征信体系。中国人民银行征信中心全面收集企业和个人的信息，其中银行信贷信息是其核心内容，此外还包括社保、公积金、环保、欠税、民事裁决与执行等公共信息。全国各地的金融机构网点都能够使用征信系统的信息查询端口，形成了一个以企业和个人信用报告为核心的征信产品体系。

行政管理征信体系建设主要由政府及其主要职能部门主导，其主要用户是政府及其各职能部门，征信对象是企业和个人，其主要目的是构建信用信息在政府及其各部门间互通互联、实现统一的信用惩戒与预警监管的政府行政管理征信系统及运行机制。当前我国尚未形成完整统一的行政管理征信体系，主要职能部门、地方政府，特别是与经济活动相关的政府职能部门独自建立了行政监管征信数据库，对自己的行政管理职能的发挥起到了一定作用，但是不同部门间数据质量和规范程度等存在差异。因此，构建此类数据之间的联系与交互机制，执行统一的失信惩戒和守信奖励是十分关键的。

商业征信体系建设主要由行业协会组织及其会员主导，主要用户是政府、企业、个人，征信对象是企业和个人，其主要目的是构建信用信息在组织内部及相应市场范围内互联互通、共同防范信用交易与管理风险的商业征信系统及信用管理运行机制。征信机构、信用评级机构等信用服务中介机构是商业征信体系的主要组成机构，对个人或企业的信用信息进行采集、筛选和评估等。市场化是商业征信体系最明显的特征，这意味着它将按照市场化的方式运作，并由独立于政府之外的民营机构组织运营。其信息来源较为广泛，一般是交易性交换或有偿提供的。

我国征信体系的特征是：由中国人民银行进行监管，制定相关政策法规，人民银行征信体系和民营征信体系并存，共同为政府部门、金融机构、普通工商企业和个人提供服务。

日新月异的大数据分析技术极大地拓展了信用数据的来源，并使得原有的三种征信体系呈现出相互融合的趋势。大数据征信可以综合多方信用信息，进而通过复杂的建模分析，生成个人或企业的信用评价，可靠性和应用效率都能得到很大程度的提升。

（一）个人征信

个人征信是指收集个人信用信息、提供个人信用服务的业务行为。我国的个人征信系统建设启动的标志是上海资信有限公司开展个人征信业务试点活动。1999年，中国人民银行批准在上海和深圳开展个人征信试点。同年7月，上海市政府发起成立上海资信有限公司，该公司主营个人信用信息服务，其主要行政主管部门是中国人民银行上海分行和上海市信息办。初步试点之后，直到2004年初，中国人民银行才开始组织商业银行建立全国统一的个人征信系统。当年年末，个人征信系统在全国8个城市成功联网，实现了在15家全国性商业银行和8家城市商业银行的成功试运行。2005年8月，个人征信系统完成与全国所有商业银行和部分有条件的农村信用社的联网运行，并于2006年1月在全国正式运行。建设企业和个人信用系统时是在参考国际最佳实践的基础上，采用一个集中的数据库模型，全面收集企业和个人正面与负面的信用信息，按照“统一制度、统一管理、统一标准”的原则，实现在中国的商业银行体系的企业和个人信用信息交换与共享，系统效率高，可实现信用评级报告查询秒级响应。

2015年1月，中国人民银行印发《关于做好个人征信业务准备工作的通知》，要求8家机构做好个人征信业务的准备工作，准备时间为6个月。2017年，人民银行征信局局长称，综合判断8家进行个人征信开业准备的机构，没有一家合格，在达不到监管标准的情况下不能把牌照发出去。

2019年5月，个人新版征信法规正式面世，征信的时间可以追溯更久，除借贷等金融信息记录外，新增了更多生活信息，包括住宅、职业、电信业务、生活缴费等信息。

2021年9月中国人民银行审议通过《征信业务管理办法》，从2022年1月1日起施行。该办法称，征信机构采集个人信用信息应当经信息主体本人同意，并且明确告知信息主体采集信用信息的目的。依照法律法规公开的信息除外。征信机构经营个人征信业务，应当制定采集个人信用信息的方案，并就采集的数据项、信息来源、采集方式、信息主体合法权益保护制度等事项及其变化向中国人民银行报告；金融机构违反本办法第五条规定，与未取得合法征信业务资质的市场机构开展商业合作获取征信服务的，由中国人民银行及其分支机构责令改正，对单位处3万元以下罚款，对直接负责的主管人员处1 000元以下罚款。

目前，可被用于大数据征信的数据来源主要分为以下六类：

（1）电商类网站大数据。以阿里巴巴为例，它利用电商大数据建立了相对完善的风控数据挖掘系统，并以淘宝、天猫、支付宝等积累的大量交易数据为基础数据，将数值输入网络行为评分模型，进行信用评级。

（2）信用卡类网站大数据。此类大数据以信用卡申请年份、通过与否、投信额度、卡片种类、还款金额等作为信用评级的参考数据。

（3）社交类网站大数据。典型企业为美国的LendingClub，它基于社交平台上的应用搭建借贷双方平台，并利用社交网络关系数据和朋友之间的相互信任聚合人气，平台上的借款人被分为若干信用等级，但是不必公布自己的信用历史。

（4）小额贷款类网站大数据。目前可以充分利用的小贷风控数据包括信贷额度、违约记录等。

（5）第三方支付网站大数据。支付是互联网金融行业的资金入口和结算通道，支付方向、月支付额度、消费品牌都可以作为信用评级数据。

（6）生活服务类网站大数据，包括水、电、煤气、物业费交纳等。

大数据征信模型与传统信用评估体系有着较大差别。以芝麻信用为例，大数据征信融合了传统信用评估与创新信用评估，开创了大数据征信模型。具体地，大数据征信模型包含五个维度：信用历史（比重最高）、身份特质、履约能力、行为偏好和人际关系（比重稍低）。通过这五大维度来刻画个人信用的全貌。

（二）企业征信

我国企业征信系统建设大致可分为以下三个阶段。

第一阶段是1991—1996年探索阶段。征信系统的早期雏形的标志是纸质贷款证的出现。20世纪90年代初，中国人民银行深圳分行为了解决企业多头贷款和拖欠、逃废银行债务的问题，适应银行对贷款信息共享的需求，首先开始施行“贷款证”制度。它统一由中国人民银行颁发，对象是具有法人资格的所有企业和事业单位，贷款时由银行在贷款证上如实登记，偿还贷款后做还款记录。1992年，多个省份在辖内选取地级市进行试点探索，全国范围内的

"贷款证"制度初步展开。1996年，试点成功的"贷款证"制度在全国得到推广。

第二阶段是1996—2005年起步阶段。IT技术的发展使纸质贷款证变为电子贷款卡成为现实。1996年，厦门、宁波等地开始试行贷款证电子化管理，贷款卡所关联的企业信贷信息通过电子方式记载成为银行信贷登记咨询系统的发展雏形。1997年，中国人民银行信贷登记咨询系统开始筹建。2002年，银行信贷登记咨询系统建成地级行、省级行、总行三级数据库，并实现全国联网查询。

第三阶段是2005年至今的发展阶段。银行信贷登记咨询系统升级为全国集中统一的企业征信系统。2005年12月，企业征信系统实现主要商业银行的全国联网运行，并在天津、上海、浙江、福建4个省份开通查询用户试运行。2006年6月末，企业征信系统实现所有中资、外资商业银行和有条件的农村信用社的全国联网运行，并于2006年7月末完成全国范围内与银行信贷登记咨询系统的切换工作。

2013年被称为互联网和大数据元年。随着大数据广泛而深入的应用，企业征信也进入了全新的发展阶段。基于大数据应用的互联网金融模式，正在凭借互联网开放平台的信息收集优势与数据挖掘能力，通过缓解小微企业的信息不对称，降低征信成本，增强借贷的风险可控性，突破小微企业的融资约束。

目前，多元化的征信市场格局初步形成，征信服务产品日益丰富，征信机构快速发展，市场功能日趋深化，服务于经济和社会的能力不断增强。2020年6月1日，中国人民银行联合多部门出台指导意见，强化中小微企业金融服务要求，加大对地方征信平台和中小企业融资综合信用服务平台建设的指导力度。截至2023年9月末，全国已建成29家省级地方征信平台，推动地方征信平台的建设，完善"全国+地方"的双层发展体系，是我国未来健全征信体系的重要策略之一。

二、大数据征信的应用优势

与传统征信体系相比，大数据征信弥补了个人和小微企业信用评价的不足，其应用优势主要体现在以下三个方面。

（一）个人信用贷款（消费金融）

通过与个人征信公司合作，商业银行可以识别个人用户的信用风险，扩大个人消费信贷业务。至于对个人消费贷款的潜在不良风险进行预警的问题，可以基于决策树方法建立多因子数据挖掘模型，通过深入分析影响个人消费贷款的风险因素，预测和定位个人消费贷款的高风险客户群，并根据预测结果建立有针对性的、分层次的信用风险防控措施。利用决策树对数据建模之前，首先要指定目标变量（因变量），在风险预警中目标变量通常是客户是否发生不良行为。其次应当划定输入变量范围，根据业务情况挑选一些特定指标纳入范围，并基于模型从中筛选出可以预测客户未来不良行为的某些因子。然后进行数据清洗，按照事先设定的比率将样本数据以随机抽样的方式分配给训练集和验证集，再运用统计分析软件对模型进行估计。决策树根据筛选出的预测因子细分出叶结点，基于各个叶结点得出不同客群的规则。基于模型估计结果，风险客户较为集中地聚集在部分叶结点，再对预警模型效果滚动验证并不断优化，待模型稳定后即可根据预测结果进行事前风险控制。

（二）信用卡申请

在传统的信用卡申请模式下，银行通常根据客户的申请材料、人民银行征信和银行内的交易信息对客户进行评分，从而为信用卡办理等业务提供参考标准。同时，银行所掌握的信息是较为局限的，会给申请者的风险预判带来困难。而在先前的线上办卡模式中，审核和验证信息等环节具有诸多漏洞和较高程度的信息不对称，会使得银行在无形之中承受更大的风险。

大数据技术充分具备化解上述问题的能力。通过将客户的浏览行为和购买行为等非结构化的信息有机整合，并将结构化的数据进行梳理，可对信用卡用户的网上行为数据和信用卡风险特征加以统计分析。针对各用户差别化的浏览和消费等行为特质，数据挖掘模型承接了风险评估和预测的关键作用。基于模型的分析结果，网上行为与信用卡风险之间的内在联系得以被揭示出来，对这些分析成果和申请者评分结果加以得当运用，有助于为信用卡办理及额度等相关指标的确定提供良好的判断基础。

（三）小微企业信用贷款

商业银行或小额贷款公司可以主动寻求与第三方征信公司合作，由拥有数据优势的第三方征信公司通过建模识别小微企业的违约风险，为商业银行的小微企业信贷提供信用验证。

大数据征信与传统征信业务不同，其面对企业数以TB计的数据进行实时、自动地挖掘和计算并加密传递至管理系统；通过对数据的归类、剔除、清洗、分析、检验、纠偏等自动化处理，将经营交易数据转化为可量化分析的信用数据；通过客观信用评价体系，把已处理完毕的数据形成指标，再通过相应的数学模型计算出评价结果和信用额度，作为贷款额度审批的依据。

采用大数据征信的小微企业贷款模式具有明显的创新性。一是摆脱仅仅依赖财务数据的局限性；二是尽量降低人为分析的主观性，最大限度地保证评价过程中的客观性；三是突破评估者的能力限制，运用计算机开展7×24小时的贷后风险监控。这样的模式比较适合我国小微企业众多、融资期限短、规模小、频率高、需求急的特点，可极大地提高企业融资和银行贷后监管效率。

三、大数据时代征信行业发展相关建议

近年来，基于欣欣向荣的互联网和蓬勃发展的大数据、云计算技术，数据资源日益丰硕，高效的信息研究工具不断涌现，为征信业发展提供了优良的前提条件，也使得征信产品开发过程中对其功能和应用的定位发生了深刻的改变，引领征信行业紧随时代趋势。我国征信行业有较多方面亟须加快建设，尤其是在个人征信方面，需要把规章制度、技术支持、应用领域、监管保护等各个角度作为切入点对其进行不断的创新和改善，推动征信行业整体更上一层楼。

首先，完善个人征信业务相关法律法规，基于大数据征信的需求和影响促进科学的规章形成。《征信业管理条例》是我国一切征信活动的首要指挥和监管基础，基于该条例应着眼于

针对安全和隐私的法律建设，界定信息产权，明确各个信息关联方所对应的权责，维护信息所有者的合法权益。

其次，加快人民银行征信基础数据库建设，促成征信机构分享大数据并携手拓展业务。在完善的大数据征信业务规章体系下，中国人民银行的关键性征信数据得以在不同业务和各个层面上充分贯通。同时，促进社会上各家征信机构之间密切联系，提升数据共享度和使用效率，创新各自业务发展方式，巩固并深化各自对大数据处理分析和深入研究的成果，强化对传统信用和网络行为的挖掘技能，提升将数据用于信用风险评估的能力。

再次，鼓励征信产品创新，引导征信业差异化竞争，促成完善的征信产业链。互联网征信机构在风控方面往往缺乏操作经验，应当通过协助传统金融机构从而深度学习并弥补此类缺陷。具体而言，互联网征信机构可以尝试从设计、销售网络信贷产品并提供配套金融服务做起，在此过程中不断积累用户借贷数据等信息，为其进行数据分析提供良好的基础。此外，大数据征信机构应基于其所拥有的资源，构造极具预测性的专业评估模型，全面评估用户信用，从而使得相关风险得到更为精准高效的估测与控制。同时，针对各个类型的用户，可以充分挖掘其特质，顺应不同层次用户的特点，设计出适合不同人群的征信产品，在个性化发展思路中引导市场的差异化竞争。

最后，提升征信行业监督管理水平。有关部门应严格按照《征信业管理条例》《征信机构管理办法》对征信市场实行监督和管理，密切关注征信业务的最新状况和发展趋势，加强对专业人士的培育和提拔，进而全方位强化其监督管理能力。同时，应尽快针对数据安全、用户隐私等问题提出合理的解决方案，依据征信业发展状况不断完善有关法律规章，建立起多部门协作的监管机制，同时也注重对行业自律的宣传，从而推动个人征信行业不断发展壮大。

第六节　大数据金融的其他应用实例

一、智能投资理财平台：理财魔方

理财魔方团队成立于2014年12月，并于2015年3月推出了其App。理财魔方的特色包括追踪用户理财产品的收益、搜索并对比各种理财产品、提供收益排行、全球资产配置、风险定制以及管家服务等功能。理财魔方平台的主要收入来自于对用户资产管理服务收取的前端费用，该费用会根据客户投资金额的不同而有所差异。其产品特色主要有以下几方面：

1. 智能投资管理系统

理财魔方的智能投资管理系统（智能投顾系统）通过采用数据管理、景气度分析、资金池管理、风险控制等提供资产管理服务。

2. 全球资产配置

理财魔方的投资组合通过投资全球市场来分散风险，其投资组合不仅覆盖了中国市场，还扩展到了美国、德国以及亚太地区等多个国际金融市场，其投资组合涵盖了100多个国家和地区、10多个行业、超过3 000家公司，包括苹果、谷歌、奔驰、摩根大通和通用电气等全球500强企业。

3. 风险控制

风险控制是理财魔方智能投顾的核心。理财魔方App提供风险测评功能，通过问卷调查、用户注册信息、使用行为和交易行为来评估投资者的风险承受能力，为投资者计算出相应的风险等级（1~10级），并在投资者使用的过程之中根据上述数据或信息的变化进行动态的优化。理财魔方采用复杂的风控体系，将最大回撤控制在投资者可承受的范围内，避免大多数投资者追涨杀跌的行为，使其坚持长期投资。

4. 管家服务

在客户选择投资组合后，理财魔方提供一站式的理财管家服务。该服务包括调仓服务、组合追踪分析、风险事件预警、投资策略沟通以及专属投展服务。

从2015年到2018年，短短三年时间，理财魔方的资产管理规模已超过10亿元人民币，累计服务用户数超过2万人，客户盈利比例达到98.07%，且客户留存率超过90%。根据官网数据，截至2022年，用户超过100万，基金销售规模超1千亿元，用户的复购率高达500%。

二、SCORISTA Pitch China大数据风控

SCORISTA是一家信贷评分服务提供商，由来自俄罗斯的金融科技创业团队运营。

SCORISTA的名称体现了公司创建的初始目标。一是“SCOR”（得分），即对非银行贷款机构提供信贷评估服务，为机构的每个借款人进行信用评分，以决定是否向该借款人发放贷款或是贷款的额度。二是“STA”，来自单词“Stability”（稳定性），已有的实践经验显示，通过准确评估借款人的信用情况，可以帮助贷款方取得正向收益，并且能够长期保持这种收益。

SCORISTA团队运用大数据的问题分析能力和人工智能的快速学习能力，通过构建严密的数学模型，准确地进行借款人评估，及时做出信贷决策——批准或拒绝发放信贷，并对每个案例进行详细解释。凭借在数学建模、数据分析领域的优势，这支团队为中小微金融机构提供风险决策支持，帮助它们降低逾期、提高盈利。

随着国内金融监管趋严，特别是监管部门对互联网金融公司的全面整顿、清理，风险管理问题成为限制金融科技创业公司发展的门槛，于是大数据风控及其相关应用逐渐成为金融科技公司关注的热点话题。

目前国内大数据风控在各个应用领域迅猛发展，但行业内未出现成熟的应用，由于信息不对称、信息获取不及时和数据质量不佳等问题的存在，大数据风控有效性不足。中小金融机构的风险控制面临着以下几个难题：

首先，国内能够同时掌握金融和数学建模专业知识的综合型人才非常稀缺，然而现阶段风险管理需要建立一个有效的风险控制模型，这增加了公司获取综合型人才的难度和成本。SCORISTA已经在俄罗斯有专业的团队和较为成熟的风控模型，在人才成本方面的负担就有所降低了。

其次，国内很多公司的风险管理将大部分精力放在数据挖掘上，传统金融机构数据开放流程烦琐、低效，掌握着大量真实信息的互联网企业、第三方征信公司和O2O平台之间难以建

立互联互通的信息分享渠道。数据来源受限，在一定程度上对数据分析产生了影响，数据分析不到位，大数据风控的实际价值远低于预期值。而SCORISTA解决了数据来源问题，并且其团队的强项在于数据分析。

另外，最近几年不少非银行金融机构在风控上投入大量人力、财力，但很难开发出适用的风控模型，外包团队设计的模型又与机构业务不能完美匹配。SCORISTA就是针对这一部分中小型金融机构，根据它们的不同业务去定制风控模型，提供风控决策。

SCORISTA的风控模型由俄罗斯团队研发，能否良好地适用于中国市场？对于这一点，国内负责人表示："国内与国外市场的差别就是建模的数据来源不同，例如国外征信报告很发达，而国内的这些数据只在人民银行手中。但国内有一个很好的优势就是手机App上有非常丰富的数据，如通过淘宝、银行客户端等数据来建模。"

SCORISTA提供的是一种非银行贷款风险管理的新理念，从建模和评分到即时信贷决策（批准或拒绝信贷），通过不断监测和调整信贷组合，做一切能做的以获得快速稳定的结果。

与国内其他风险管理公司相比，SCORISTA的特点在于可以为中小型公司专门定制服务，有效果再收费的模式也使得客户更有保障。

对于国内征信数据体系不太完善、处理数据来源问题，SCORISTA的做法是，从合作的小微金融机构客户那里获得脱敏、无法复原的数据，再基于用户需求来提供定制化的数据模型。在建模完成后，利用其在数据模型、算法领域的优势，SCORISTA可以在1分钟内分析某客户的资料并给出评分，给予小微金融机构通过还是拒绝的建议，以作为金融机构进行风险评估时的重要参考。

对于新机构客户，SCORISTA采取的收费模式为按效果收费，会在双方合同上明文规定，无效果不收费。在模型效果得到验证后，SCORISTA将按照搜索次数收费，形成稳定的用户群体后，SCORISTA将获得可观的收入，所以SCORISTA并不会一味追求用户数量的增长。

SCORISTA团队的核心竞争力就在于由数学家、程序员和经济学家组成的队伍，在同类型的金融科技创业公司中拥有优势。总体来说，SCORISTA的竞争优势体现在两个方面：一方面，除了提供常规的数据分析模型，SCORISTA还可以依据强大的俄罗斯数学建模团队为用户提供定制化、个性化的数据分析服务；另一方面，与传统的收费模式不同，SCORISTA采取按效果收费的模式，小微金融机构前期可以免费使用其建模，但在效果达到预期后，会按查询次数收费，这种收费模式可以吸引更多非银行金融机构试用模型，从而有利于形成稳定的客户群体。

该项目拥有专业的团队和较为成熟的风控模型，为非银行金融机构提供风险管理服务，即时信贷决策的信用评估系统的开发在国内风险管理领域具有一定的创新性。同时，按效果收费的方式虽然能够吸引更多的客户尝试，如何稳定客源将是未来保证项目收入的关键问题。

三、可视化大数据平台——Palantir

Palantir成立于2004年，位于美国加利福尼亚州帕洛阿尔托。Palantir是一家为企业提供大数据关联关系和可视化工具的公司。Palantir发展初期主要为政府机构提供数据分析服务，之后逐步将业务扩展至民用领域。

Palantir提供的服务主要覆盖金融、电信和政府等领域。

长期以来，身份伪造、诈骗转账、洗钱套现等欺诈风险是金融行业面临的痛点和难点。Palantir通过相关的数据分析、信息检索和提取关键信息等服务能够有效解决金融行业、政府部门面临的信息不对称问题和网络信息安全问题。

Palantir的产品主要有Gotham和Metropolis两大类。

Palantir早期的产品和服务主要是通过大数据技术为用户提供反欺诈行为分析服务，之后的业务逐渐扩展到为政府提供相应的数据分析、信息检索和提取关键信息等服务。自成立以来，Palantir年收入增长率维持在50%~80%。Palantir在成立之初，主要面向政府部门提供数据服务，在2010年以前，其没有任何的非政府订单。从2011年开始，Palantir先后获得摩根士丹利等大型金融机构的订单，到2015年，公司民用领域的订单额占整体订单的比例已经超过70%。如今，Palantir的产品和服务已经拓展到金融、国防安全等多个行业。2018年，Palantir分别与AirAsia、美国航空、法拉利、瑞士信贷等大客户合作，并与德国默克公司成立合资公司Merck，还与美国国立卫生研究院签订了一份为期三年、价值700万美元的合同。

2020年，公司通过数据研发建模，在感染病例分布追踪、防护物资调度、疫苗生产分销与管理等方面大显身手，公司也因此获得多项订单。2022年3月，Palantir公司与亚马逊云AWS合作，将向AWS的客户提供其企业资源规划ERP系统，该ERP套件已被英国石油和Lanxess等多家企业采用。

Palantir创立之初，已经具备由PayPal原技术人员和具有社会威望的四位创立者组成的强大技术团队，在PayPal反洗钱、反欺诈技术的基础上进入了政府大数据市场。Palantir把人工算法和强大的引擎（可以同时扫描多个数据库）结合起来，为金融、电信及政府等多个领域提供大数据综合服务。Palantir以信息安全和隐私保护为服务宗旨，在其为政府部门提供的产品和服务中。随着技术、行业认知驱动新兴数据分析企业的崛起，以Palantir为代表的企业依托突出的大数据技术将会迅速打破传统IT企业的壁垒，并在特定细分行业领域占据主导地位。

四、点石金融科技系列解决方案

成都点石瑞达科技有限公司（以下简称点石）是点石金融服务集团的子公司。点石金融服务集团于2014年成立，公司主要业务包括市场风险管理、信用风险内评预警系统、投资分析、虚拟账户系统等系列金融科技平台，以及依托上述金融科技平台的资产证券化投行业务和量化资产管理业务。点石的金融科技解决方案涵盖各类金融产品数据集市、证券化系列平台等方面。其中，市场风险平台为监管部门和银行、券商、保险等金融机构提供全资产类别的市场风险计量；信用风险平台可进行独立主体内部评级，并对企业和债项进行信用风险计量；资产证券化系列平台覆盖发行计量、协作管理、产品销售、计划管理等功能，与点石的证券化投行业务形成一站式服务体系。点石为上海清算所、北京农商银行、中国华融、浦发银行等机构提供金融科技相关服务。

我国的经济、金融的健康、稳定发展需要风险管理等金融科技系统国产化。另外，中小金融机构交易类、风险类平台因资金和人才限制难以实施。点石对解决上述行业痛点问题具有较好的比较优势。点石产品丰富，全面覆盖金融产品生命周期，通过大数据、云计算和人工智能等新兴技术使其产品和服务具备最核心的定价估值和风险管理等功能，提供对金融机构的一站式服务。点石适合中国国内机构管理特点和流程，支持中国特有的金融产品。另外，点石的产品和服务无须在机构内部实施，接口时间短、价格低，可降低金融机构的管理成本。

点石的付费数据服务、市场风险平台、信用风险平台、估值定价模型库、综合信贷平台等均已上线运行，资管平台2017年底上线。

（一）付费数据服务

点石的数据服务是为客户提供各类数据集市，点石数据集市拥有的数据量超过百亿条，每月新增的数据量达到1亿~2亿条。

（二）市场风险平台

点石的市场风险平台是本土团队开发，依托点石业务专家多年服务国际国内大型金融机构的经验，采用国际先进的风险管理实践和计量技术，在多个方面填补市场空白。市场风险平台具有计算敏感度等风险指标、情景模拟、压力测试、返回检验、组合管理、限额管理、资本计量报告系统等全面功能。市场风险平台采用云服务模式，为用户完成市场数据处理、模型和曲线配置、模型验证、风险报告生成等，使用简便，实施便捷，可以使用私有云部署等手段保障金融安全。市场风险平台全面覆盖固收、外汇、权益类、大宗商品类等金融产品的估值定价，目前有北京农商银行、国泰君安、中经贸资管等用户。

（三）信用风险平台

点石依托自身强大的量化分析能力以及对市场的深入了解，构筑了信用评级体系作为解读市场信用风险，实现评级跃迁交易、信用利差交易等信用债策略的基础。点石的主体和债项评级方法结合了国际先进经验和国内资本市场的特点，是定性、定量、人工智能模型的综合成果，其评级体系与国际标准评级体系一致，避免了国内评级市场评级过于集中在高等级评级符号的问题。

（四）估值定价模型库

点石支持定价估值的模型库是其竞争优势的关键。点石为上海清算所等市场核心机构提供定价、估值的咨询、运维、验证等投资分析服务。

点石的金融服务优势来自成熟强大的IT方案，主要包括大数据、人工智能、云服务和网络计算四个方面。点石的IT系统处于金融科技前沿，采用业界领先的IMDG（内存数据网格）技术，利用当今大数据处理最有效的Map/Reduce设计模式实现多线程并行运算，结合云技术的高效计算能力，能够提供资产形成到交易、风险管理、资产管理的完整解决方案。点石较高的技术门槛使其具有国际先进的金融计量模型、中国特色的产品设计等比较优势。

点石的数据集市和模型库为前台交易平台、产品控制、资产管理、后台会计入账系统奠定了坚实的基础。前中后台整合的体系将促进客户整体业务提升，这也是点石重要优势所在。与其他企业相比，点石具有较强的综合发展优势。其一，点石已经上线多个产品和服务平台，产品丰富，全面覆盖金融产品生命周期，且已获得了一定的行业客户。其二，点石以自建平台为主要运营平台，形成多个数据库，技术领先，提供对金融机构的一站式服务，有较高的进入门槛。其三，相比国内行业内的其他企业，点石具备最核心的定价估值和风险管理等功能，其产品和服务无须在机构内部实施，接口时间短、价格低，可降低金融机构的管理成本。综合而言，点石在产品和服务、技术等方面比较优势明显，有较好的发展前景。

思 考 题

1. 银行业如何利用大数据改善客户服务和增强用户体验?
2. 证券公司如何使用大数据来预测市场趋势和进行高频交易?
3. 保险公司如何利用大数据进行精准定价和风险评估?
4. 互联网金融行业在使用大数据时面临哪些安全和隐私挑战?

第五章 大数据与供应链金融

学习目标

1. 掌握供应链金融的定义。
2. 了解供应链金融的发展与趋势。
3. 熟悉供应链金融管理中大数据的分析与运用。

第一节 大数据在供应链金融管理中的应用

一、供应链金融的概念界定

在我国普遍认为供应链金融是一种独特的商业融资模式，是指以核心客户为依托，在真实贸易的背景下，运用自偿性贸易融资方式，通过应收账款质押登记、第三方监管等手段为供应链上下游企业提供标准化或个性化的综合性金融产品和服务。

与传统银行信贷相比，供应链金融的不同点主要体现在：

（1）在管理要素上，传统的银行信贷以“好的资产负债表”为基础，对企业以往财务信息进行静态分析，依据对授信主体的孤立评价作出信贷决策。而供应链金融评估的是整个供应链的信用状况，加强债项本身的结构控制，在把握整个供应链运营中的商流、物流和信息流的基础上，使资金在供应链中有效流动。因而，供应链金融把结构性的信息作为信用建立和评价的基础。

（2）在管理业务流程上，传统的银行信贷是一种简单的资金借贷关系，以一个或几个生硬、机械的产品“水平式”地覆盖不同细分市场及交易链条的各个节点、各个交易主体的需求。供应链金融是根据交易对手、行业规则、商品特点、市场价格、运输安排等交易条件，为供应链上不同交易层次和交易地位的交易主体量身定制的专业金融解决方案，也就是说，根据各交易主体在供应链中的资源、能力、上下游的关系密度、所处位置等来决定融资量、融资周期和融资利率。因此，供应链金融不仅是融资，更是流程优化方案和成本降低方案。

（3）在管理组织结构上，传统的银行信贷参与主体一般只有商业银行等信贷机构和中小企业双方，有时也需要第三方担保人的参与。而供应链金融的参与者更多，不仅有金融机构、融资企业，还包括供应链上的参与企业、其他服务型企业、第三方或第四方物流企业，也就是说，供应链金融是一种网络生态式的组织场域，参与各方在网络中相互作用、相互依存、各得其所。

二、供应链金融的发展与演进

从供应链金融的网络结构来看，供应链金融的1.0版本主要是商业银行作为供应链金融的主体，产业供应链的参与各方与银行之间形成资金借贷关系。其中，银行并没有真正参与供应链运营的全过程，只是依托供应链中的核心企业的信用来延伸金融服务。供应链金融的2.0版本则是供应链金融服务的提供者逐渐从单一的商业银行转向供应链中各个参与者，也就是说，供应链中的生产企业、流通企业、第三方或第四方物流、其他金融机构（如保理、信托、担保等）都可能成为供应链金融服务的提供方。供应链各参与主体与核心企业间形成了序列依存关系。

互联网供应链金融是供应链金融的3.0版本，其服务的提供主体主要是互联网供应链构建者本身，也就是供应链流程的建设者和管理者，也是规则的制定者，能够通过掌握多维复杂且高度融合的信息流来管控金融风险。互联网供应链金融并不是对传统供应链金融的颠覆，而是在其基础上的拓展和创新。在“互联网+”时代，它通过铺设一张“网”，制造更多“节点”来对物流、资金流、信息流、商流进行交叉验证，控制金融风险，并在一定程度上解决了传统供应链金融交易信息电子化不足导致信用评估缺失等问题，填补信息盲区，更好地服务供应链参与者。互联网供应链金融往往呈现出平台化、高度关联化的网络结构特征。焦点企业往往也需要通过横向价值链流程、纵向价值链流程及空间价值链流程进行全方位、复杂化及互动化的管理。

三、大数据对供应链金融管理的重要性

随着大数据在供应链金融中的不断应用，推动了供应链运营的脱胎换骨。大数据是无法在一定时间范围内用常规软件工具进行获取、管理和处理并被人解读的数据集合，是需要引入新的处理模式才能具有更强的决策力、洞察发现力和流程优化能力的海量、高增长率和多样化的信息资产，典型特点是“4V”，即volume（量级巨大）、variety（多样性）、velocity（高速处理）、value（低价值密度）。

大数据对于供应链金融的重要作用体现在信息的收集与分析方面。具体体现在：

一是大数据的应用可以为供应链金融管理提供更全面的信息支持。大数据的应用拓宽了供应链金融的服务内涵，通过运用大数据分析技术，供应链金融服务者可以分析和掌握平台参与者的交易历史和交易习惯等信息，并对交易背后的物流信息进行跟踪分析，全面掌握平台参与者的交易行为，并通过这些数据信息给平台参与者以更好的融资支持。

二是大数据的应用可以降低供应链金融管理成本。大数据的应用可以降低供应链金融的业务成本和贷后管理成本；能够帮助金融机构从源头开始跟踪抵押/质押品信息，辨别抵押品的权属，减少实地核查、单据交接等操作成本；能够通过对原产地标志的追溯，帮助金融机构掌握抵押/质押品的品质，减少频繁的抽检工作，甚至可以通过金融机构与核心企业的信息互动实现抵押/质押品的去监管化，节约监管成本。

三是大数据的应用可以帮助金融机构提高客户筛选和精准营销的能力。通过引入客户行为数据，可以帮助供应链金融管理将客户行为数据和银行资金信息数据、物流数据相结合，实现“商流+物流+资金流+信息流”相结合，从而提高金融机构客户筛选和精准营销的能力。

可见，在大数据的影响下，未来供应链金融将实现供应链参与企业、银行、行业协会、政府管理部门、物流企业等多方合作、多方共赢的平台模式；相信随着全球产业链的日益发展，互联网、物联网、云计算、大数据等新型技术将会极大改变供应链的结构、流程和要素，使供应链决策更加智能化，供应链金融管理越来越智慧化、网络化、服务化。

数据驱动的决策制定（见图5-1）对于企业来说非常重要，从诸如采购决策、制造决策、运送决策、销售决策等过程都可以利用各种信息、大数据来驱动供应链决策的制定。McAfee等（2012）研究发现：一个企业如果将自己定位为数据驱动型的企业，那么他们就能对自己的财务和运营结果作出更加客观的评价。

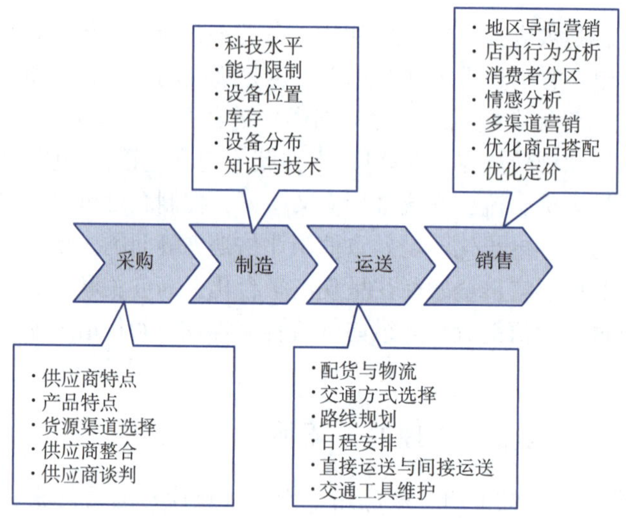

图5-1 大数据支撑的智能供应链决策

具体来讲，供应链决策智能化主要是通过大数据与模型工具的结合，并通过智能化和海量的数据分析，最大化地整合供应链信息和客户信息，从而正确评估供应链运营和管理中的成本、时间、质量、服务、碳排放及其他标准，实现物流、商流、资金流、信息流的最佳匹配；通过对信息和数据的挖掘，实现有效的供应链运营的决策和匹配，并使金融机构能够掌握供应链交易过程中产生的“大数据”物流、交易信息，将物流、交易管理系统产生的数据实时反映到供应链金融系统中，从而对交易过程进行动态监控，降低供应链金融运行风险。

第二节 供应链金融管理中大数据的分析与运用

2023年，核心企业和金融机构在供应链金融科技解决方案上的支出总计达到689亿元。与此同时，第三方科技解决方案的支出为186亿元，虽然低于自主研发支出，但其占比已从2018年的21.5%上升至2023年的27.0%，显示出成为主流趋势的潜力。按交易额计算，我国供应链金融科技解决方案市场规模近年来快速扩张，从2018年的3万亿元增长至2023年的8.2万亿元，复合年增长率达到28.7%。这一增长得益于供应链金融科技解决方案能够提高资产信息的透明度和数据的可信度，显示出市场拥有巨大的潜力，且这一潜力尚未完全挖掘。细分来看，自主研发占据领先地位，其市场占有率为84.1%；第三方供应链金融科技解决方案的市场份额则为15.9%，因自身的科技创新能力较强、交易规模大且具备成本优势，将逐步抢占市场份额。

随着供应链金融运营全球化、互联网化及信息化的发展，数据已经渗透到每一个行业和业务职能领域并成为一个重要的生产要素，海量数据通过多种方式产生价值。因此，对海量信息数据的获取、整理分析并加以应用对以数据流通为核心的供应链金融领域尤为重要。尽管大数据近年来成为理论和实践研究的热点，但研究和预测大多集中于消费者数据分析和偏好预测等领域，供应链应用方面的研究仍然不足。

数据科学、预测性分析和大数据将会改变供应链的设计和管理方式，从不同数据库获取信息来对供应链进行分析将提高供应链的运营绩效，促进企业间的信息协同。供应链运营和决策中有效运用大数据，需建立良好的大数据库，具备分析、整合大数据的能力。要重点围绕大数据的数据类型、数据质量、大数据分析技术及大数据分析的人力资源等方面展开。

一、供应链金融管理中的大数据类型和目标

供应链中的大数据主要包括四种类型：结构数据、非结构数据、传感器数据、新类型数据。

（1）结构数据是指在电子表格或是关系型数据库中储存的数据，这一类型数据只占数据总量的5%左右，主要包括交易数据和时间段数据。其中，重点的结构数据包括ERP数据，这是因为ERP系统中存储的数据是企业系统多年积累的大量行业数据，对企业经营决策和预测意义重大。作为高度结构化、集成化的ERP数据能够帮助企业在战略采购、品类管理和供应商关系管理方面产生更好的绩效。

（2）非结构数据包括库存数据、社会化数据、渠道数据及客户服务数据。总的来看，目前非结构数据对供应链的影响和作用的研究相对匮乏，大量研究和报告集中在探讨数据和分析能力在供应链中的运用及传统的数据来源和分析技术对供应链的相关计划和执行的影响。但是对非数据结构，如社会化数据对供应链的影响和作用的相关研究相对缺乏。加强企业对社会媒体数据在供应链情境中的作用的理解非常必要。需重点关注企业如何利用社交数据来指导企业进行供应链活动的规划（包括新产品的开发、利益相关者的参与、供应链风险管理及市场探查等）及社交媒体数据对供应链绩效产生的影响。要实现这些目标，需要从内容丰富的非结构化数据中挖掘出商业智慧，使用不同的研究方法和度量方式。

（3）传感器数据主要包括RFID数据、温度数据、QR码以及位置数据等，这类数据增长很快，随着物联网技术的发展形成新的产业，构建新的物流供应链，为供应链金融带来巨大商机。

（4）新类型数据主要有地图数据、视频数据、影像数据及声音数据等，这类数据多用于可视化领域，并能够帮助提高数据质量，使数据的实时性更强、提高数据分析的精确度。

大数据对供应链管理越来越重要，供应链金融中对高质量数据的需求将变得越来越大。虽然公众对高质量数据并没有统一的认识，但大多研究认为高质量数据的评价应该有多个维度，如数据内在要求、情境要求等。数据内在要求是指数据本身所具有的客观属性，主要包括数据的准确性、及时性、一致性和完整性等。情境的要求是指数据的质量依赖于数据被观

察到和使用的情境，包括关联性、价值增值性、总量、可信度、可及性、数据的声誉等。

通常，互联网供应链金融的数据运用可以解决5W1H的问题，即为什么（why）、什么人（who）、怎么样（what）、何地（where）、何时（when）及如何（how）。因此，在供应链金融领域，尤其是互联网供应链金融活动中，运用大数据进行分析之前，需要明确大数据分析的目标。确定的目标将对所收集数据的类型、渠道、分析方法等有重要作用。

供应链金融立足于多利益相关方建构的网络，通过融资等金融性行为优化商业流程和经营行为，促进产业与金融的融合，实现产业与金融的效益倍增。因此，大数据的运用主要是为了更好地了解供应链金融中关键利益方，特别是要了解融资对象的市场能力、潜在能力、预期风险等。其中：

市场能力是指企业在市场和行业中的地位及市场竞争力，包括“软”“硬”两个方面。“软”是指企业的隐性能力，包括领导力和创新、创业能力，文化建设和协调，团队建设、外部形象和相关利益者协调能力等方面，这些方面往往无法明确化，只能通过当面交流等方式才能传递。“硬”是指企业的显性能力，包括：技术与研发能力，如技术、设计、工程、工艺等；运营能力，如生产流程、品质、组织管控、资金财务、供应管理、信息系统建设等；市场营销能力，如渠道、分销、品牌、客户关系管理等。

潜在能力是指企业未来可能具备的能力。用大数据从动态的角度来分析判断企业“硬能力”和“软能力”的培养能力和发展趋势。所谓培养能力是指企业采用何种手段或路径去获得或拓展“软”“硬”能力；发展趋势则是判断企业在连续时间段内在“软”“硬”能力上的发展程度。

预期风险是指企业目标实现时可能造成负面影响事件发生的可能性。通过大数据分析了解企业将要面对哪些负面影响，评估企业的风险程度。一般来说，企业的风险包括运营风险、资产风险、竞争风险、商誉风险、战略风险五大类。其中，运营风险是指企业在运营过程中由于外部环境的复杂性和变动性，以及主体对环境的认知能力和适应能力的有限性而导致的运营失败或使运营活动达不到预期的目标的可能性及其损失；资产风险是指公司在经营过程中由于外部不确定因素、内部人为因素及相关条件导致的资产质量发生偏差而使公司信誉、资金、收益等遭受损失的可能性；竞争风险是指企业由于外部因素或能力不足或失误，使企业在竞争和经营过程中实际实现的利益与预期利益目标发生背离的可能性；商誉风险是指企业在当前环境下的运营能力、地位和形象等受到损毁；战略风险是影响企业的发展方向、企业文化、信息和生存能力或企业效益的各类不确定性因素。这五类风险都对供应链金融的效率和效益产生影响，因此，需要借助大数据进行分析，了解相关主题可能存在的这五类风险。

二、供应链金融大数据分析的对象及获取来源

了解供应链金融中大数据分析目标后，还需要了解供应链金融中大数据分析的对象（见图5-2），即了解搜集、分析“谁的数据”。“谁的数据”涉及供应链流程中可能的参与者。一般来说，供应链金融中主要参与者有：融资对象、与融资对象关联的交易对象或合作方、与焦点企业合作的关联服务方和供应链参与方等。

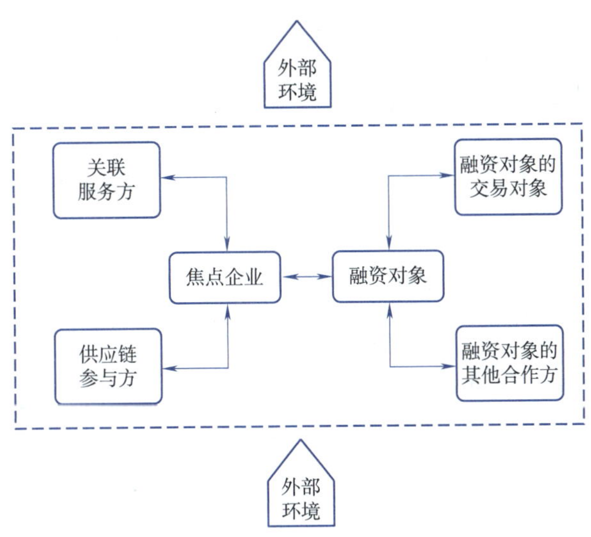

图5-2 供应链金融中大数据搜集分析的对象

其中，融资对象既是互联网供应链金融的直接参与者，也是受益者，直接决定业务风险及能否成功；焦点企业对运营中的风险具有一定的影响，为获取充足、低成本的资金，并有效管理风险，焦点企业往往需要与其他金融机构展开合作；平台中其他参与者共同为融资对象提供服务，影响供应链的运行；环境的竞争性和动态性也将对供应链主体产生巨大影响。因此，进行大数据分析时对这些对象的数据都应进行搜集、分析。

从原则上来看，互联网供应链金融在对相关对象进行搜集和分析时，大数据应体现准确性、一致性、及时性和完整性。准确性是指收集、分析的数据能够切实用于分析刻画融资对象的状况，帮助焦点企业掌握融资对象的真实能力；一致性是指数据应当具有稳定的表现形式，不会出现不同对象、不同时间、不同地域同一信息具有不同的表现形态；及时性是指能够获得最新的数据，能够最及时地分析和反映融资对象目前的状态；完整性是指能够尽可能地获得各种各样的数据，通过对多来源、多形态的数据进行整合分析来完整地刻画融资对象的全貌。因此，供应链金融中需要关注的数据类型包括：

（1）时间和空间的数据。时间数据可以反映事物、现象等随时间的变化状态或程度，诸如融资对象连续若干时间段的信用变化、供应链所在行业的市场变化、交易商品的价值变动等；空间数据可用来反映空间实体的形状大小或经营主体的位置和分布特征等，是用基本空间数据结构来表示人与人、人与物、物与物之间相互依存的数据，如质押商品的空间位置和分布、供应链参与者的网络位置和状态等都可以用空间数据来分析。

（2）主体和客体的数据。主体是指供应链活动中的参与者，掌握主体数据对于把握主体的资源、能力、资质、信用、偏好和相互关系等各类信息至关重要；客体是指主体的经营标的，如商品、生产工具等，对客体数据的分析可以间接反映主体的能力、行业状态或风险的大小。值得注意的是，不同的业务场景或管理要求，相对应的主体和客体数据具有差异性（见表5-1）。

表5-1　不同业务情景下的主体和客体数据

数据类型		库存管理	运输管理	客户/供应商关系管理
客体数据	经营活动	如何将销售领域的数据与消费者数据结合，提高预测精度，或针对特定购物者需求准备存货	如何利用现有的销售领域数据指引运输和转运安排，如何将销售数据与消费者数据综合运用于集运/转运	如何从海量资源中获取特定销售数据以增强供应链可视度以及信任和伙伴关系管理
	位置和时间	如何将感应数据运用于店铺位置管理和部门商品销售规划管理	如何将物流中心的感应数据运用于期望的运输要求管理	如何将购物者的位置和时间数据运用于联合陈列和销售规划管理与活动
主体数据	消费者	如何将购物者脸部识别、情绪识别以及眼球识别数据运用于商品品类管理和货架管理	网上购买和配送偏好数据如何运用于运输方式选择和承运商决策选择	如何将客户情感数据上关于产品评价的数据运用于联合预测

（3）要素和情感的数据。要素是供应链运营中所需要的各种资源，是维系供应链运行及市场主体生产经营过程中所必须具备的基本要素，如土地、资金、劳动、信息、平台和知识。情感数据是态度的一部分。情感数据的价值是在一种必要的环境下对用户行为进行回忆和分析，然后通过还原再现来了解用户的心声、体会用户的体验。情感数据对供应链金融而言，不仅能够让焦点企业了解供应链某一参与主体当时的体验，还能间接了解其行为特征和环境状态。如，对驾驶员的情绪数据分析能够让焦点企业判断承运商运输安全等服务的质量和交通处罚、燃油使用等成本问题。

（4）单点数据和网络数据。单点数据是指某个特定供应链参与主体发生的各类数据，包括交易数据、物流数据和资金流数据等；网络数据是指某个特定参与方所嵌入的网络或者集群数据。了解供应链参与者所在产业网络和集群的政策、结构、业务状态及竞争力等，对于判断行业和企业竞争力具有重要作用。

在供应链金融领域，大数据的采集与分析是确保资金链高效运转和风险控制的关键。大数据的获取主要通过直接和间接两个渠道进行，进而共同构筑起一个多维度、综合性的数据支持体系。

①直接渠道：直接渠道的数据获取立足于焦点企业及其合作伙伴共同构建的智慧供应链基础设施，以及对外公开的网络平台。具体包括：

- 供应链运营系统：作为数据获取的核心，该系统整合了供应链各环节的参与方，包括但不限于供应商、客户及物流服务提供者，旨在监控和优化物流动态和操作效率。
- 金融信贷机构：涵盖一系列金融机构，如商业银行、信托公司、理财公司、保理公司及小额贷款机构，它们在供应链金融中扮演着信用评估和风险审查的关键角色。

②间接渠道：间接渠道的数据收集则通过焦点企业与外部组织或利用自有平台，借助多样化的手段和途径实现：

- 关系服务组织：涉及互联网服务、第三方支付、保险服务、政府管理以及商业运营和生活服务部门，这些组织在提供服务过程中积累了丰富的企业运营和信用数据。
- 政府管理部门：包括海关、国家质量监督检验检疫总局、外汇管理局、税务局和工商行政管理局等，它们监管并记录了企业的经营活动、财务状况和合规性信息。

- 独立组织或平台：如行业协会、标准化组织、专利局和风险投资公司等，它们通过自身的数据收集和审核机制，为供应链金融领域提供了额外的数据资源。

这些渠道的数据汇聚，形成了供应链金融领域内大数据的生态系统，为焦点企业在供应链管理和金融决策上提供了全面而深入的洞察。通过这些数据的有效整合与分析，企业能够提升供应链的透明度，优化资金流动，同时，金融机构也能更精确地评估企业的信用状况，从而降低融资风险，推动资金的高效配置。

三、供应链金融大数据的分析时间点、方法及常见障碍

供应链金融大数据在分析时既需要考虑历史数据，又要考虑实时数据或将要发生的数据，这样才能全面辨识融资对象的能力、潜力和风险。历史数据是判断企业能力的基础，但只能反映过去情况，不能对现在或未来进行覆盖。这时就需要对实时数据和即将发生的数据进行搜集、分析和预判。

实时数据分析指的是利用大数据技术高效地快速完成对大量数据的分析，达到近似实时的效果，及时反映数据的价值和意义，掌握供应链的实时状态。实时采集、实时计算、实时查询是实现数据实时分析的前提。完整收集所有日志数据，为实时应用提供实时数据，响应时间上要保证实时性，低延迟在秒级左右，这就需要配置简单、部署容易、系统稳定可靠等条件。同时，要实时计算和实时查询在流数据的变化并对其进行分析，捕捉有用信息并发送出去，以供业务部门查询与决策。

目前，供应链大数据运用的能力要求或可能遇到的障碍主要包括数据管理能力、运用科学技术进行计划的能力、绩效管理能力、时间限制、对供应链管理缺乏合适的预测性分析解决方案等。其中，数据管理能力是运用数据分析进行供应链决策的关键驱动因素，企业在运用大数据进行分析决策前，必须先培养企业进行大数据管理的能力。企业运用大数据分析中常见的障碍见表5-2。

表5-2　企业运用大数据分析中常见的障碍

障　碍	重要程度的均值
缺少数据	3.83
没有能力识别最合适的数据	3.99
安全性的考虑	3.84
缺少上级管理者的支持	3.83
商业价值不明晰	3.83
隐私/保密性问题	3.8
缺少相关政策以及治理结构	3.91
没有能力从可得的数据中获得商业价值	3.95
没有需要/没有意义	3.3

续表

障　碍	重要程度的均值
很难进行管理	4.16
需要以现在可得的解决方案为代价	4.48
缺少与现有系统的整合	4.61
员工没有经验（需要进行培训）	4.92
需要进行变革管理（对变革的抵制）	4.44
缺少对供应链的合适的解决方案	4.33
现在的应用不能满足商业需要	3.96
时间的限制	4.63

第三节　大数据下的供应链金融风险管理及趋势

供应链金融正逐步从链条走向网络，从交易结构走向结构与大数据并存，与这一改变相伴随的则是供应链金融尤其是互联网供应链金融活动的风险也越来越复杂，越来越大。因此，必须有效识别和管理大数据下供应链金融的风险问题。

一、大数据下供应链金融风险管理的因素及原则

供应链金融风险是指在一定经济环境下，由于供应链金融参与者预期的物流、资金流、信息流的运行情况和实际状况不同，最终使从事供应链金融的企业或其他组织蒙受损失的不确定性。

供应链金融中的风险特征主要体现在以下几点。一是风险具有传导效应。由于供应链上的企业间相互依存、相互作用，当一个企业出现风险时，风险会向供应链的上下游及周边传导，最终给供应链金融服务者及相应合作方带来收益的不确定性，甚至造成损失。二是风险具有动态性。供应链金融风险会随着供应链的网络规模和程度、融资模式的创新、运营环境的交替、外部环境的变化等因素的影响而不断发生变化。三是风险具有高度复杂性。供应链金融的风险是产业供应链风险与金融风险的叠加，供应链的环境、网络、组织会带来供应链金融的风险，而且金融中的因素也将影响供应链金融运作甚至产生危机。可见，供应链金融的风险具有多重性，既具有外生性，也具有内生性。因此，必须从供应链和金融两个方面强化风险意识和进行相应风险管理。

基于供应链金融的特性，应用大数据对供应链进行风险管理应主要围绕“六化”展开，即业务闭合化、交易信息化、收入自偿化、管理垂直化、风险结构化和声誉资产化。

（1）业务闭合化是指供应链运营中价值的设计、实现和传递要能形成完整、循环的闭合系统。若某一环节没有形成有效整合，则可能产生潜在风险。其中，业务闭合不仅包括技术、

采购、生产、分销、销售等作业活动的有效衔接，而且还能保证各环节的经济价值能按照预先设定的程序得以实现，并能有效传递产生新的价值。因此，宏观系统风险、行业或区域性系统风险都会影响业务闭合性。大数据供应链金融活动是基于生态网络结构的金融性活动，网络中涉及的所有主体如果存在主体缺失问题，或没有起到预期作用，业务的闭合性就会产生问题。

（2）交易信息化是指能及时、有效、完整地反映或获取企业内部跨职能及企业间跨组织产生的商流、物流、信息流、人流等各类信息，并通过一定的技术手段清洗、整合、挖掘数据，以便更好地掌握供应链运营的状态，从而控制金融风险。这里不仅需要获取和分析供应链运营中直接产生的各类信息和数据，而且要能实现信息全生命周期的管理，实现有效的信息治理，即要建立有效的信息源和信息结构；要保障信息的可靠、安全和运用；要实现信息持续的产生、推进和应用，并能有更多的利益相关方参与到信息生成、分享过程中；要实现信息获取、处理的代价或成本可控。

（3）收入自偿化是指大数据供应链金融中所有可能的费用、风险等能够以确定的供应链收益或未来收益覆盖。在供应链金融运营网络化的条件下，影响收入自偿的因素不仅要静态地考察货物、要素的转化，还要动态地分析影响转化和收益的时空要素。具体来说，在收入自偿化的评估过程中，要分析供应链产品业务的价格风险、产品业务的价值风险、产品业务的销售风险等。

（4）管理垂直化是指从责任明确、流程可控等目标来对供应链活动实施有效的专业化管理。因此，要做到业务审批与业务操作分离、交易运作和物流监管分离、金融业务的开拓和实施与金融贸易活动的监管分离、经营单位与企业总部审议分离，而且要做到组织结构和职能完备和清晰、战略和管理稳定与协调。

（5）风险结构化是指在开展供应链金融业务的过程中，能合理设计业务结构，并采用各种有效手段或组合化解可能存在的风险和不确定性。

（6）声誉资产化是指声誉是一种稀有的、有价值的、可持续及难以模仿的无形资产。在供应链金融中，声誉代表了企业在从事或参与供应链及其金融活动时的能力、责任和担当，是促进金融活动稳定、持续发展，以及防范风险的重要保障。因此，需要借助大数据技术在风险识别、监测和控制过程中评估和量化供应链金融参与者的声誉。

二、大数据下供应链金融风险管理的发展趋势

在互联网供应链环境下，供应链金融需要运用大数据、区块链等技术实现全过程、全方位、全天候的管理，需要在制度环境、管理要素、技术手段及产业互联网系统内全面整合，更好地服务供应链运营和服务场景，推动产融有效结合。图5-3所示为互联网供应链金融风险管理趋势。

互联网供应链金融风险管理需要在制度层面和运营保障要素层面相结合，更需要实现供应链网络中参与者一切业务数据化，即建立数字化的供应链。供应链金融的健康发展离不开大数据，而大数据的核心不仅在于利用各类技术获取现存网上或其他渠道的信息或数据，更在于将随时随地发展的业务活动数据化，通过对数据的归集、识别、清洗、分析和挖掘，发现

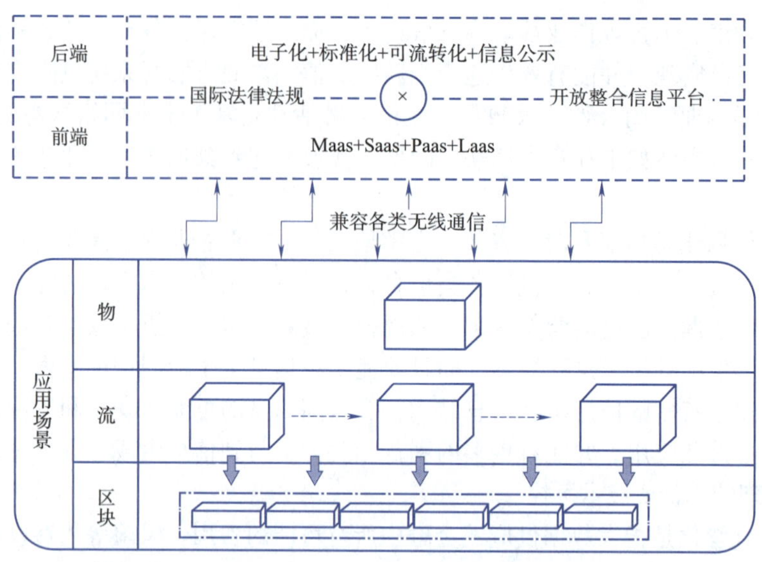

图5-3 互联网供应链金融风险管理趋势

机会并转化为新业务。因此，需要建立覆盖整个网络的基于云计算的产业互联网体系，即Maas、Saas、Paas和Laas。其中，Maas是指能为客户提供有效感知、传输和职能分析服务；Saas是指用户可以在各种设备上通过搜索客户端界面访问运营商运行在云计算基础设施上的应用；Paas是指客户能用开发语言和工具（如Java、Python、.Net等）控制和部署应用程序及应用程序的托管环境;Laas是对所有包括处理、存储、网络和其他基本的计算资源等设施的利用。只要这些要素齐备，互联网供应链金融的风险才能被有效监控、识别和管理，做到实时基于"网络流""数据流"的风险管理。

三、区块链在供应链金融风险管理中的应用

区块链（blockchain）是一串使用密码学方法将数据关联而产生的数据库，可用于验证信息的有效性和生成下一个区块，它提供了一种去中心化的、无须信任积累的信用建立范式，理论上可以实现数据传输中对数据的自我证明。

区块链技术在互联网供应链金融中的应用主要包括金融活动和产业活动两个层面。金融层面区块链应用主要是支付清算和数字票据。与传统支付清算相比，区块链支付是指供应链金融交易双方直接进行，不涉及中间机构支付方式，即使部分网络瘫痪也不影响整个系统运行。基于区块链技术来构建通用的分布式银行间金融交易协议，为供应链金融平台用户提供跨境、任意币种实时支付清算服务，将会降低跨境支付的成本，增加支付的便捷度；同时，数字票据也是基于区块链技术和票据属性、法规、市场而开发出的全新票据形式，可以实现票据价值传递的去中心化，避免纸票"一票多卖"及电票打款背书不同步等问题，可以有效防范票据市场风险及票据系统中心化带来的风险，降低监管成本，有效规范市场秩序。

同时，在产业活动层面，区块链技术可以帮助供应链金融链条进行权益证明和物流运作证明。由于区块链每个参与维护节点都能获得一份完整的数据记录，因此，可以利用区块链

可靠和集体维护的特点，对供应链运营中产品或货物权属进行清晰确权。此外，可以运用区块链技术对供应链运营中的物流活动进行有效记录和证明，全面反映每一物流单元在不同节点的变化、各部分产品的去向等，使整个供应链运营过程清晰明确，甚至可以满足存储永久性记录的需求。

可见，无论是在金融活动中还是产业活动中，区块链技术最终的目的都是帮助供应链建立起完善的去中心化的信用体系。

【案例】

中国平安自主研发壹账链区块链技术

中国平安在2016年3月成立了自己的区块链团队，同年5月加入R3区块链联盟，成为该联盟中首家中国成员企业，并于2017年6月上线了FiMAXBaaS平台。在2019年5月，壹账链团队又打造了开放的BNaaS（blackchain-network-as-a-service）生态网络体系。无论是BaaS平台还是BNaaS生态都是基于壹账链（FiMAXS3C）全加密区块链架构搭建的，壹账链是中国平安自主创新、拥有多项知识产权、提供金融级区块链应用搭建服务的区块链产品，可为各类机构及企业提供标准化、快速接入的区块链应用搭建服务，从性质角度来看，它是一种没有通证的区块链联盟链。该区块链上所有数据都由数据上传方自行加密后上传，结合尖端的密码学方案，参与方对自身数据拥有完整的控制权。同时，壹账链区块链还拥有多项由平安团队自行研发的领先区块链技术，具备低延迟、高吞吐量、系统完整、数据隐私安全等几大优势，不仅可为业务方提供定制化的区块链解决方案，而且可以提供可大规模推广的BNaaS区块链生态网络体系。截至2023年，基于平安壹账链的金融科技服务平台已经在贸易融资、资产证券化、供应链金融、再保险等14个业务场景中实现区块链的成功落地。平安金融壹账通发布了“壹企链”智能供应链金融平台，主攻五大技术应用场景。

1. 运用区块链技术，破解信用多级穿透难题

供应链金融的本质在于企业授信方式的创新。传统模式下，由于存在信用传递隔断，长尾中小企业往往难以借助核心企业的信用获得融资。针对此问题，壹企链运用区块链+电子凭证技术，通过供应链各参与方真实数据上链，构筑真实交易背景链条，将核心企业强信用传导至供应链末端，将七成多原先无法覆盖的客户纳入供应链信用体系。由于不同行业的业务属性和复杂度不同，目前壹企链平台主要聚焦化工、建筑、铁建、航空、电子、医疗、轻工、汽车等十大行业。其中，与福田汽车联合发布的区块链+汽车供应链金融“福金All-Link系统”已在2018年8月份上线。

2. 采用智能“五控”技术，破解下游企业融资难题

不同于上游企业可以依托应收账款实现信用传递，在解决下游企业融资方面，往往需要更多风控维度。壹企链平台通过“控机构、控交易、控资金、控货物、控单据”五维度来搭建风控体系：

（1）控机构：包括机构身份的线上核实，如工商税务信息、机构法人身份核实（包含人脸识别）以及法人与机构之间的关系核实。

（2）控交易和控资金主要从银行交易角度来讲，指从发起融资申请、融资审批、银行放款到企业还款，每一步的关键节点都会在区块链上记录。

（3）控货物：在质押融资品类服务里，需要关注货物进出仓库的关键节点，结合智能仓库物联网技术，确保线下仓库货物的移动与线上真实融资动作匹配一致。

（4）控单据：在验证贸易真实性当中，会验证合同真实性、发票真实性、运单仓单等，确保贸易融资每一笔交易都是依据真实的单据做到的。

3. 利用多重风控技术，实现核心企业定位“下沉”

在区块链技术出现前，只有销售额500亿元、1 000亿元以上特大型企业才会被定义为供应链里的核心企业，一些地方性的50亿元、40亿元的大企业的上下游企业往往得不到供应链资本支持。而区块链零知识证明和可授权加密技术等，可以在保护客户隐私性的同时，将原本难以验证的大量线下交易线上化，并引入物流、仓储、工商、税务等众多数据源实现交叉认证，进而解决银行与企业之间的信息不对称、贸易真实性难核验等瓶颈。与个人互联网金融类似，多重风控技术正在重新定义核心企业，推动供应链核心企业从特大型企业到大型企业的下沉。

4. 依托区块链搭建银行联盟，破解跨地区融资难题

壹企链平台依托区块链底层搭建起跨银行的贸易融资网络，通过跨地区贸易真实性验证避免跨银行多头借贷风险。同时，平台正探索构建多银行、多核心、多上下游集群的矩阵式业务模式，以提升跨供应链的信息透明度，解决跨地区融资难题。

以交叉验证技术为例，假设某企业有一个1 000万元的订单，他先拿500万元去上海的银行A做质押，再拿700万元到深圳的银行B做抵押，但它总共只有1 000万元，所以这实际上是一种重复融资。而银行间出于数据安全考虑很难做到数据共享，没有数据共享，怎么防范重复融资？此时就要用到交叉验证，在加密环境下，对加密数据进行验证。当这个企业拿700万元到深圳银行B做质押，通过交叉验证，深圳银行虽然不知道这1 000万元的订单中有多少质押到了哪个银行，但他可以知道如果拿700万元做质押一定存在重复融资。

5. 通过区块链底层对接国内外贸易平台，破解进出口企业融资难题

进出口企业过去融资就靠信用证，银行开出的信用证成本很高，因为需要抵押担保。同时信用证的额度也在下降，为中小企业进出口融资带来很多问题。而通过区块链底层技术可以连接海外和国内贸易平台，连接海外大型核心企业及国际银行、国内海量出口中小企业及相关中小银行，打通境内外、物流仓储、海关港口等平台数据，将企业、银行、监管间的数据汇集起来，多维交叉验证数据，确保跨境多方交易关系及数据真实可信。

“云仓京融”供应链金融服务运营模式

京东金融于2015年9月与中国邮政速递物流合作推出“云仓京融”金融服务，该产品通过动产质押的方式在保证风控的基础上更好地满足开放平台企业大额贷款的需求，据《京东供应链金融年度报告》数据显示，截至2023年末，京东的供应链基础设施资产规模达到1 538亿元，同比增长16%。借助数字化、智能化、规模化的供应链基础设施，让京东超过1 000万SKU的自营商品实现库存周转天数30.3天的全球领先水平。通过技术创新和场景拓展，在供应链金

融和农业金融两方面持续发展，给实体产业创造了扎扎实实的价值。京东金融的“云仓京融”运营模式如图5-4所示。

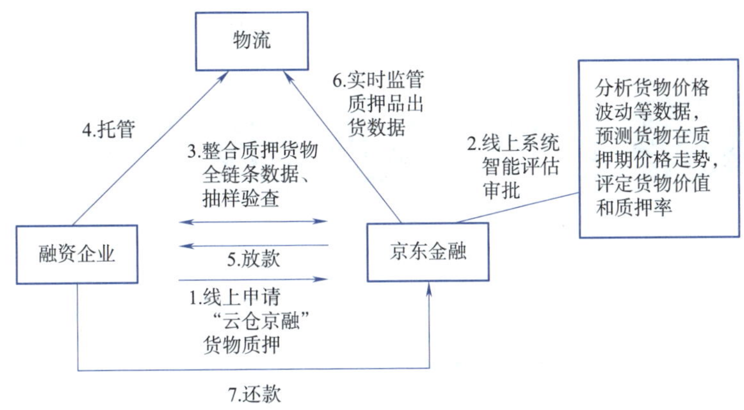

图5-4　京东金融的“云仓京融”运营模式

“云仓京融”主要在三方面具有突破性创新：一是动产预估方面，“云仓京融”模式创造性地将在售货物动产质押作为融资切入点，在大数据环境下对海量的货物SKU信息进行云计算、分析，预测融资期间抵押货物市场价格波动情况，进而开展智能实时风控评估，测算授信及利率，很大程度上解决了传统动产质押融资评估过程中的不确定性难题；二是仓储管理方面，该模式以专业仓储服务为核心，以现代仓储WMS为基础，方便快捷地获取质押货物仓储及出货数据，有效降低监管成本、提高监管效率。同时，可实现质押货物的动态进出，完全不影响客户融资期货物的正常销售；三是客户可依据实际情况选择在融资期限内随时还贷，利息以实际融资时间结算，最大程度实现客户资金使用价值最大化。

思　考　题

1. 供应链金融中大数据分析的主要方法有哪些？
2. 在供应链金融管理中，大数据能够解决哪些关键问题？
3. 在供应链金融中，大数据分析如何提高资金流和物流的效率？
4. 面对不断变化的市场环境，大数据如何帮助企业预测和应对风险？
5. 未来大数据将如何影响供应链金融的发展趋势和创新？

第六章 其他大数据金融机构与产品

学习目标

1. 理解信托业的基本概念和运作机制。
2. 掌握第三方支付利用大数据创新融资方式。
3. 熟悉众筹的基本原则和不同类型。
4. 探索和评估互联网金融门户中的作用与发展趋势。

除了银行业、证券业、保险业等主流金融机构与产品之外，包括非存款类金融形式的信托、融资租赁，以及随着互联网的发展兴起的第三方支付、众筹等的各类其他金融机构与产品作为主流金融业态的补充，为资金融通、金融市场多层次发展和产品创新发挥着重要的作用。与此同时，这些金融机构与产品既是创新的前沿阵地，也是风险的易发地。大数据的应用实践同样体现在这些金融模式中。

第一节　信托业大数据金融

一、信托概述

信托即“受人之托，履人之嘱，代人理财”，是委托人基于对受托人的信任，将其财产权委托给受托人，由受托人按委托人的意愿，以委托人的名义，为受益人的利益或特定目的，进行管理和处分的行为。信托既是一种理财方式，也是一种特殊的财产管理制度和法律行为，同时又是一种金融制度。信托与银行、保险、证券一起构成了现代金融体系。

信托公司是指主要经营信托业务的金融机构。信托公司的业务领域横跨资本市场、货币市场与实业市场，产品设计个性化强，创新点多，非常灵活。信托产品的投资主体可以是合格自然人，也可以是合格法人或者其他组织。信托财产形成的风险隔离机制和破产隔离制度，在盘活不良资产、优化资源配置中，信托具有永恒的市场，具有银行、保险等机构无法与之比拟的优势。信托公司通过制度优势、不断进行业务创新，以及产品的高收益和低风险，使其在中国财富管理和资产管理行业中异军突起，逐渐成为财富管理的主力军。

2023年3月，为了促进信托业务回归其核心职能，原银保监会通过发布新的政策法规，对信托业务进行了重新分类和界定。根据新的分类方法，信托业务主要分为资产服务、资产管理和公益慈善三大类别，具体分类详情如图6-1所示。

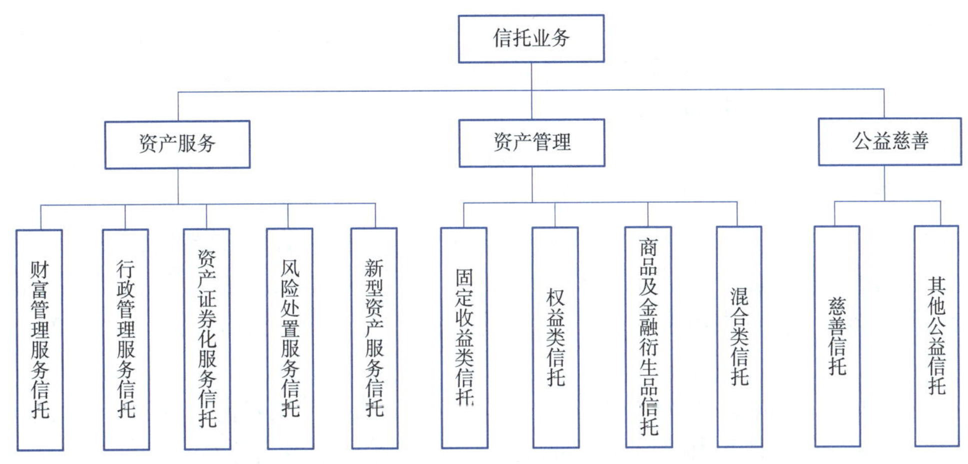

图6-1　信托业务分类

（1）信托资产规模。图6-2为2015—2022年全国信托资产规模总额及同比增速情况。整体看，信托业资产规模在统计的8年间经历了较大起伏。具体看，2017年前信托资产规模呈迅猛增长态势，并于2017年第四季度达到信托资产规模的历史峰值262 452.95亿元，该年增速高达29.81%。2018年，在“资管新规”的严格监管下，信托业的资产规模迅速收缩，同比减少35 440.32亿元，增幅约-13.5%。在经历了连续三年的负增长后，2021年信托资产规模开始回升，增幅约0.29%。

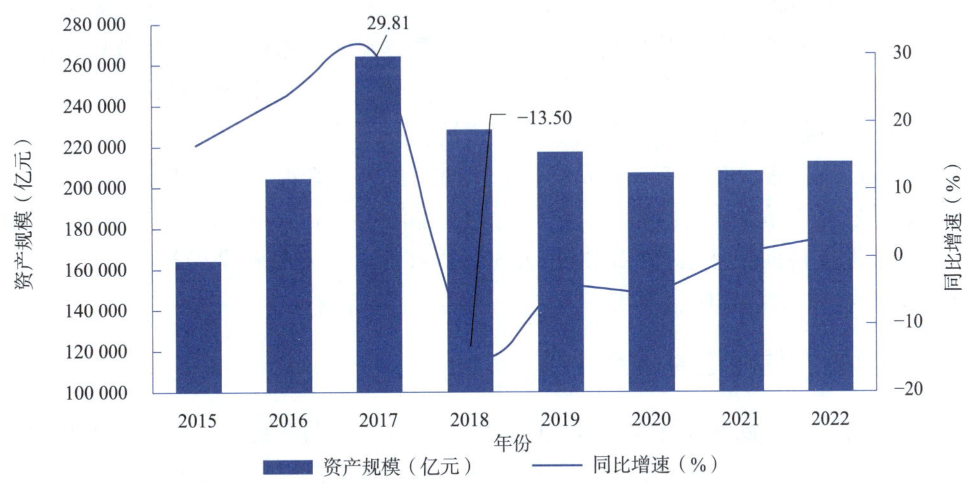

图6-2　2015—2022年全国信托资产规模总额及同比增速

（2）信托经营收入。信托业务收入构成了信托经营收入的主要来源，于2022年达到统计年间的峰值3 682 756.45万元，占比约77.78%，虽然个别年份信托业务收入占总经营收入有所下降，但均高于50%。值得注意的是，2015年，在股市急剧波动的情况下，信托业抓住了资本市场机遇，其投资收益增长1 217 545.19万元，以168.29%的增速拉动了信托总体经营收入的大幅增长。

（3）信托资产来源。从来源看，信托资产的结构发生了根本性变化。2010年第二季度，单一资金信托占比高达83.27%，而管理财产信托不足5%，其中的主要原因归结为银行通道服务，"银信合作模式"下的通道服务主要是指商业银行委托信托公司以其信托产品等方式作为通道载体，实现对商业银行的指定客户融资。正是由于发展初期银行通道服务占据了信托业务的绝大部分，故信托资产来源也呈现出高度的单一化。2019年第二季度，在监管规则的影响下，集合资金信托首次超越单一资金信托成为第一信托资产来源，且于此后稳步增长。

（4）资金信托投向。2017年第二季度，我国资金信托排名前三的投向渠道分别为工商企业、金融机构和基础产业，各自占比为26.24%、19.71%和15.82%。2023年第二季度，排名前三的投向渠道转变为证券市场债券、工商企业和金融机构，其对应占比为25.73%、24.38%和13.97%。

近几年，信托在向标品投资类业务转型的过程中，资金信托投向证券的份额大幅增长，2020年第二季度，资金信托投向债券的余额达到12 555.79亿元，约占总额的7.11%。到了2023年第二季度，这一余额急剧增加到40 392.82亿元，成为所有投资渠道中最高的，与2020年同期相比增长了220%。

信托公司利用大数据已有初步基础。在技术方面，一些传统的互联网企业、运营商开始拓展数据服务业务，通过近年来的数据资源积累，积极探索如何为金融机构提供基础的数据服务。大数据应用的技术手段也在不断进步，新兴的技术手段已经突破了结构化数据的限制，可以为客户提供更为全面的数据分析应用。在数据方面，信托业从2009年以来进入了快速发展阶段，目前管理资产规模在22万亿元左右，按照68家信托公司平均资产规模来看，每家公司管理的资产规模均超过3 200亿元。信托业务的快速发展为信托公司提供了大量的基础数据资源。信托公司业务多样化，其积累的数据资源也具有很强的多样化特征。这些为信托公司改善数据管理、引进大数据工具提供了资源基础。此外，一些其他金融机构在传统数据仓库的建设、数据的管控与治理、基于数据支撑的营销服务、基于数据分析的全面成本量化和绩效考核等领域已有非常成功的模式以及案例。这对信托公司来说无疑是非常好的借鉴。与银行相比，信托公司产品设计更为灵活、创新行为更加活跃，对大数据的诉求也更为多样。在业务发展和数据支持的相互结合中，信托公司可以在充分借鉴其他金融机构的经验基础上，创新出更适合自己的大数据应用模式。

二、大数据在信托业的应用前景

在信息化时代，大数据金融业正呈现网络化、高效率的发展趋势。其快速采集各种数据进行快速分析的优点对于金融业，尤其是信托业有着极大的作用。信托业在大数据应用方面有着非常广阔的前景，有望成为新的蓝海，它既是一种工具的创新，同时也是人类历史上认识世界方法论的一次创新，未来前景也是一片光明。对大数据在信托业的应用前景分析，也是从战略层面分析信托公司对大数据的主要需求。信托公司在转型时期核心竞争力的构成要素分别体现在产品研发、风险管理、财富管理以及运营决策几方面。

（一）产品研发与大数据

信托公司的业务领域广，产品设计非常灵活，产品类型较为丰富，不同类产品之间的组合更具空间。通过大数据手段，可以在三个方面提高信托公司的产品研发水平。一是传统业务的专业化。用投资的思维去做融资类业务，是传统业务的专业化发展方向。这就要求无论是在房地产领域，还是在地方基础设施项目上，都要用更专业的眼光去进行判断。大数据有利于传统业务沿这一方向的改造升级，如在房地产领域，通过大数据的支持，可以对项目所在城市房价走势、所在地段未来发展前景、区域人口流动及对房地产的需求、当地物价及收入水平等多因素进行全面分析，得到更为科学的结论。在地方基础设施项目方面，利用大数据对地方财政偿债能力、交易对手财务状况等作出综合判断，有利于确定项目的规模、价格等因素，进行科学的产品设计和决策。二是提高资本市场的业务能力。信托公司转型的一个重要方向是资本市场，主要业务不仅包括股票、债券等金融产品投资，而且包括定向增发、FOF（基金中的基金）、MOM（管理人中的管理人）等多个方向。在传统的金融产品投资方面，通过大数据手段，提高对金融市场走势的判断水平，有利于弥补多数信托公司在证券投资能力上的不足。在FOF、MOM等产品组合投资方面，也可以通过大数据分析，对不同的基金投资能力作出更为合理的判断。三是探索创新业务模式。在信托公司鼓励业务创新的趋势下，利用大数据的商业价值，可以进行多种新产品和新业务模式的尝试。例如，开发消费信托产品，信托公司完全可以利用大数据思维，针对其行为特征研发具体产品，这样利于风险的分散与控制。四是与其他金融机构的合作与对接，例如，通过健康大数据，开发某种保险产品，并与信托进行对接。

（二）风险管理与大数据

在经济下行阶段，信托公司的风险项目时有暴露，对风险管理的要求不断提高。通过大数据手段，可以为风险管理提供更多的先进工具。一是提高风险管理的全面性。大数据的典型特征就是海量数据资源，一方面可以通过结构化的手段对目标的特征进行描述；另一方面，在数据数量和类型足够的情况下，也可以通过非结构化手段对目标特征进行描述，后者的结论很可能超乎预料，从而发现通常可能忽视的问题。因此，通过大数据对交易对手的风险进行分析，对信托公司掌握更多更全面的风险信息将会有一定帮助。二是提高风险管理的动态性。加强存续项目的过程管理，是多数信托公司提高风险管理水平的重点。但是，信托公司项目众多，每一个项目的融资方、抵押物、担保方的情况都处于不断变化的过程中。而信托公司负责过程管理的人手十分有限，仅通过相关人员的定期调查回访，很难发现潜在的风险和问题。利用大数据，建立每一个项目的过程管理数据档案，对抵/质押物的价值变化进行动态监测，对交易对手、担保方的经营情况、资产负债和现金流等信息进行及时分析，可以提高风险管理的及时性和动态性，提高项目过程管理水平。三是提高舆情预警能力。声誉风险也是信托公司必须面对的重要风险。信托公司的舆情监测往往是事后进行，应对措施较为被动。而银行等金融机构利用大数据等手段，对舆情风险进行预警，这方面的做法已有一定探索。一些领先的大数据服务商，通过非结构化手段，研发出先进的舆情预警工具。这些先进手段有助于提高信托公司的舆情预警能力，使信托公司更为主动地化解声誉风险。

（三）财富管理与大数据

尽管信托公司拥有渠道、产品等多方面优势，但是在互联网和泛资产管理时代，提升财富管理能力成为信托公司面临的共同课题。大数据对包括信托公司在内的金融机构的财富管理业务将起到重要的推动作用。一是助力产品营销。一方面，利用大数据技术，信托公司可以更为精准地细分客户群，根据不同类型的客户，了解其投资与风险偏好，为其提供不同类型的产品，更好地满足客户需求。另一方面，对于产品而言，通过大数据分析，可以对产品进行更为全面的评级，衡量其风险与收益的匹配程度，进而对产品进行合理定价。二是助力资产配置。财富管理业务发展到一定阶段，重点将从产品营销转为针对客户需求和偏好的资产配置。利用大数据，不仅可以帮助客户选择收益率适当、风险可控的多样化产品，而且可以更准确地了解客户的风险和收益需求，为量身定制资产配置方案提供帮助。三是助力客户拓展。信托公司的财富管理业务将来有两个发展趋势：一是围绕更高净值的客户，开展家族信托服务；二是对接互联网，扩大客户范围和数量。对于后者，大数据可以在风险偏好、行为习惯等方面对客户进行更为细致的描述，帮助信托公司更有针对性地开发与维护客户。

（四）运营决策与大数据

尽管与银行、券商等机构相比，信托公司人员规模较小、管理流程较简单，但越来越多的信托公司开始重视系统建设，不断提高运营、管理和决策水平。大数据在这方面也可以发挥一定的积极作用。一是帮助信托公司及时掌握内部经营管理状况。金融机构在经营管理过程中，本身也会产生大量数据。有研究显示，银行业经营活动产生的数据强度高于其他行业，每一百万美元收入带来的实际数据量为820 GB。尽管信托公司的业务数据量远不如银行，但是运用大数据思维，对经营活动中的数据进行有效利用，可以为管理层和相关部门提供较强价值和时效性的信息，可对公司内部经营管理情况进行及时了解。二是帮助信托公司提高决策水平。大数据不仅强调多样化和海量特征，其本身的存在也代表了一定的客观性。用大数据思维和工具，对公司经营管理的各方面进行描述，可以为公司的各项决策提供客观依据。此外，大数据的即时性特征，可以将相关信息迅速传递给管理层，有利于提高决策效率。

作为大数据在信托业应用的例子，中信信托从2014年就在业务最核心的流程中引入了大数据的方法，对借款人的尽职调查采用了大数据，用大数据的方法，发现很多借款人在原来的尽职调查过程中发现不了的问题，取得了很好的效果，未来还将使用大数据的方法做信托项目运行过程中的风险监控。

三、互联网信托

互联网信托是近年来火热的互联网金融的一个全新模式，即P2B（person to business）金融行业投融资模式与O2O（offline to online）线下线上电子商务模式的结合，通过互联网实现个人和企业之间的投融资。通俗来说，互联网信托的理念为互联网金融的安全性增加了一道保障，它的设立是基于专业金融服务公司的眼光和高于金融行业的自创标准风控体系的，对借款企业进行线下的信息核实、资产抵/质押、信用评级等征信服务以及确保出资人的资金安全提供了保障。

互联网信托服务的理念起源于传统信托服务，不同于传统信托概念的是，互联网信托平台只针对中小微企业提供投融资服务。从目前中国企业融资金额需求来看，多数小微企业的资金缺口较小。因此，互联网信托平台可以面对比传统信托范围更广的大众闲置资金。传统信托的资金门槛较高，一般在百万级以上，并且投资期限也在几年以上，而大众闲置资金则有投资门槛低、期限短的特点，大众闲置资金的分配和调整相对更灵活。同时，互联网信托的透明化程度也是传统信托所不具备的，在互联网信托平台上，对借款企业与投资个人要求实名认证，对借款企业基本资料要求公开，并且对每一个项目的进行过程完全透明。互联网信托平台是信托业与大数据的另一个结合点。在开放式产品平台上，客户不仅可以获得各信托公司发行的优质信托产品资讯，还可获取证券公司资产管理计划产品、基金子公司资产管理计划产品、银行理财产品及私募股权投资产品等各类产品资讯。

互联网的介入彻底地颠覆了传统信托的运营模式，传统信托是纯线下的运营模式，受时间、空间、地域限制较多，模式单一但成本普遍较高，流程复杂，反应迟缓，而且缺乏与客户实时、有效的沟通平台，很难做到精准推介，容易失去客户。而互联网信托借助平台天然优势，随时随地与客户互动交流，准确地满足客户需求，从而利用大数据技术了解客户的真实需求，在后期实现精准营销；随时关注客户的体验反馈，通过不断的更新版本、推出新产品改进和完善客户体验；PC端和移动端提供7×24小时的服务平台、交易平台，不再受时间空间限制，能够最大限度地满足客户的理财需求。互联网信托可以发展基于大数据技术和移动互联的私人订制。大数据技术是互联网金融的一张王牌，通过大数据和云计算收集、分析客户行为，精准判断客户理财需求，借助移动互联实现每一位客户都享有私人订制的理财服务。

【案例】

互联网汽车——易鑫集团

1. 易鑫集团发展历史

易鑫集团（以下简称易鑫）于2014年8月宣布独立运营，在此之前隶属于易车网旗下的汽车金融事业部，2017年11月16日上午在香港联交所挂牌交易。从独立之后到上市之前，易鑫总共经历了三轮融资：

- 2015年2月，易鑫完成了腾讯、京东和易车网的25亿元A轮融资。
- 2016年10月，易鑫完成了35亿元B轮融资，股东增加了百度。
- 2017年5月，易鑫完成了腾讯、易车网、东方资产和顺丰创始人王卫的近40亿元C轮融资。

2. 股权结构

易鑫的招股资料显示，截至2017年11月16日上市之前，易车网合计持有易鑫51.63%的股份，腾讯直接持股24.31%（直接加间接共持股约33%），京东持股3.51%，东方资产持股1.12%。由此可以看出，在上市之前，易鑫的最大股东是易车网，其次是腾讯。易鑫集团上市后，易车网和腾讯仍是易鑫的最大股东。互联网巨头“BTJ”（百度、腾讯、京东）和易车网一起合力为易鑫提供数据支持。

3. 商业模式

易鑫集团的业务主要由两部分——交易平台业务和自营融资业务组成。交易平台业务包括贷款促成服务和广告与其他服务两种。前者收入主要来自于消费者贷款购买汽车时支付的服务费；后者收入主要是向在平台投放广告的汽车制造商、汽车经销商、汽车融资合作伙伴及保险公司收取的广告费，向汽车经销商收取有关推广服务的服务费。自营融资业务包括融资租赁服务和其他自营服务两种。前者主要是给消费者提供购车贷款，从中赚取利息收入；后者主要是给消费者提供租车服务，从中赚取租赁费以及给汽车经销商提供网络销售渠道，并从中赚取渠道费用。

根据易鑫集团2023年年报数据，2023年公司实现收入66.86亿元，同比增长28.54%；实现净利润5.55亿元，同比增长49.66%。

第二节　融资租赁业大数据金融

一、融资租赁概述

融资租赁又称设备租赁或现代租赁，是指出租人根据承租人对租赁物件的特定要求和对供货人的选择，出资向供货人购买租赁物件，并租给承租人使用，承租人则分期向出租人支付租金，在租赁期内租赁物件的所有权属于出租人所有，承租人拥有租赁物件的使用权。租期届满，租金支付完毕并且承租人根据融资租赁合同的规定履行完全部义务后，对租赁物的归属没有约定的或者约定不明的，可以协议方式补充；不能达成补充协议的，按照合同有关条款或者交易习惯确定，仍然不能确定的，租赁物件所有权归出租人所有。融资租赁是集融资与融物、贸易与技术更新于一体的新型金融产业。融资租赁相比银行贷款主要有以下四个方面的优势：

（1）融资额度。银行贷款受国家宏观调控及央行信贷政策的影响较大，而融资租赁的融资额度依客户资质条件和设备价值决定，额度范围较大。

（2）融资期限。银行一般以一年期以下流动资金贷款为主，融资租赁最长可为3年。

（3）还款方式。银行还本方式较为单一，融资租赁可提供灵活的分期付款方案。

（4）担保方式。银行一般要求不动产抵押或经审核的第三方担保，融资租赁主要依客户资质条件灵活决定，一般用购买的租赁物抵押。由于融资租赁融资与融物相结合，出现问题时租赁公司可以回收、处理租赁物，因而在办理融资时对企业资信和担保的要求不高，非常适合中小企业融资。

融资租赁的出现解决了部分企业融资难的问题，在解决信息不对称、降低融资成本、升级产业结构、更新设备等方面具有很大的优势。正因如此，融资租赁对适应经济新常态、推进供给侧结构性改革、契合实体经济转型发展、优化资产结构、完善金融体系建设意义重大。我国的融资租赁业主要分为三种类型，分别为金融租赁、内资型租赁和外资型租赁。近些年，融资租赁业务发展速度较快，发展形势良好。2021年我国融资租赁业合同余额达到2.2万亿元级别，规模不容小觑。目前，我国融资租赁市场已成长为全球第二大融资租赁市场，仅次于美国。

考察当前融资租赁中存在的普遍问题，主要有：中小企业对融资租赁业务认识不足，普遍还不接受这一融资模式；尽管融资租赁规模增大，但大多集中在规模较大的企业，而在中小企业中的渗透率偏低；面对范围越发广泛的中小企业的租赁需求，传统融资租赁公司对每个企业的风险控制能力有限；承租企业可能因为信息不对称获得租赁合约后却无能力偿还；融资租赁公司市场竞争增多，自身规模不足，竞争优势弱等。就这些问题，通过互联网与大数据的应用，可以逐步规范交易市场，优化资源配置，更有助于建立一整套良好的信用体系以及金融体系，从而使中小企业在融资问题上愈发便利。利用互联网信息透明、信息共享的特点，通过合理的大数据整理、云计算分析，高效整合社会各方资源，为当前融资难、融资贵的中小企业提供一整套金融服务方案，建立起风控模型，更好地融合物流、资金流、信息流，切实保证该金融平台的各参与方利益均沾、风险共担。

目前大数据与融资租赁业的融合也日渐显现，主要集中于融资租赁企业的风险管理和行业分析等方面。

二、融资租赁业大数据风险管理

风险管理是融资租赁业的重中之重。融资租赁很大程度上服务于中小微企业。中小微企业风险特征差异大、审批时效要求高，单量小、花费大，如果不借助科技手段，耗时又耗力，风险收益也不能相匹配。融资租赁公司需要有效地了解承租人的融资需求，引导承租人进行信息披露，了解承租人、供应商的信息，能够将承租人的信息（客户信息、信用信息）借助于互联网渠道公布给投资人一端，通过互联网信息和大数据技术多方位全面分析客户的资料，识别项目风险，为投资人遴选出优质项目，并对企业的相关信息进行动态跟踪分析。例如，对企业经营情况、销售情况、资产负债率、流动比率、速动比率、应收账款周转率等重要动态指标进行监控，在项目周期内对监控指标进行实时预警分析。利用大数据的相关性，对企业所在的行业进行风险性分析。利用相关风险控制模型对大数据进行深入的挖掘分析，建立起行业内认同的信用等级机制，实现信用审核标准化。形成一定体系后，只需通过计算机内成熟的体系计算并定期对计算体系作出合乎时宜的调整，便可以大大减少操作失误带来的人为风险。形成体系后的互联网融资租赁模式可以长期为中小企业带来实质性的便利，为融资租赁公司带来安全可靠、低风险的收益。

三、融资租赁业大数据行业分析

大数据技术在行业分析方面发挥着行业指引投放的作用。对融资租赁业而言，行业周期分析主要有两个方面：一是产业本身盈利能力的周期；二是设备更新和添置的周期。前者是还款付息的保证，后者是业务的来源，两者并不同步，甚至有先后因果关系。尤其是对于传统行业，产业的利润好，会带来更多的设备更新和添置，继而将产业利润降低，然后设备更新和添置率降低，如此循环。因此，通过行业数据库分析预测成本、单价、利润率、需求量等重要指标的走势，可以有效地预测客户未来的经营状况，识别特定的风险。

【案例】

融资租赁业务与星象大数据风险管理平台结合

国内企业反欺诈领域的概念先行者之一——星象风险管理平台（以下简称“星象”），在金融大数据风控领域积累了经验。通过输出客户所关心公司的“星象”，赋能融资租赁企业，使其具备“信息收集、欺诈识别、经营分析、失信预测、租后监控”等智能管理能力，帮助融资租赁企业克服信用风控痛点。以融资租赁业务与星象结合实施的场景为例，说明如何利用智能数据平台做好信用风险防控。

融资租赁业务基本实施流程如图6-3所示，流程考察核心为企业还款能力与还款意愿。融资租赁业务与星象的应用结合可以从租前准入时的企业信用风险评估，租中评审时的企业还款能力评估和租后管理的企业资产追溯对业务进行风险控制。

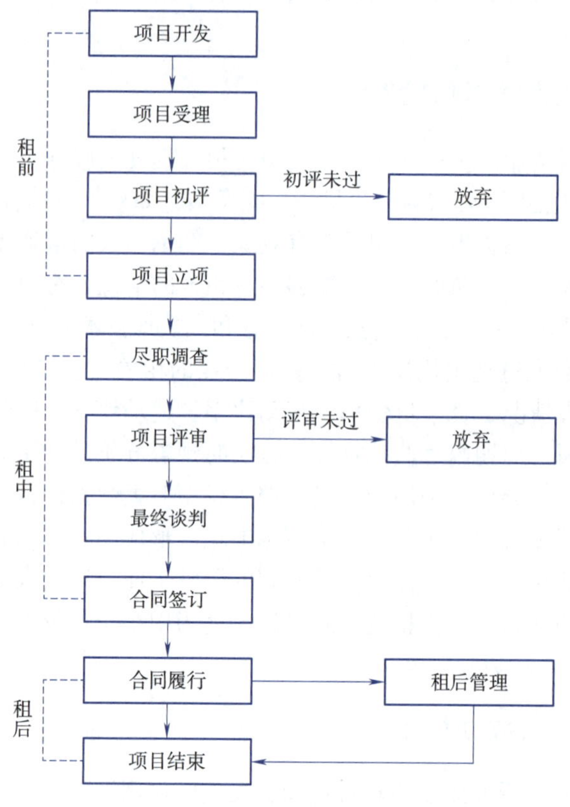

图6-3 融资租赁业务基本实施流程

1. 租前准入：企业信用风险评估

作为租赁业务的第一关，在这个环节，主要解决信息收集难、效率低的难题，从而提升业务覆盖率和反欺诈能力。

通过星象“企业信息报告”工具，可一键获得主体企业工商登记、司法涉诉、新闻、招聘等信息，了解目标客户的基本情况，有备无患。同时，还可启用“企业反欺诈”工具进行四重风险扫描，帮助项目经理在准备尽调任务计划时做到提前布局、有的放矢。

作为前置风险控制的重要环节，出租方还要关注租赁资产价值、关联交易背景等方面。其中，关联交易可以通过“关联网络图”对承租方进行关联性分析，抽取出符合股权投资、共同高管任职、疑似关联等特征的企业，同时根据个人高管身份防重名技术保障关联关系的准确度。

2. 租中评审：企业还款能力评估

以制造业为例，对企业信用等级评定主要考虑六大维度：一是企业基本素质，二是财务结构，三是偿债能力，四是经营能力，五是经营效益，六是发展前景。针对企业的基本素质，在第一个阶段基本已完成，而高管真实学历、重大违法等敏感信息在获得被查询人授权后，则可通过“高管个人背调”工具进行核验。考虑到调查面临的实际问题，也可仅需输入被查询人姓名+身份证号，启用“个人老赖核验”工具输出该个人的网贷老赖、失信、被执行记录。

对于财务结构、偿债能力、经营能力、经营效益，均是通过融资企业提供的财务数据进行分析，风险管理部门通常会结合其他来源的财务数据进行合理性分析。“企业经营分析”工具，能获得企业过往几个年度的具体资产负债状况（含动产融资、土地抵押、股权质押等）、损益状况和现金流状况，从而可以输出成长能力、盈利能力、营运能力等分析性指标，给租赁公司的风控人员以合理的参照指标，如企业提供的财报与核验数据相差超过一定的偏差以上，则可能代表有一定潜藏的信用风险。

针对中大型企业作为债务人的情况，“发债主体量化分析”工具可以通过采集资本市场的债券数据和公开财报，采用资本市场定价模型进行科学建模，输出一年期预期违约概率，形成一定的评级结果，并进行关注或高危类智能预警。

3. 租后管理：企业资产的可追溯

融资租赁业务周期长、重资产，是一种长期风险投资，对于租后的监控及检查需求很高。“智能风险监控”工具可以说是为其量身打造的，实时监控目标企业的股东、高管、经营状况、负面舆情的变动情况，自动添加关联，依据模型指标智能判断其生产经营是否正常，并根据用户的自定义风控规则智能化预警。除此之外，移动现勘功能也特别贴合租后管理的现场检查需求。

第三节　第三方支付大数据金融

一、第三方支付概述

根据2023年12月中国人民银行《非银行支付机构监督管理条例》中规定，非银行支付机构是指在中华人民共和国境内依法设立，除银行业金融机构外，取得支付业务许可，从事根据收款人或者付款人（统称用户）提交的电子支付指令转移货币资金等支付业务的有限责任公司或者股份有限公司。因此第三方支付狭义上是指具备一定实力和信誉保障的非银行机构，借助通信、计算机和信息安全技术，采用与各大银行签约的方式，在用户与银行支付结算系统间建立连接的电子支付模式。从广义上讲，第三方支付是指非金融机构作为收、付款人的支付中介所提供的网络支付、预付卡、银行卡收单以及中国人民银行确定的其他支付服务。

第三方支付的产生源于以阿里巴巴、京东为代表的电商金融和以百度、谷歌为代表的科技公司从事互联网金融业务。第三方支付已不仅仅局限于最初的互联网支付，而是成为包括话费充值、转账、生活缴费、信用卡还款、城市公交卡充值、线下餐饮支付、线下商超零售、团购、日常出行订单、景点门票、旅游、境外购物、个人健康护理、票务、网购支付、线上休闲娱乐预订、线上航旅产品预订、游戏充值、互联网消费金融、基金申购、保险购买、小额网贷等线上线下全面覆盖、应用场景更为丰富的综合支付工具。

目前，第三方支付的使用频率和发展速度已经远远超过以商业银行为主体的网络支付。中国支付清算协会发布的《中国支付产业年报2022》显示，2021年，我国网络支付业务规模继续保持增长态势，交易笔数和金额分别较上年增长16.32%和8.25%。2021年，我国银行机构共处理网上支付业务1 022.78亿笔、金额2 353.96万亿元，分别是2012年的5.32倍和2.86倍。在各类支付中，移动支付业务量增长迅速。2021年，国内银行处理的移动支付业务笔数和金额则分别是2012年的282.67倍和228.13倍。第三方支付在线下线上场景当中积累起海量用户数据，这些数据包括很多方面，比如用户的基本特征、个人信用、风险偏好、出行路线、品牌偏好、消费行为、综合账单等信息，这些信息实际上构成了用户大数据。第三方支付通常与各种交易和行为习惯相联系，这使第三方支付平台积累了海量结构化和非结构化的数据。

二、第三方支付平台依托大数据开创新融资方式

第三方支付平台不仅提供支付服务，还推出了信用贷款、信用卡还款、消费分析、理财基金投资等服务，其中，个人信用支付和企业信用贷款的方式切入融资领域，引领金融系统进入依据用户支付信息进行金融服务的新时代。基于所积累起来的大数据，第三方支付平台为客户提供的这些新金融服务更加具有个性，能够更好地满足客户的需要。

比如，我们可以使用微信钱包来对信用卡进行还款，还可以设定每月在固定的时间对信用卡进行自动还款。除此之外，微信钱包还提供微利贷借钱，这种小额信用贷款合同与商业银行所提供的贷款不同的是速度快，在几分钟之内就能够迅速达成额度为500元~30万元的借款，不需要提交任何纸质材料，无须抵押和担保，且不问资金具体用途。这是因为第三方支付平台公司利用它在前期积累起来的大数据在消费者提出贷款需求之前已经基于客户的历史支付信息和个人信息进行了授信，所以一旦客户发起了借款需求，资金就可以很快到账。微粒贷采用按日计息方式，日利率为0.02%~0.05%，一万元一天的利息为2~5元，随借随还。

此外，第三方支付机构为小微企业提供的融资服务，不需要小微企业提供大量的资产抵押，并且能够实现跨产业链的资金融合，在缓解中小企业融资难方面发挥了重要作用。现在看来，支付公司开展融资业务是一个自然而然、水到渠成的过程。第三方支付企业积累的大量行业客户和个人用户的资料和交易行为信息，在数据规模和质量上要优于银行的支付流水以及信用卡还款记录等数据，而且单家企业的数据集中度很高，也可辐射多个行业。这种金融业务的开展基于精准的客户信息，贯穿着互联网创新精神，与传统金融机构的授信基础截然不同。

三、第三方支付大数据征信

第三方支付创新融资模式对居民日常生活和小微企业经营带来的改观是显而易见的，这得益于第三方支付平台积累的大数据，第三方支付平台通过这些信息资源转化为商品，并通过各种风险模型自动快速地分析客户资料、行为，实现对客户授信并满足客户的需求。

如芝麻信用、腾讯征信，从第三方支付平台公司的视角来看，这些主要是基于公司私有数据库对客户个人的征信，属于民营征信体系的部分，是对现有国家征信体系的有益补充。中国目前征信体系中，央行及央行控股征信体系属于公共征信体系。在当前社会经济发展需要完备征信体系的背景下，征信系统的相互共享融通是发展趋势，也是我国创新社会管理的重要内容之一。第三方支付平台涉及的征信系统数据有三方面的特点：

（一）征信对象数据覆盖面广

中国人民银行坚持“政府+市场”双轮驱动，培育征信市场全方位、多层次满足社会需求。而第三方支付机构在解决中小微企业特有的商业信用信息共享难、财务信息不透明、财务制度执行不严、信用意识不强等因素所引发的融资难问题方面，与中国人民银行征信系统互为补充。第三方支付机构通过自有渠道及系统优势可获取以POS机具和网络支付接口付款为主要收款方式的中小微企业的经营状况，依靠大数据和云计算等新技术建立中小微企业分级信用评级指标体系和各类数据库，着重做好中小微企业和个人金融信息的补充工作。第三方支付平台用户覆盖面十分广泛，对他们在网络上留下的踪迹进行数据挖掘及分析，能够有效补充目前征信体系的状况，让更多的人得到完善的金融服务。

（二）信用信息更加多维

原有征信记录主要利用了信用属性强大的个人信息加信贷记录，一般采用20个维度左右的数据，利用评分来识别客户的还款能力和还款意愿。信用相关程度强的数据维度为十个左右，包含年龄、职业、收入、学历、工作单位、借贷情况、房产，汽车、单位、还贷记录等，金融企业参考用户提交的数据进行打分，最后得到申请人的信用评分，依据评分来决定是否贷款以及贷款额度。其他同信用相关的数据还有区域、产品、理财方式、行业、缴款方式、缴款记录、金额、时间、频率等。而互联网上的行为记录非常多，可以用大数据方法计算互联网上成千上万的变量，将更多信用记录以外的信息纳入征信体系，丰富传统信用信息的数据维度。首先，利用信用属性强的金融数据，判断借款人的还款能力和还款意愿，其次，利用信用属性较弱的行为数据进行补充，一般利用数据的关联分析来判断借款人的信用情况，借助数据模型来揭示某些行为特征和信用风险之间的关系。第三方支付平台征信都是利用多维度数据来识别借款人风险。同信用相关的数据越多地被用于借款人风险评估，借款人的信用风险就被揭示得越充分，信用评分就会更加客观，更接近借款人的实际风险。常用的来自第三方支付平台的征信信息包括姓名、手机号、身份证号、银行卡号、家庭地址、人脸识别等身份验证，提交信息的欺诈识别，申请人在各个环节线上申请行为的欺诈识别，老赖黑名单和灰名单识别，移动设备的位置信息、设备安装的应用活跃度的欺诈识别，消费记录评分，参考社会关系的信用评估，借款人社会属性和行为的信用评估等。

（三）数据的实时性

大数据的主要特点是存量大和实时性，大数据不再是离线的事后分析数据，而是在线实时的互动数据。如果某个人有违约行为记录，会立刻被计算出来，使当前业务的快速决策更加有效，从征信的部分维度中可以感受出实时性的特征。

【案例】

腾讯基于大数据的微信支付分

微信支付分是对个人的身份特质、支付行为、使用历史等情况的综合计算分值，为用户提供更简单便捷的生活方式。用户可以在（“微信”→“我”→“服务”→“钱包”→“支付分”）中查看分数和使用记录。支付分已覆盖共享租物、出行交通、购物娱乐、生活服务、住宿预订等超过1 995个服务。

1. 发展历史

（1）测试阶段：2018年10月开始，部分微信小程序开始接入微信支付分，部分广东地区的用户在使用“小电充电”等共享充电宝服务时，可以开通微信支付分，分值550分以上即可免去押金。此时，微信支付分尚未有独立的入口，而是依附于特定的消费场景。

（2）正式上线：2020年6月，微信支付分正式上线，并在一年内用户数突破1亿。它被比喻为用户的“第二张身份证”，强调在商业和生活中提供信任基础。此后，微信支付分的应用场景逐渐丰富，下沉市场的用户增长迅速，显示了其在年轻用户群体和非一线城市中的广泛普及。

2. 应用现状

（1）应用场景多元化：微信支付分的应用场景继续扩大，涵盖了更多领域，包括住宿、出行、公共服务、在线购物等，为用户提供免押租赁、信用消费、快速过闸等多种便利服务。

（2）用户规模提升：用户基数持续增长，微信支付分凭借微信庞大的用户群和社交网络优势，加深了市场渗透率。微信支付分已成为衡量个人信用的一个重要指标，影响着用户在各类服务中的信用权益。

（3）技术与数据安全升级：随着数据隐私保护意识的增强，微信支付分在保障用户信息安全的同时，不断优化算法，确保信用评估的准确性和公正性。在技术层面，通过机器学习等先进手段，提升信用评估模型的效率和精确度。

（4）政策与合规性加强：近两年来，随着国家对金融科技监管的加强，微信支付分也更加注重合规运营，确保服务符合监管要求，保护消费者权益，同时积极响应政府构建诚信社会的号召。

（5）竞争与合作：在与支付宝芝麻信用等同类产品的竞争中，微信支付分持续探索差异化服务，同时也寻求与更多商户和服务提供商合作，拓宽信用服务生态。

微信支付分由腾讯公司基于其微信App打造，是一种个人信用数字化体现。微信支付分致力于通过大数据进行详尽的信用评估，为用户拓展广泛的信用服务领域，打造生活便捷性。它的设计旨在依据用户全面的信用状况分析，提升支付环节的流畅性，并通过融入多样化的生活场景，带来更加高效与贴心的服务体验，从而使个人信用转化为实际的生活便利和支付优化。

第四节　互联网消费金融

一、互联网消费金融概述

当前，消费已成为我国发展的重要增长动能，大量互联网消费平台，如电商消费、信贷、电子阅读等产业大面积兴起，促进了中国经济发展的多元化，同时快速便捷的消费方式大大激发了消费者的消费热情，推动中国经济转变为高效的增长方式。2022年，我国互联网消费金融行业助贷放款规模为15.6万亿元，占比74.4%；助贷余额规模为3.8万亿元，占比61.3%。

消费金融是指为满足个人或家庭对最终商品和服务的消费需求而提供的金融服务。互联网消费金融是"互联网+消费金融"的新型金融服务方式。互联网已经广泛地渗入社会生活各个方面，改变了传统经济活动模式，金融也不例外。新型金融服务方式，为消费市场注入了新的活力，通过适应年轻消费群体的消费观念和方式，以及提供更加灵活的消费贷款产品，加速了消费市场的创新和升级。

在信息技术不断发展和互联网金融体制的不断改革创新中，中国新一代的互联网消费金融主要有以下三个特点：

（1）依托供应链，构建线上消费体系。互联网消费金融的主要特征是冲破了传统地域的约束，以企业自有供应商或其供应商为基础，逐步进入教育、医疗等多个消费应用领域，从而达到更广泛、更方便、更精准的商户覆盖率。再利用分期付款的方法缓解了客户需求和即时购买能力之间的冲突，并带来了更多的消费需求。

（2）风险控制，搭建风险分析系统。风险控制让小额消费服务变得更加便捷和快捷。新型技术将广泛应用在审核效率、模块使用及风险辨识上。与传统的金融技术相比，将大大提升网络消费。电子金融服务风控系统在贷前、贷中的风控水平，做到了小额授信即时审批，同时能实现流程前期、中期实时的欺诈风险辨识，并及时中断授信。

（3）激励协作，推动多方共赢。较大规模的网络消费机构逐渐关注政府金融监管风险，积极争取满足政府监管部门在准入、合规等方面的标准，并积极争取行业牌照，有效防控法律风险，进一步提高融资资质。同时，深入与银、证、保、信商户密切协作，促进消费者、商家、金融机构、互联网公司各方的共赢。

二、中国互联网消费金融发展趋势

（一）发展历程

（1）概念出现阶段：2009年，中国第一次提出了消费金融的概念。在中国银监会颁布了《消费金融公司试点管理办法》后的第二年，几个地方商业银行开始陆续实行，北京银行、成都银行、中国银行等是当时主要的发起人。

（2）初步发展阶段：2013年，消费金融的试点范围逐渐扩大，同时对消费金融企业的进入限制有所放宽。2014年，京东白条出现在大众的视线中；随后，天猫分期突如其来，这两大颠覆性事件意味着大中型电子商务平台宣布涉足消费金融行业，消费电子商务逐步形成一股强有力的能量。

（3）迅速发展阶段：2015年6月10日，在国务院常务会议确定将消费金融试点扩及全省范围后，对消费金融服务的限制破冰。2015年9月21日，中国业内第一家专注二手车和3C消费分期业务的网络消费金融公司——美利金融宣布上线，并成为极受欢迎的消费金融公司，在互联网消费中突起，成为很多消费者的首要选择。此时，互联网消费金融市场处在一个不稳定的拐点，这也是一次巨大的转折。

（4）加速转型阶段：2020年以来，中国数字经济的快速增长推动着服务消费方式升级，基于人工智能、大数据分析、云计算等与数字科技相关的服务消费将转移至云端，互联网医院、云课堂、云展、远程办公等进入大众视线，特别是在互联网银行和城市商行、农村商业银行，此类消费金融业务借助其外拓平台实现快速增长。

（二）发展模式

互联网消费金融在发展过程中逐渐细分成不同的发展模式，主要包括五大类。第一类是银行模式，传统银行如工商银行也开启了互联网消费业务，尤其是新出现的互联网银行，如“网商银行、微众银行”等，通过自建网络平台或者依托第三方电商平台向用户提供消费金融活动，没有实体的店面。第二类是电商模式，这类电商金融消费平台通过自身互联网销售平台向客户提供消费金融服务。第三类是消费金融公司模式，如“苏宁消费金融”等。第四类是互联网消费金融平台模式。第五类是垂直细分平台模式，这一互联网金融发展模式通过自建网络平台为用户提供某个垂直细分领域的消费金融服务，如“去哪儿”等。对这五类互联网消费金融平台之间具体的比较见表6-1。

表6-1　互联网消费金融模式比较

维度	银行	电商	消费金融公司	互联网消费金融平台	垂直细分平台
代表机构	工商银行、中国银行	阿里、京东	苏宁消费金融、马上消费金融	人人贷	去哪儿、携程网
客群覆盖	信用记录优良的企业与消费者	面向人群广泛，主要针对网购人群	覆盖消费能力较高的人群，包括公司白领或者蓝领	主要面向互联网借贷人群	面向特定人群，有针对性的场景用户覆盖
资金成本	资金来源于吸收的存款，成本低、来源稳定	资金来源于股东资金以及私募、小贷等，资金成本高，自身资金实力雄厚	资金来源于股东资金、金融机构间拆借以及小贷等，资金成本高于银行	资金大多数来源于第三方，如股东资金等，资金成本较高	自有资金、信托贷款等
业务模式	通过自建网络平台或者依托第三方电商平台合作向用户提供消费金融活动	通过自身互联网销售平台向客户提供消费金融服务	通过自建网络平台或者与第三方电商平台合作向用户提供消费金融服务	通过自建网络平台为用户提供消费金融分期服务	通过自建网络平台为用户提供某个垂直细分领域的消费金融服务
审批模式	成熟的征信及审批模式，但效率较低	掌握用户的消费数据，可借此完成审批并开展征信业务	风险容忍度略高，审批程序比银行更有效率	线上和线下一体化的风控和审批	线上和线下一体化的风控和审批

（三）发展趋势

1. 消费场景化

过去，很多公司的盈利模式都是为了迎合顾客的需要来获取利润；现在，转变为公司和一个顾客在特定时间、特定场所、特定场景下一起提供服务的模式。对于新兴的金融，基于消费场景的体验，往往更能让消费者满意。此外，由于个人消费贷款是与实际生活场景相结合来吸引贷款需求的，因此贷款目的更清楚，反诈骗审核工作也更细致。

2. 细分化和垂直化

细分化和垂直化在网络消费的大趋势下更加清晰，传统的消费金融产品针对各类群体的各种消费产品也变得更加细致，而多元化的垂直化也推动着产品的更新与完善，使得不同行业都出现了更为专门的网络消费金融。

3. 普惠性和覆盖性

移动互联网科技运用到消费金融服务方面，增加了商户覆盖面积，价格也更加实惠利民，不仅深入人们日常生活消费的各个角度，还涉及众多的用户人群，尤其是如支付宝学生优惠等。

根据中国互联网消费金融公司的历史统计资料表明，2022年末，金融机构人民币各项贷款余额213.99万亿元，同比增长11.1%；全年人民币贷款增加21.31万亿元，同比增长1.36万亿元。网络消费的生活方式也逐渐被广大用户认可，从目前来看，消费金融市场行业将会成为一个新兴领域。

【案例】

基于社交大数据的互联网信贷企业Kabbage

Kabbage公司2009年创立于美国亚特兰大市，是一家互联网信贷机构，该公司成立的初衷是为填补信贷危机中的借贷空缺。起初它只是一家专为小型网商提供营运资金支持的网络平台，如今它已发展成为面向企业和个人的在线贷款平台，但网络电商市场仍然是其主要业务和最大特色。

Kabbage是大数据信贷的先驱之一，一直以“7分钟放款”的口号闻名。Kabbage平台通过上百个渠道收集信息，评估客户的信用状况是否合格，从而决定是否发放贷款，已经为200 000多家企业提供了超过80亿美元的资金。Kabbage在6轮股权融资中筹集了4.89亿美元，在10轮债权融资中筹集了19.62亿美元，估值超过10亿美元。

Kabbage基于电商的经营情况、在社交网络上与客户互动情况等信息开发了一套信用评级体系，即KabbageScore，它是第一家将社交网络分析纳入信用评价的金融服务机构。KabbageScore主要实现了三大决策服务：一是与传统的第三方信用评级机构的信用评分相比，KabbageScore可随时根据最新信息进行动态调整，能更好地动态反映网商的经营状况；二是依据KabbageScore的信用评估结果，由后台系统自动完成决定是否授信，以及授信额度、利率和期限；三是利用KabbageScore，Kabbage的放贷可以实现高度定制化，可针对申请人的需求制订个性化方案，如根据申请人的经营情况、贷款目的自动调整贷款额度、期限和利率。通过这种独特的信用风险评分模型，可以在短时间内作出放款决策，这样的商业模式受到各大网店店主的好评，同时也快速占领市场，Kabbage也迎来更长远的发展。

Kabbage公司对电商数据的共享或读取是通过取得授权的账户关联来实现的，数据具有标准化、时间序列化的特征，并通过互联网直接传送。公司通过社交网站了解网商如何与客户进行沟通，货物如何在UPS上销售，或者如何利用Quick Books进行财务管理，最终根据电商在网上销售历史和网络评论来帮助评估可以给网商提供多少贷款。Kabbage为小微企业打造了灵活的经营性贷款产品，额度最高25万美元，20万美元以内的贷款申请已经实现了线上自动化，可在几分钟内完成批核，20万~25万美元之间则需要小微企业主动提交更多资料和经营信息，经人工处理后才能完成审核。

Kabbage贷后监控的核心是通过多重数据交叉验证（特别是支付账户的现金流向数据）了解网商的真实经营情况。Kabbage做到了对网商销售情况和资金流向的实时掌控，能在第一时间对现金流紧张的网商作出预警，提高关注级别。Kabbage如果确认某商户有支付困难，可以从该商户的支付账户转回部分现金，并采取不再予以授信的惩罚性措施。同时，Kabbage对拖延还款设立了惩罚机制。在还款日，如果支付账户中没有达到规定的月度还款额，Kabbage通常会收取35美元作为延迟费用，同时保留向其他追贷机构报告的权利。如果商户从第一个还款日就开始拖延还款，Kabbage会将该商户视作不诚信，并交由公司法务部门处理。Kabbage坏账率大约在1%，低于美国银行业5%~8%的平均水平。

Kabbage通过商业预付款形式实现借款，并且收取费用。商业预付款与贷款有着本质上的区别，预付款将营业收入的某个固定比例作为提供预付款的费用，相当于将企业未来收入提前透支给予借款，当企业的经营状况不佳时，支付给预付款提供方的偿还金额也相应缩减。这给企业提供了更为灵活的空间来管理现金流。支撑着Kabbage进行借款的机制来自于它内部大数据的处理，其放款决策的核心竞争力来自于它初期就申请专利的数据挖掘技术。

Kabbage的Social Klimbling商家信用评分体系，其实现方式是将网商申请的Kabbage账户与其已有的社交网络链接，把社交网络信息数据引入到商家信用评分体系，经过Kabbage后台的分析，迅速生成对该网商申请资质的评估结果。Kabbage认为频繁的客户接触意味着成功，Kabbage不只是空谈客户接触的重要性，而是将网商在其社交网站上建立、维护客户关系的行为进行量化和利用，其结果也证明将社交网络数据纳入贷款资格考量是一个新颖且有效的措施。Kabbage发现，如果某网商将其社交网络的数据链入Kabbage，则该网商拖欠款项的可能性要降低20%。

综合来看，利用大数据平台可以开发贷款产品、建立评价机制、降低贷款成本、控制小微贷款风险、解决借贷双方信息不对称等问题，与此同时，大数据对个人信息的大量获取导致了数据安全和隐私保护问题，包括数据的权属问题，这些都需高度关注，基于大数据开发的金融产品和交易工具也对监管部门的监管体系和框架提出了一定挑战。

第五节　众筹大数据金融

一、众筹概述

众筹即大众筹资或群众筹资，由发起人、跟投人、平台构成，是一种向群众募资以支持发起的个人或组织的行为。一般而言是通过互联网、社交网络或专业平台发布项目信息，以此吸引网络用户对项目的关注，从而使项目需求方（融资人或项目发起人）获得必要的资金援助、渠道支持和营销推广，因此也称为网络众筹。群众募资被用来支持各种活动，包含灾后重建、民间集资、竞选活动、创业募资、艺术创作、自由软件、设计发明、科学研究以及公共专案等。众筹模式的兴起打破了传统的融资模式，所有人都可以通过该种众筹模式获得从事某项创作或活动的资金，使融资的来源者不再局限于风投等机构，而可以来源于大众。据尚普咨询集团发布的《2023中国众筹行业发展白皮书》显示，中国众筹行业近年来呈现出快速发展的趋势，截至2023年1月中旬，我国在运营状态的众筹平台共有444个，股权众筹平台有约200个，占总平台数的45%，权益众筹型平台有约100个，占总平台数的23%，回馈众筹型（产品众筹）平台有约80个，占总平台数的18%，综合众筹型平台和公益众筹型平台各有约20个，占总平台数的4.5%。在2019年，我国众筹市场规模就达到了1 126亿元，较上一年度增长59.4%。2020年，众筹市场规模有所下降，但仍比2019年同期增长11.9%。预计到2025年，中国众筹市场规模将达到2 500亿元左右。世界银行报告预测2025年众筹全球总金额将突破960亿美元，亚洲占比将大幅上升。

众筹最初的目的是帮助有梦想、有创意的人快速实现筹集资金，现在目的差不多，但形式丰富起来。众筹按回报模式不同分为股权型、债权型、公益型、奖励型、物权型及综合型众筹等。众筹有明显的操作门槛低、形式种类多样、良好的传播性、大众参与的特点：

（1）操作门槛低。网络众筹的发起条件很低，任何个人、企业或组织都可以按照自己的需求发布融资需求，小额分散成为众筹融资的主要特点。新型创业公司的融资渠道不再局限于银行、私人股权投资和风险投资形式。

（2）形式种类多样。网络众筹不仅包括新产品研发、新公司成立等商业项目，还包括科学研究项目、民生工程项目、赈灾项目、艺术设计等，这也催生了一大批垂直化众筹网络平台，各种众筹的回报类型也大不相同。

（3）良好的传播性。自从互联网2.0至今，网络信息得到了极大丰富，信息形式也变得种类繁多。众筹项目里，用户可以自主定制化生成所需要的传播内容，发起人不仅可以通过众筹平台充分展示项目信息，还可借助社交网络、专业媒体平台等渠道，借助不同工具和信息载体，充分展示和传播融资需求。

（4）大众参与。大众参与是众筹项目操作门槛低的延续，充分诠释了互联网金融普惠性的根本特性。一方面，不具备传统融资渠道融资能力的个人和企业可以通过众筹为自己的项目开展融资活动；另一方面，也使网络大众可以轻松参与网络众筹的投资，并获得投资收益。

众筹的融资一般来说是小而分散的，同时也是广泛而大众化的，只有足够多的投资人及广泛的市场参与才能够保证项目的成功募资。

传统意义上的众筹仅仅只是将互联网技术加入了进来，并没有太多其他技术的参与。而随着众筹功能的不断拓展，更多新的技术开始加入到众筹领域之中，从而大大提升了众筹的既定印象。通过将大数据、区块链、智能科技应用到众筹领域之中，一方面，可以让传统的众筹回报更加多样化，改变传统众筹当中回报单一的现状，另一方面，还可以让众筹发挥出更多的功能和作用，比如可以通过智能科技的应用让众筹成为一个数据的处理中心和收集中心。随着新技术与众筹磨合期的结束，这些新技术或许将会为众筹提供更加强劲的力量和动力。众筹不再仅仅是筹钱，其他功能也在发挥作用。传统意义上的众筹更多体现的是互联网金融的属性，筹钱在众筹的构成当中占据了相当大的比重。随着众筹的不断发展以及人们对于众筹功能和作用的发掘，众筹已经不再仅仅局限在筹钱这么简单的范围内，它的其他功能开始被更多地发挥出来。从某种意义上来讲，众筹正在成为一个入口。因为众筹的背后是用户群体，这些众筹平台都有着与自己平台特色相匹配的用户群体，这些用户群体的背后蕴藏着的是不同类型的消费需求。通过众筹这个入口，可以挖掘这些用户群体背后的潜力，打开用户群体背后的消费需求。从这个角度来看，众筹成为一种打开其他行业入口的工具，通过众筹将用户带入到一个预先设定好的情境之中，这种情境是通过众筹的形式来实现的，而且用户也能够在众筹的时候预先体验到商品的好坏，再通过这种形式将商品推送给用户，无疑将会增加商品销售的转化率。以大数据应用为例，通过收集已有众筹项目和众筹用户的数据，为新众筹项目的开发与定位，以及项目实施的精准推广起到良好的作用，大大减少了项目开发的盲目性，提高了项目实施的有效性。

二、众筹项目定位分析中的大数据

有点子，想创业，但没钱，这是小创业者面临的困难，众筹可以帮有好点子的创业者实现梦想。然而发起众筹不一定能成功。由于众筹项目面对的是广大小投资者，涉及的投资者众多，大数据分析的介入有利于对投资者和现有项目进行分析，从而成功定位和发起新项目，减少盲目的试错成本，帮助创建一个成功率高的项目，设置合理融资目标，设置“回报”的额度，选择合理的截止日期。众筹项目与大数据结果将会摆脱传统众筹项目上线较为盲目的情况，具备更多的预知性和前瞻性。项目方在提出某个项目时，可利用和整合不同领域的项目相关数据，预知到这个项目的收益、市场前景、受欢迎程度等要素，从根本上减少众筹项目成功率不高的情况。比如，借助大数据分析在众筹网站如何以高成功率发起一个众筹项目。首先，分析众筹网站的不同项目页面循环规律，通过Python等计算机编程语言按规律编写爬虫脚本，抓取如预融资金额、创建日期、截止日期、创办者信息等网页关键内容。然后，对提取的数据进行清洗得到可以用于分析的数据，包括将地址字符串转换成单独的城市字符串，将更新次数、回报水平、创办项目数和日期的字符串转化成整数，创建众筹完成度的变量（已融资额/计划融资目标），创建基于项目创办时间和截止时间的项目时长变量，处理丢失数据和零数据变量等。接着，进行数据分析，包括项目筹资成功概率分布、成功项目的主要特征分析等。根据数据分布和融资比例得到比较成功的项目类型，可进一步分析次级分类，避开次级分类中平均融资成功度较低的项目。另外，一般评论和项目更新次数对融资完成度有最明显影响，可以明显提高项目成功率，这条分析结果对众筹项目推广也能起到指导作用。

三、众筹项目大数据推广

由于众筹有大众参与、入门门槛低的特点，参与者众多，与大数据结合将产生良好的效果。通过收集众筹用户的数据，并进行糅合和重构，能够勾画出一个个生龙活虎的人，描绘出一个又一个精准的动作，再通过对这些人进行数据的分析与整合，金融行为将会更加精准、更加鲜活。我们能够知道众筹用户未来的消费倾向，能够为后续的产品推荐做好数据准备。利用大数据的多维度特性构建一种有序、有生机、有流动性的数据生态圈，打破了传统互联网下的数据仅仅局限在某个领域或某种行为的限制，将每一个人看成一个海量数据的集合体，通过分析个人发散出去的各种数据来进行项目推荐，在增加项目推荐精准性的同时，同样让众筹变得更有生命力。我们通过分析众筹用户参与投资的项目类型，分析用户的消费偏好，再通过将这些数据与其他领域的数据进行融合，找到基于众筹用户的消费动向、消费偏好。通过将不同的产品匹配给有众多丰富数据的用户来增加产品推广的精准性，让用户实现多元化的开发和应用，正确引导消费进入众筹设定的情境入口。比如，众筹电影的推广，可以通过综合分析媒体热议数据、搜索数据、社交网站数据、视频网站用户数据、在线购票数据、影院观众消费数据等，确定谁看电影、什么时候看电影、什么样的人喜欢什么样的电影等，从而结合发行策略评估等手段为众筹电影发行方提供项目的推介对象。

第六节　互联网金融门户大数据金融

一、互联网金融门户概述

互联网金融门户属于互联网金融众多模式中的一种，是利用互联网提供金融产品，以及金融资讯的搜索、汇聚及比较，为金融产品销售提供服务的第三方金融中介服务平台，是金融中介服务中衍生出的一类支持各类互联网金融交易的新业态，此类门户一般具备“导购网站”的功能，能够实现金融流量分发、各类金融产品搜索与展示，其最大的价值在于渠道价值。根据提供的互联网金融服务的内容及方式的不同，互联网金融信息门户可分为第三方资讯平台、金融垂直搜索平台和在线金融超市三大类。

（1）第三方资讯平台。此类平台是为客户提供全面、权威的金融行业数据及行业资讯的门户网站。典型的代表有和讯网等。

（2）金融垂直搜索平台。此类平台聚焦于实现相关金融产品的垂直搜索和匹配比价功能，通过提供丰富的资金供需信息，满足双向自由选择的需求，从而有效地降低了互联网金融交易的搜索和匹配成本，即金融垂直搜索门户利用互联网进行金融产品的销售以及为金融产品的销售提供第三方服务的平台。其通过采用金融产品垂直比价的方式，将各家金融机构的产品放在平台上，供用户对比以挑选合适的金融产品。

（3）在线金融超市。在线金融超市包括传统金融机构互联网化开设的各类产品集成销售平台，还包括新兴的第三方机构汇聚其他机构的各类产品搭建的代理销售平台。在线金融超市往往汇聚了大量的金融产品，提供在线导购以及购买匹配，并在利用互联网进行金融产品销售的基础上，还提供与之相关的第三方专业中介服务。

二、互联网金融门户的运营模式、作用与大数据

作为金融中介服务中衍生出的一类支持各类互联网金融交易的新业态，互联网金融门户从运营模式、作用发挥来看，大数据的运用都贯穿其中。互联网金融门户普遍都在网页和手机应用两大客户端进行了布局，运营模式总体来说有B2C模式、O2O模式以及B2C和O2O的混合业态模式。大部分互联网金融门户都不直接参与交易，也不设计属于自己的金融产品，因而其运营流程大体上可以简化为信息采集阶段和搜索匹配阶段。在信息采集阶段，互联网金融门户对金融资讯、行业数据和各类金融产品信息等互联网金融信息资源进行汇总和整理。在很大程度上这项工作依赖互联网金融门户自身的数据采集技术和合作方渠道的信息供给，有时需要互联网金融门户企业的工作人员秉持客观中立的立场，通过实地走访和考察等方式去收集信息，从而建立门户的信息储备库。在汇聚信息的同时，互联网金融门户还要实时更新信息，以确保展现给用户的信息精准及时。采集的信息量越大，越有助于实现规模经济效益，发挥门户的平台优势。在搜索匹配阶段，互联网金融门户设计简单明了的金融产品搜索功能，设置产品类型、金额以及期限等条件，便于精准定位用户的需求，并据此进行数据分析和数据匹配，为客户甄选出所有符合其特定需求的产品，供其进行比较决策。一方面，“搜索+比价”是互联网金融门户的核心功能，通过运用互联网大数据技术，将商业银行、保险公司、基金公司等金融机构的同类产品集中到互联网平台，并进行有机整合，为客户提供各类金融产品的检索、比较服务，如基金、债券、保险、贷款、信用卡等；另一方面，互联网金融门户还为客户提供其他增值服务，如审核受理客户的贷款申请、为客户提供个性化理财、创建网络讨论社区分享经验攻略等。互联网金融门户提供了交易环节外的在线金融服务，这种智能化的运营模式将大数据技术、垂直搜索技术与金融顾问、贷款初审等传统金融服务相结合，实现了金融搜索方式以及金融业务流程的更新，其核心在于利用数据的可追踪性和可调查性等特点，依托数据分析以及数据挖掘技术，根据客户的特定需求，为其筛选并匹配符合条件的金融产品，提供定制化增值服务，帮助用户制定个性化的财富管理策略，提供综合性的理财规划服务。互联网金融门户在盈利方面，现阶段的主要收入来源有佣金、推荐费、广告费、培训费以及咨询费等。总体来看，无论是佣金、广告费还是推荐费，互联网金融门户盈利的核心在于流量以及转化率。与吸引流量相比，更为重要的是在流量基础上提高转化率，因为互联网金融门户处理信息的成本在短期内很难降低，所以在流量固定的假设条件下，互联网金融门户的转化率越高，收益也就越高。互联网金融门户的搜索匹配服务是提高客户转化率的盈利关键。

借助大数据、人工智能等技术，互联网金融门户的运营在降低金融市场的信息不对称程度、改变用户习惯、对上游金融机构的反纵向控制方面发挥着作用：

（1）降低金融市场的信息不对称程度。互联网金融信息门户通过金融产品的垂直搜索方式，将相关金融机构的各类产品放在平台上。客户通过对各类产品的价格、收益和特点等信

息进行对比，自行挑选适合其自身需求的金融服务产品，从而减少了逆向选择的发生。另外，由于保险市场存在管理滞后、发展模式粗犷等问题，互联网金融门户起到了一定的监督作用，即通过企业征信以及风险预警等方式对相关企业进行实时监督，减少了道德风险的发生。

（2）改变用户习惯。在传统的搜索方式下，客户只能逐一浏览各家金融机构网站或光顾其线下网店来比较相关的金融产品，从搜索到购买花费的时间成本较高。而随着大数据及云计算等互联网金融核心技术的发展，互联网金融门户将金融产品从线下转移到线上，形成了"搜索+比价"的方式，让客户能快速且精准地搜索和比较相关的金融产品，使其足不出户就可以搜索到满足自身需求的金融产品。

（3）对上游金融机构的反纵向控制。从长期来看，随着利率市场化水平的不断提升、资本市场的不断完善，国内金融市场将会进入金融产品过剩的时代，金融领域的竞争格局也会从产品竞争逐步转向产业链竞争。届时，最稀缺的资源就是稳定的客户资源，当互联网金融信息门户积累了庞大的客户资源，拥有了强大的渠道优势后，势必会像零售商一样，通过反纵向控制推动互联网金融行业的发展。

思　考　题

1. 互联网信托与传统信托相比，有哪些优势和风险？
2. 融资租赁业可以通过大数据开发哪些新的业务模式？
3. 第三方支付平台如何依托大数据开创新的融资方式？
4. 第三方支付在大数据支持下如何提升用户体验和安全性？
5. 众筹平台在使用大数据时，如何平衡创新与合规的需求？

第七章 大数据金融商业模式与生态环境

学习目标

1. 理解大数据金融商业模式的概念和分类。
2. 理解风险控制在大数据金融商业模式中的重要性。
3. 了解大数据金融生态环境建设面临的挑战和应对策略。

第一节 大数据金融商业模式概述

一、大数据金融商业模式

（一）商业模式

商业模式（business model）是对企业创造价值所需要的一系列要素及要素间的关系进行的描述，这一概念产生于20世纪50年代，20世纪90年代开始成为研究热点。

迄今为止，国内外学者纷纷从战略、创新、价值创造、结构、认知等视角研究商业模式，对商业模式的定义还没有形成统一认识，其相关理论也没有统一的体系框架。现代管理学之父彼得·德鲁克（1994）从战略角度将商业模式定义为经营理论，他认为当今企业的竞争不是产品的竞争，而是商业模式的竞争。越来越多的企业组织会对先进企业的运营逻辑和经营行为进行分析和对标学习，从而取长补短。价值创造理论是商业模式研究的主流领域，主要描述商业模式的要素组合是如何实现价值创造、价值传递和价值获取的逻辑联系。互联网和大数据的发展推动企业的商业模式发生了颠覆性变化，技术和市场等外部环境的变化促进商业模式不断迭代创新，这些关于商业模式概念的理解和界定为大数据时代的商业形态变革、发展与创新起到了极大的推动作用。

虽然学界对商业模式没有统一定义，但是通过对商业模式研究和实践，商业模式呈现以下一般性特征：

（1）商业模式是一个整体的、系统的概念，而不仅仅是一个单一的组成因素。如盈利模式、向客户提供的价值、企业资源和能力配置等方面，都属于商业模式的重要组成部分。

（2）商业模式的组成部分之间必须有内在联系，这个内在联系把各组成部分有机地关联起来，使它们互相支持、共同作用，形成一个良性的循环。

（二）大数据金融商业模式

中国人民银行会同市场监管总局、银保监会（现为国家金融监督管理总局）、证监会联合印发《金融标准化“十四五”发展规划》，强调金融数字化转型向更深层次推进，以金融大数据为基础，金融服务与经济运行有效链接，场景化、个性化、智能化的高效金融服务不断涌现。同时也强调数字化时代所具有的开放性和互动性，使得金融领域更容易产生业务、技术、数据、网络等多重风险的叠加。金融标准化工作要更有效地适应金融数字化转型发展，在数字时代发挥基础性、引领性作用，助力打造风险可控的数字时代金融服务。与此同时，金融标准化自身也要加速数字化变革，更加敏捷智能地适应金融业发展需求。在大数据的浪潮中，金融行业的发展获得了极大动力的同时也面临着巨大的威胁与挑战。大数据技术作为推动金融行业创新发展的关键力量，二者的深度结合将改变传统金融行业体系、金融行业的业务模式以及各个环节运转方式，并重新构建金融行业的生态圈。

在金融与互联网趋于跨界融合的时代背景下，探讨大数据金融商业模式具有十分重要的意义，而大数据金融模式是推动互联网金融格局变革的活跃因素。近年来，传统金融不断向互联网金融转型，企业或个人的数据和信息都可能存储在数据单元中，大数据为银行和其他金融企业提供了变革的手段，不断创造新的经营管理模式和业务处理方法，促进了产品创新，实现了优化用户体验感，从而实现了商业模式的创新。

二、大数据金融商业模式的分类

随着信息技术的不断发展以及互联网应用的增加，金融业与互联网的联系越来越紧密，发展出一种新型金融模式——互联网金融。互联网金融的发展对传统金融产生了冲击，使传统金融机构，如商业银行、保险公司、券商等也开始借助金融科技进行转型升级。进入大数据时代，各金融机构开始重视对大数据的利用，基于此发展了大数据金融，并逐渐形成平台模式、供应链金融模式以及互联网消费金融模式这三种大数据金融商业模式。

（一）平台模式

平台模式是为合作参与者和客户提供一个合作和交易的软硬件相结合的环境的运作模式，通过双边市场效应和平台的集群效应，形成符合定位的平台分工。这类企业的平台通常活跃着很多商家或用户，平台可以利用海量的交易数据加以分析判断，为商家或者用户提供融资服务。目前，采用平台模式的企业有阿里巴巴、百度、淘宝、亚马逊等。此模式拥有明显的优势，具体表现为基于庞大的数据流量系统，征信系统数据完善，能够解决风险控制的问题，降低企业的坏账率；依托于企业的交易系统，具有稳定、持续的客户源；有效解决了信息不对称的问题，将贷款流程流水线化。

（二）供应链金融模式

供应链金融是金融机构将核心企业和上下游企业联系在一起灵活地提供金融产品和服务的一种融资模式。形象地看，就是把资金作为供应链各个环节中的“润滑剂”“融合剂”，增加供应链中各要素的流动性。供应链金融一方面能够有效拓宽资金需求方的融资渠道，另一方面能够有效提升资金供给方的经营效益，有效促进社会经济的发展。供应链汇集来自各方面的金融服务和产品，整合各方的供需信息，并集成为物流、商流、信息流、资金流的协同发展，应对中小企业融资难的市场需求，有利于降低供应链上下游相关企业的管理成本和资金链断裂风险，提高了供应链上下游企业的运作效率。

传统供应链金融以商业银行或核心企业为主导，为上下游企业提供金融服务。大数据时代，以互联网信息技术和供应链运营数据为载体的信用评估系统和授信系统将进一步降低供应链金融的风险和成本，商业银行在此基础上谋求供应链业务管理水平的提高。例如，平安银行从整个产业链角度出发，以资源整合带动行业升级。此外，京东、苏宁等国内电商平台的供应链金融也在快速发展，线上与线下相结合，将供应链上各个环节有效整合起来。

（三）互联网消费金融模式

互联网消费金融是指借助互联网进行线上申请、审核、放款及还款全流程的消费金融业务。广义的互联网消费金融包括传统消费金融的互联网化，狭义的互联网消费金融仅指互联网公司创办的消费金融平台。互联网消费金融是一种新型消费金融模式，比传统的消费金融提升了交易效率。

互联网消费金融有以下几个特点：一是在依托场景方面，常常与各类商品、服务提供商合作，在大数据征信层面，一般会有征信公司全程参与；二是在资金端方面，包括通过理财平台融资后再放贷，还有以自有资金或小贷公司的资金放贷；三是在支付方式方面，一般会与第三方支付平台合作，放贷或资金回款通过第三方支付平台，提升了资金的流动效率。

第二节　大数据金融商业模式构成要素

本书在已有的研究基础上，结合金融业的特点，将大数据金融商业模式构成要素分为业务定位、运营模式、盈利模式和风控模式。业务定位是指企业提供的产品和服务，企业的利益相关者等；运营模式指企业的产品结构和资本结构等；盈利模式包括企业的收入来源和成本结构；风控模式包括企业的风险机制和信息披露等。大数据金融商业模式要素如图7-1所示。

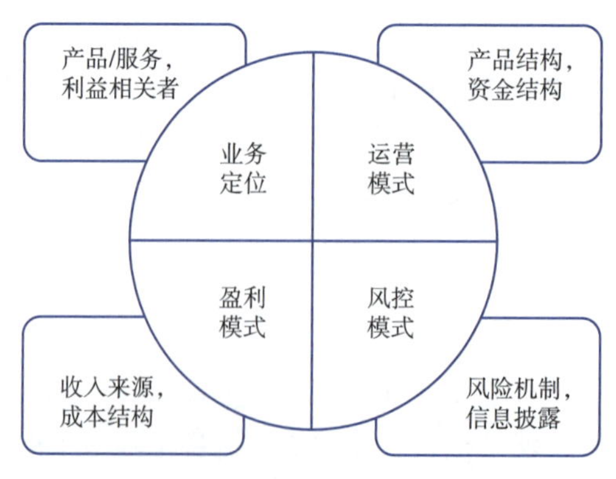

图7-1　大数据金融商业模式要素

一、业务定位

企业的业务定位包括其主要业务、服务对象、竞争与合作关系等。大数据时代，金融机构提供的产品服务和服务对象呈多元化发展。例如，平安银行推出橙e网，推动产业链上中小企业实现在线化和电子商务化的发展，服务的用户大多为B2B电子商务平台，用户能享受到线上的综合金融服务；传统的保险公司对人工智能技术越来越重视，开展“AI+保险”模式的研究，通过人工智能技术的运用将改变保险行业的传统服务方式，推动建立新的共享机制；商业银行加快大数据普惠金融创新，积极获取长尾金融市场，围绕“普”和“惠”开发创新特色信贷产品，探索构建互联网普惠金融服务超市，从而更好地服务小微企业；证券公司利用大数据为客户打造差异化的理财产品，将金融科技与证券咨询融合产生了智能投顾这一服务模式，为投资者提供适合的投资建议，优化投资者资产配置。

大数据金融商业模式的出现与发展带来的不仅仅是对传统金融机构的冲击，更加带来了发展和机遇，新兴互联网企业可以与传统金融机构相互合作发展，例如，银行通过与京东平台合作可以帮助银行提高审核中小企业信用等级的效率，帮助银行以较低的成本获得优质的客户；海尔集团与平安银行的合作运用供应链金融模式实现互利共赢，推动了整条供应链的高效运行。

二、运营模式

企业运营模式主要是指企业提供产品或服务的过程，本书中运营模式包括企业的产品结构和资金结构等。产品结构是指一个企业生产的产品中各类产品的比例关系，可按不同的标志进行分类，形成不同类型的和不同层次的产品结构。例如，东方财富网以满足用户需求为核心，围绕内容、社交、决策、数据、交易五个方面打造了一站式互联网金融平台。用户可以在东方财富网平台上获取财经资讯方面的内容，或者在股吧、基金吧等财经社区进行互动交流，在需要进行进一步的投资决策时，可以向Choice等金融数据终端寻求数据支持。东方财富网站上，有明显的基金与证券业务的接口，方便用户在确定投资决策后及时进行基金的申购赎回或股票期货的交易而实现流量变现。除已有的广告、金融电商、证券业务外，东方财富网还积极布局了公募基金、保险销售、征信等业务，力求打造一个完整可持续的互联网金融生态圈。

资本结构是指企业各种资本的价值构成及其比例，是企业一定时期筹资组合的结果。例如，国内消费金融公司的资金来源主要有自有资金和ABS资产证券化。由于大多数国内消费金融公司没有资格发行债券和银行同业拆借，一些消费金融公司的母公司是大型集团或银行。在过去几年的改革中，国家放宽了对消费金融行业的资产证券化管控，包括京东等一些优秀的互联网消费金融公司在内，创新性地采用了资产证券化融资，资本结构随之改变。

三、盈利模式

企业的盈利模式是企业提供产品或服务获得收益的方式。采用大数据金融的各企业获得收入的来源和各自的成本结构不尽相同。例如，蚂蚁花呗的利润点是商家的服务费和分期手续费等。在阿里系统中，蚂蚁花呗的利润并不是其经营的主要目的，其主要目的是抓住支付渠道，促进阿里生态系统其他部门的发展，如通过向消费者提供信贷资金来增加电子商务平台的收入。此外，京东充分利用大数据这一平台，再加上自己本身平台上的消费者积累了大量的数据并且结合自身的物流优势，配备先进的分析信息技术能力和管理大数据能力，这些都为京东在发展供应链金融领域的低成本优势奠定了基础，不管是在流程之前的审核环节，还是在流程之后的分析环节，京东在分析数据方面完全可以依靠大数据系统自身识别，大大降低了人力成本，为降低成本奠定基础。其盈利对象也呈现多元化趋势，包括全网供应商、线下供应商、拓展性服务需求方等，其利润来源有贷款利息收入、融资服务费和拓展性服务费等。

随着金融改革的深化，商业银行开始寻找新的利润增长点。除了发展中间业务，商业银行还借助数据处理等技术的发展，推出新产品，增加客户黏性，培养客户忠诚度，巩固存量客户资源，扩大增量来源，从而实现盈利模式的调整。

四、风控模式

企业风控模式是指由于企业内外环境的不确定性、生产经营活动的复杂性和企业能力的有限性而导致企业的实际收益达不到预期收益，甚至导致企业生产经营活动失败的可能性。企业风险管理是对企业内可能产生的各种风险进行识别、衡量、分析、评价，并适时采取及时有效的方法进行防范和控制，用最经济合理的方法来综合处理风险，以实现最大安全保障的一种科学管理方法。

与其他行业相比，金融行业更注重信用评估和风险控制，因为信用是金融领域的基石。其他行业的风险控制一般是指财务风险控制等，指企业在开展随着资金运动的财务活动中所面临的风险，包括企业在筹资、投资和用资等活动中，由于管理不当引起的丧失偿债能力的可能性。而银行的风险控制有着更加重要的地位，由于存贷利差收入是我国商业银行的当前主要收入来源，因此信贷资产安全与否直接关系到商业银行的兴衰。我国商业银行一直致力于信贷风险防范，并借鉴国外先进银行信贷风险控制经验，结合自身实际不断加大信贷风险控制的力度，也采取了各种防范措施。商业银行通过创新信贷产品种类、加强授信管理、强化风险预警、加大不良贷款催收、加强贷后管理、落实责任监督制度等策略与方法，可强化信贷风险控制。例如，采用大数据征信技术对小微企业进行信贷风险控制；信贷人员在贷款发放环节，通过严格的审批流程，加强对借款人的贷前授信管理；不断更新系统数据库资源，加强对客户以及相关人员的远程控制与管理，加强贷中管理事务，并做好客户的资质调查和风险变化的管理工作；依托银行内外部风险数据和交易数据，通过贷后监控实时判断，实现系统自动化风险识别和预警。

第三节 基于大数据应用的典型金融商业模式创新

大数据时代的到来，为金融行业的发展插上了翅膀。基于大数据应用的金融商业模式创新层出不穷，出现了平台模式、供应链金融模式、互联网消费金融模式等新型金融模式，传统金融机构和互联网企业等高度重视大数据等技术与金融的融合，用科技谋求转型和发展。

大数据具有数据量大、数据来源和类别多、处理速度快等特点，而金融行业对数据的安全性、稳定性、实时性等要求很高，大数据技术和应用发展极大地助力金融行业自身的变革，创新的金融商业模式在传统金融业也不断出现。反欺诈服务、企业评级、数据银行、消费金融信用评估、个人征信、精准营销、客户价值管理、风险控制等应用成为大数据在金融领域的创新方向。例如，基于大数据的数据分析技术在客户信用、精准营销、产品关联分析等方面得到有效应用，数据可视化等技术为金融产品健康度、产品发展趋势、客户价值变化、反洗钱反欺诈等方面提供监控和预警。

大数据正推动金融行业的变革，移动金融、互联网金融等新的金融业态不断涌现，传统金融正向智慧金融快步迈进。一方面，传统金融机构利用金融数据和其他行业数据融合，将客户服务、风险管理、资源配置和支付结算模型设计得更精准，从而在激烈的竞争中保有一席之地；另一方面，拥有云计算、大数据、人工智能和区块链等新兴技术优势的其他行业机构跃跃欲试地进入金融领域分一杯羹，电商、移动运营商、IT等企业将自身技术与金融业务结合，催生了许多跨行业的应用，为金融行业注入新的活力。因此，大数据时代下金融行业的业态呈现出混业经营、技术创新驱动、创新应用迭代速度快等特点。

一、京东供应链金融

京东供应链金融属于典型的电商供应链金融模式（“*M*+1+*N*”生态圈模式），其在运营模式和风控模式方面都有着创新之处。

在运营模式方面，京东始终致力于将电商平台、物流等各种渠道的信息流融合，开发针对特定场景的金融产品，凭借其自建的物流体系及客户和技术优势构建了以京东电商平台为依托创建的供应链金融模式，主要包括“京保贝”“京小贷”“动产融资”三种运作模式。

在风控模式方面，京东依靠信息流、物流、资金流等大数据优势，打造了对公信贷领域的人工智能风险决策体系。在银行业信用风险管理体系的基础上，结合供应链金融业务特征，利用大数据手段，对传统信用风险管理进行研发创新，逐步形成企业信用风险管理、交易信用风险管理、商品价值管理以及关联关系风险管理四个层次。从智能化风险识别、风险计量，到立体化企业风险决策体系，形成了精准、高效、智能的信贷业务风险解决方案。此外，京东供应链金融还在图形数据库、图论研究、知识图谱、自然语言研究等新领域不断探索和创新，探索将人工智能进一步应用于企业图谱、舆情监控、关联关系识别、违约传导等方面的供应链金融业务的信用风险管理体系中。

二、基于大数据的传统金融机构的金融创新

（一）工商银行推出的互联网金融“e-ICBC”

工商银行的“e-ICBC”是其互联网金融品牌战略，“e-ICBC”包括“融e购”“融e行”“融e联”三大金融平台。

“融e购”电商平台在业务定位方面进行了创新，该平台集B2C、B2B、B2G三种商务模式于一体，是一种综合化电商平台。与市场上成功的电商平台相对比，工商银行通过“融e购”电商平台不断加大重点市场领域拓展突破和模式创新，积极进军跨境电商领域、加强电政合

作、创新营销推广模式，并且着力推进工银e采购、工银e资产等特色品牌建设。该平台聚合了客户和商户，链接交易与融资，形成了自身独有的发展特色，有效提升了客户的黏性与活跃度，使金融服务更具效率与价值。

“融e行”开放式网银平台在运营模式方面进行了创新，将手机银行和网上银行进行整合，不仅能够进行网上业务的全部直销，还可以通过移动端为客户提供方便快捷的金融服务。目前，通过将“融e行”业务、客户、平台进行全方位的开放，工行与他行客户均可以登录平台办理业务。在用户体验、功能设计、营销推广等方面，融入简洁、智慧、社交等互联网思维，提升了面向用户的金融服务便捷性和覆盖面。

“融e联”即时通信平台是银行与企业、银行与客户、银行内部的即时信息沟通与信息推送平台，满足了客户在移动金融服务中的信息交流、业务咨询、沟通分享、在线互动的需求，改善提升了客户的服务体验，也提高了客户经理的服务能力。

（二）中国平安“尖刀服务”

利用服务和技术创新，作为传统的保险公司的中国平安在保险行业的平安产险、平安人寿和平安养老分别推出了“城市极速查勘”及“一键包办”、“闪赔”和“诚信赔”，三大险种所推出的智能服务在业内均为首创，成为我国保险公司基于互联网的服务创新时代的开端。

在产险方面，平安产险推出了“510城市极速查勘”及“一键包办”，对线下理赔模式进行创新，利用移动互联将服务流程线上化。平安车险的客户可在全透明的代办流程中享受在极短时间内完成全程理赔包办的服务。该车险服务安排打破了传统的车险事故现场勘查调度体系，完全依靠互联网快速智能的特征满足客户需求，大大加快了平安产险的运营效率，提升了车险用户的服务体验。

在寿险方面，平安人寿则利用移动互联网前沿技术实现寿险保单的“闪赔”服务，实现了业务的创新。“闪赔”是指客户进行在线理赔申请，30分钟内即可赔款到账。此过程应用了大数据、智能理赔和联网征信等互联网前沿技术，技术的创新和尝试使客户体验到服务的便捷。

平安养老险在风险控制方面也进行了创新，联网征信技术成为平安养老“诚信赔”的主要技术依托。“诚信赔”依托于平安人寿当前完善的风控体系，将互联网征信数据应用于人身险理赔服务中，并创造性地开发了自动化理赔模式，帮助客户实现理赔免实物材料和一日快速赔付，为诚信客户提供极速极简的理赔新体验。

（三）广发证券“贝塔牛”

“贝塔牛”是广发证券推出的一款智能金融投顾产品，实现了投资理财服务模式的创新。与传统证券经纪业务相比，“贝塔牛”避免了多个经营网点、高昂的运营成本以及复杂的管理体系等问题，基于互联网技术和金融工程理论，利用技术测度投资者的个人信息、投资喜好、风险偏好及风险承受能力，形成精准的客户画像，并据此给客户提供股票策略和大资产配置策略，为客户提供智能化、个性化的投资理财服务，给客户良好的产品使用体验。

第四节　大数据金融商业模式的创新发展

随着大数据、云计算和互联网技术的发展，第三方支付提高信誉，B2B和网络贷款日益增加，金融机构建立线上平台模式，传统金融引入互联网和大数据技术，大数据金融借助移动互联网技术，创造出新的价值，比传统的金融业更加透明，具有更强的参与度，更好的协调性，更低的中间成本，更方便的操作性，形成更便捷的新兴金融模式。

一、大数据金融企业商业模式创新

从企业维度来看，大数据金融商业模式创新主要是指企业如何将大数据技术融入企业自身的原有价值链中并获取利润。具体来看，大数据技术在金融领域得到应用，大数据金融呈现出定位创新、整合能力创新、金融生态环境创新和信用评估创新等特征。

（一）定位创新

大数据金融通过对行业高度细分实现定位创新，可以帮助企业发现有效的市场机会，提供差异服务，提高企业的核心竞争力。大数据金融能够通过降低金融服务成本来挖掘客户潜在的真实需求，通过创新出满足投资者需求的金融产品和服务模式，从而以便捷的方式将其提供给目标客户。大数据和互联网技术应用将彻底改变传统金融业，打破其封闭僵化的行业壁垒，从服务少数大企业，到通过采集数据实时分析，挖掘数据评估风险，服务更多的用户。例如，出国游客都曾为了购物退税而无奈地排队等上1~2个小时，支付宝抓住这个境外移动支付的市场机会，开发了“码上退税”功能，目前全球83个机场均已实现支付宝“码上退税”功能，出境购物的游客只需要到退税柜台出示付款码，一扫即可退税，退税超快到账。

（二）整合能力创新

整合能力创新是指企业对其所拥有的核心资源和能力进行整合创新，主要是围绕企业的关键活动进行商业模式创新。目前，各家商业银行都在大力投资改造升级网上银行业务和网上平台，多元化创新网上业务和服务模式，为发展互联网金融业务奠定了基础。现在商业银行的网上服务主要包括传统的银行业务、电子商务、移动支付等新型业务。相比阿里巴巴、腾讯等跨界金融者，商业银行在金融风险、管理能力和金融人才储备等方面具有优势。传统金融机构可以通过与互联网领域内的优秀企业建立有效合作，借力缩小与优势企业的差距，提升自身的关键能力创新。

（三）金融生态环境创新

金融生态环境创新是指金融市场主体与其所处的外部环境形成的相互作用、相互影响、共同发展的系统。金融生态环境的创新主要是围绕企业的合作伙伴进行创新，包括供应商、经销商和其他市场中介，甚至还包括竞争对手。大数据金融的出现和发展，为我国金融市场的深化变革以及市场需求多元化的爆发提供了契机。

京东商城利用自身的信用和规模，为供应链上下游商家提供担保，使商家能够便利地从银行贷款。目前，京东商城在互联网金融发展方面已取得了成效，逐步提供小额信用贷款、流水贷款、联保贷款、票据兑现、应收账款融资、保理业务等金融服务。未来，互联网金融业态将会成为我国深化金融体制改革、促进经济发展和打造完整金融生态环境的崭新途径。

（四）信用评估创新

以电子商务企业为代表的互联网巨头凭借互联网的天然特性积累了海量数据，这些数据真实有效地描述了每一个消费者的消费行为轨迹，从而构建了立体全面的信用档案体系。通过借助信息技术搭建的网上服务，投入成本低且效率更高，能够弥补传统金融机构信贷服务的缺陷，有力推动大数据金融的进一步发展。

二、大数据金融行业商业模式创新

目前，大数据应用于金融业主要是基于大量的结构化数据，随着金融业自身发展需要，以后将更多地面对海量的非结构化数据，金融服务将持续转型创新，深入挖掘数据赋予的商业价值，从“关注整体”的粗放式管理进一步向“关注个体”的精细化管理转型，向建设更完善的信用体制和更全面的风险管理体制发展，推动金融业“以利润为中心”的自我发展向“以客户为中心”的共赢发展转型。

（一）数据驱动跨界模式

伴随着金融业对大数据技术的学习和应用，传统的金融机构和部分互联网企业形成了在数据资产和大数据技术上的优势互补。双方通过发挥自身的比较优势，开辟了以互联网金融模式为代表的新兴市场空间。互联网金融在影响和改变金融行业格局的同时，也对当下人们的消费观念、消费习惯产生了深刻的影响。

从支付方式的创新开始，以互联网技术和大数据技术为基础的跨界合作经营模式就越来越多。阿里、京东等电商企业，部分电信运营商，传统钢铁企业和部分IT企业纷纷涉足金融行业，利用自身在大数据上的优势探索跨界数据服务和经营模式。这些企业或是拥有海量的用户数据，或是处于平台金融模式和供应链金融模式的核心环节，它们将数据资源与业务资源整合成新的金融服务盈利模式，开展大数据金融服务。

（二）价值关系重构

随着大数据技术在金融业的深度应用，金融市场主体关系得以重构，由传统的金融行业价值链关系转变为价值环模式（见图7-2）。

传统金融行业通常是价值链模式，即由上游供应商（银行、基金公司等）首先从市场获取基本资源，如客户存款等，再根据客户存款和需求设计金融产品，如基金产品、理财产品等，最后分销商将这些产品销售给客户。客户在使用完产品后，其信息和使用的产品就会失去价值，从而被丢弃。

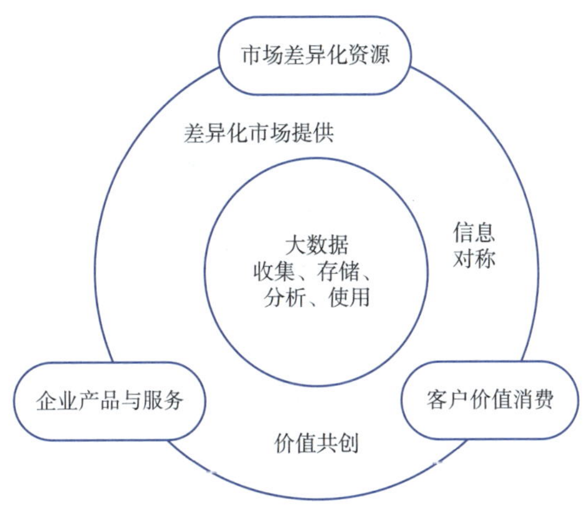

图7-2　大数据重构的金融价值环模式

大数据在金融行业的应用打破了传统金融企业的价值链关系，将客户在交易前的基本信息，交易时的相关信息以及其他信息交易记录作为数据储存下来，并进行分析和提取信息，用于下一次交易或其他类型交易。金融企业根据这些信息设计新产品或服务，将其提供给目标客户。同时客户也可以即时将产品使用或服务体验过程中出现的问题和建议便捷地反馈给企业，金融企业对这些非结构化数据进行分析处理，并将其用于改善设计和创造金融产品和服务。此时，客户既是产品消费者，也是价值创造者，实现了企业和客户共创价值，为价值链中间环节增值，从而促进金融行业的健康良性循环。

大数据金融商业模式利用大数据技术缩短了从战略规划到产品销售的时间，从而获取资金的时间价值，并将客户交易信息的数据价值挖掘到极致。

第五节　大数据金融生态环境演化趋势

一、大数据金融生态环境

（一）金融生态环境概述

针对我国金融环境日益多样化、复杂化的形态，前中国人民银行行长第一次对影响金融生态的若干问题进行了分析，并且提出通过完善法律制度等途径来改善金融生态环境，从而促进整个金融系统改革和发展。这不仅为金融系统改革和发展提供了创新思路，也对金融生态环境的系列研究产生了积极推动作用。

（二）大数据金融生态环境组成及发展

大数据金融生态环境可以划分为外部宏观环境和内部行业环境，如图7-3所示。外部宏观环境主要包括政治环境、经济环境、社会环境和技术环境。外部环境是宏观视角下的大数据金融商业模式的所在系统环境，而内部环境则是聚焦于大数据技术和金融行业的中微观分析视角，主要包括金融机构、金融科技企业、监管机构和有关的行业协会。

从政治环境来看，我国十分重视大数据在金融行业的应用和发展，先后规划出台了一系列支持和推动金融科技产业发展的有关大数据金融行业发展进步的政策和措施。例如，2022年2月，四部委联合发布《金融业标准化“十四五”发展规划》中就明确提出了“到2025年，与现代金融体系建设相适应的标准体系基本建成，标准与金融监管、金融市场、金融服务深度融合，金融标准化的经济效益、社会效益、质量效益和生态效益充分显现，标准化支撑金融业高质量发展的地位和作用更加凸显”。

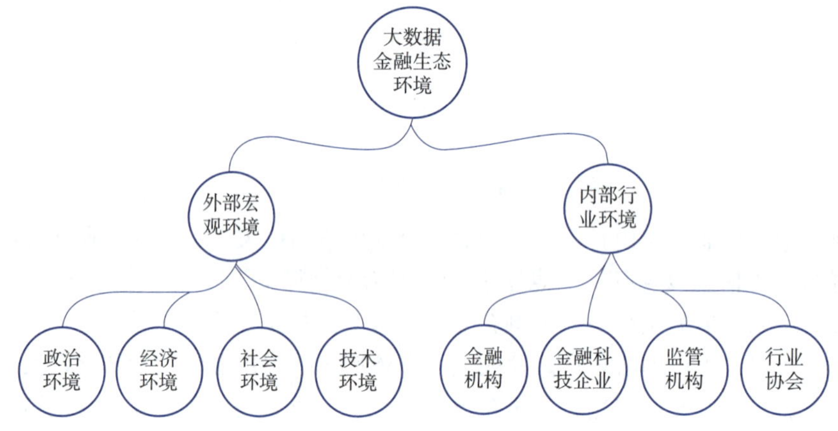

图7-3 大数据金融生态环境

从经济环境来看，国家整体经济发展形势是金融业发展的大背景，金融业则是经济环境的一个缩影。我国经济处于转型发展阶段，金融市场主体呈多元化和数字化发展趋势。结合大数据技术的改革升级，大数据在金融业的应用仍有巨大的空间。

从社会环境来看，大数据金融在社会需求的驱动之下不断发展和创新。以大数据技术为代表的金融科技应用一方面推动了金融行业的转型发展，另一方面也衍生出越来越强的社会需求。人工智能、区块链等新技术的应用推动了金融行业向大数据金融、智能金融等方向的转型升级，也使金融产品的投资者出现了更多的需求，金融机构将加强大数据金融业务的发展，增加金融服务类型，提升相应的金融服务质量，推动金融业向数字化转型。

从技术环境来看，一系列的新兴技术正在蓬勃发展，为大数据金融的发展奠定了基础条件。云计算、人工智能、区块链等技术与大数据分析处理相结合，成为大数据金融发展的助力器。云计算有效提升金融行业的IT系统能力，人工智能在提升金融智能化水平的同时降低服务成本，区块链技术以其公开、不可篡改等技术属性为大数据金融模式蕴存下巨大潜力，这些新兴技术与大数据技术的整合应用将迅速推动金融行业的改革和发展。

从金融机构角度分析，对于传统的金融机构来说，其所提供的金融服务存在着如门槛高、普及率低和供给不足等问题，而大量的小微企业和中低收入人群的金融服务需求没能得到有效满足，这促使大数据金融有了发展的空间。传统的金融机构和部分跨界的金融服务提供者在引入大数据技术的基础上，开拓了更加快捷便利的金融服务渠道，降低了以往的金融服务成本，带来了移动支付、互联网理财等大数据金融服务新模式，实现了自身的快速发展。例如，随处可见的微信、支付宝扫码支付，还有以余额宝和理财通为代表的互联网理财产品等。

传统商业银行也结合大数据技术，创新推出新型的零售金融产品并将其提供给个人投资者，如存款期限灵活可变的农行“节节高”和收益更高的新型存款等。

从金融科技企业角度分析，统计显示，近年来金融科技产业的发展总体上呈现出迅猛增长的态势。其作为金融机构技术需求的供给方，立足于科技创新和金融行业需求的跨界融合，聚焦于将新兴技术与金融行业需求特点相适应，开发出了许多有实际意义和使用价值的技术，推动了相关技术的进步和广泛应用，也为大数据金融的发展提供了内在动力支持。当前，一批金融科技公司正进入高速发展期，不仅各自在资本市场中完成了大额战略融资，也在技术研发和发展规模上具有明显优势。

从行业协会角度分析，行业协会主要开展相关的大数据金融技术研究，推动行业交流和有关标准制定，促进相关科技成果的产业化应用和行业间经验分享与互动。我国银行业协会、证券业协会和保险业协会等均积极开展了有关大数据金融业发展的研究，引导各自的行业企业引进技术、开展创新，促进了金融业大数据产业化的进程。

二、大数据金融生态发展特征与趋势

（一）金融与科技深度融合

近年来，许多金融科技应用已实现重要突破，有力推动了金融服务颠覆式的创新与重塑。一方面，大数据和人工智能技术在投资顾问、智能营销、风险防控等领域得到了全面深化应用，使服务长尾客户的成本大幅降低，同时使机构风险防控能力和客户体验“双提升”。另一方面，区块链技术在全球范围内引发广泛关注，中国数字货币研究应用也在提速。金融机构积极搭建安全可控的云服务平台，提供中小微“云化”综合服务方案。技术之间的交叉结合，催生出很多新金融业态，又进一步推动了金融科技的发展。金融行业与金融科技的深度融合，对于创新金融产品和服务、提升金融服务品质和效率、加快金融数字化和智能化转型具有重要意义。

（二）行业格局呈现互利共赢态势

大数据金融发展初期，一些科技公司依托技术、平台和流量优势，从网络支付切入，逐步向网络融资、资产管理等金融领域渗透，迅速积累了大量客户群，对传统金融机构形成巨大冲击。传统金融机构通过反思，不得不承认自身在这一波新的金融技术浪潮面前略微有些迟钝，也开始谋求转型。从技术和数据等多方面赋能，逐渐和新型互联网金融机构走上融合共赢的道路。很多金融机构积极打造“开放银行”，与合作伙伴共建场景生态，积极开展多平台接入、全场景营销，拓展新的获客渠道，寻找新的发展引擎，助力实体经济的数字化发展。

（三）全力监管转向鼓励创新

由于大数据金融具有跨行业、跨领域、跨地域等特征，在其快速发展的同时也带来了一定风险，行业监管已经成为大数据金融生态的重要组成部分。从当前发展来看，各国监管部门都在以合法合规为底线，积极探索新的监管技术和监管手段。在此基础上，监管者也由最初的严管严控逐步转变态度，开始鼓励金融机构在大数据金融业务创新和风险防控与违规监管之间寻求平衡，引导大数据金融产业改革提升。

三、大数据生态环境建设面临的挑战

（一）金融机构运营成本过高

对于银行业的传统优势业务“企业贷款”来说，当大中型企业作为主体时，其经营规范，有较为充分和可靠的信息披露，同时金融机构对其披露的信息质量进行审核相对较为容易，因此其信贷风险是比较好控制的。但在大数据金融业务情景下，业务对象涉及大量的小微企业和个人客户，金融机构很难准确地获得其完整真实的信用状况。金融机构想要准确衡量其信用水平就会需要更多的人力、物力消耗。为建设大数据金融生态环境，各生态环境主体，尤其是金融机构，必然会付出更高的运营成本，以购买基础设施、培养专业人才。

（二）各方数据难以有效融合

传统商业银行、各互联网金融企业等各自都在各自的领域内拥有大量用户数据，包括用户的个人信息和历史业务数据，但各机构间往往很难达成数据共享协议。一方面，机构之间的合作和信息交换面临着重重困难；另一方面，如何将各方所拥有的数据进行融合和利用也存在挑战。不同机构所拥有的数据在数据总量、数据类型等方面存在差异，如何进行有效地汇总整合并在此基础上构建有关的模型并加以利用仍需要进一步探索研究。

（三）数据安全问题突出

在金融业务与大数据技术融合的背景下，金融机构的非结构化数据，如影像数据、音频数据和图片数据等都在迅猛增加，这要求金融机构必须加强软硬件基础设施建设、培养相关的业务和技术人才，从而满足大数据管理需要。同时，随着金融机构自身系统复杂程度的不断提高以及业务链条的不断拉长，其日常经营中的数据安全问题日益突出，一旦出现用户数据丢失或数据库被非法入侵等问题，就会给金融机构和客户造成巨大损失。

第六节　大数据金融生态环境建设

大数据金融商业模式要想持续取得良好的发展势头，就需要构建起健康有序的生态环境。本节将从大数据宏观环境建设、大数据监管体系建设和大数据征信体系建设三个方面展开具体讲述，为大数据金融的有序发展奠定基础。

一、大数据宏观环境建设

政府需要加快大数据金融战略顶层设计，加大对相关研究项目的支持力度并推动大数据金融的应用，在资金、技术和人才等方面给予优惠政策。由于大数据金融概念是一个相对新兴的概念，因此专门针对大数据金融行业发展的有关政策较少。但因为大数据金融往往同互联网金融相互关联，其实际发展中也在政策方面受益不少。2014年“大数据”就被首次写入《政府工作报告》，从国家层面提出发展大数据产业，包括贵州、上海、河南和重庆等地在内的多个省（市）相继明确提出建设国家大数据综合试验区，但大数据金融相关政策还需进一步完善。

不断发展的大数据技术为大数据金融商业模式的演变提供了重要支撑。在人工智能、深度学习等相关技术得到进步的基础上，对于大数据进行分析和处理的能力有了大幅改善和提高。当大数据与人工智能、移动互联、云计算等技术达到更好地交互融合之后，大数据金融势必得到更快的发展。

二、大数据监管体系建设

未来大数据金融监管体系建设主要从以下几个方面着手。第一，要加快完善大数据金融相关法律法规，构建有效、可行的现代大数据金融监管框架。具体来讲，可以在《中华人民共和国宪法》、行政法、民商法和经济法等方面构建大数据金融监管法制体系，并健全相应的监管立法层级，分阶段、分层次完善法规和规章。第二，要厘清有关机构监管职责权限，适时成立大数据金融监管机构。各相关机构应积极开展合作，明确自身在监管中的作用，在做好监管权限分配工作的同时开展工作，提高行业整体监管能力。第三，要重视大数据金融监管人才培育工作。有关金融监管部门要有针对性地制定大数据人才培养规划，吸引人才、留住人才、培养人才。通过培养懂技术、懂数据、懂业务的复合型大数据金融监管人才，组建大数据金融监管专业团队，促进大数据技术在监管中的应用。

三、大数据征信体系建设

在金融业务开展过程当中，个人和企业的信用评估是十分重要的一个环节，对于信用风险管理具有关键作用。利用数据挖掘技术建立起个人和企业信用风险评估模型，有利于金融机构防范贷款风险，提高贷款质量和效益。

传统信用评估模型主要依赖信贷人员考查及其经验判断，需要信贷人员具有较高的专业业务水平和良好的客观性。由于相关人员的知识水平和业务素质不一，整体的工作效率较低，且存在覆盖人群窄、信息维度单一和时间相对滞后等问题。

当前我国已有数百家征信机构在征信市场上提供了征信服务，其中腾讯征信、蚂蚁征信是大数据征信方面的佼佼者。但从技术角度来看，我国需要提高征信系统的数据处理技术，升级相应的硬件基础设施；从数据角度来看，央行和各省市政府、银行等机构应加大合作力度，降低信息采集成本并提高整体征信水平，从而建立起统一完备的征信数据库；同时，相关政府单位要加强和完善信用法律体系，做好全面系统的规划并给予具体指导，规范征信市场的发展。

思　考　题

1. 大数据金融商业模式的核心特征有哪些？
2. 大数据金融商业模式分类的依据是什么？
3. 大数据在传统金融机构金融创新中的应用案例分析。
4. 大数据金融生态环境建设的挑战。

第八章 大数据与中国金融信息安全分析

学习目标

1. 了解金融安全在国家安全体系中的地位和重要性。
2. 理解不同国家在应对大数据与金融安全问题上的策略和方法。
3. 掌握中国金融信息安全建设的基本原则和主要措施。
4. 熟悉中国金融信息安全建设的最新进展和未来发展趋势。

继云计算和物联网，大数据成为当前信息产业的又一大技术创新。金融行业的大数据技术创新在给人们带来机会和挑战的同时，也对现有的金融信息安全保护手段提出了更高的要求。

第一节 金融信息安全的重要性

一、金融信息化与金融信息安全的关系

金融信息化是指在金融业务和金融管理的各个环节充分应用现代信息技术，深入开发、广泛利用金融与经济信息资源，加速金融现代化的进程。这个进程是发展动态的和不断深化的。

在传统金融中，安全风险可能只带来局部损失，但在金融信息化的大背景下，安全风险会导致整个网络瘫痪，是一种系统性风险。因此，金融信息安全是金融信息化的保障和前提。随着信息向上集中和信息化程度不断提高，金融信息系统业务覆盖率、复杂度持续提升，金融信息安全的重要性也与日俱增，金融风险防控面临更大挑战。金融信息安全已经不仅仅是金融行业自身的问题，同时也是关乎国家经济安全、社会安定的重要问题，是我国发展金融信息化的关键问题。

二、金融安全是国家安全中重要而根本的内容之一

国家间的竞争和博弈，本质上是经济实力的竞争，没有金融安全的保障，就没有国家发展的基础，甚至危及国家最基本的稳定。

随着经济相互依赖性增强、信息通信技术快速发展、金融领域逐步开放，以及新型金融业务的推广等，国家金融安全面临着与以往不同的风险，需要高度重视。

三、金融信息安全是国家发展战略的重要基石

金融是现代经济的核心，金融信息系统是国家重要的关键信息基础设施。金融信息安全不仅关系着国家经济社会安全，也关系着金融企业的持续发展。金融信息安全无疑是国家发展战略的重要基石。

随着我国信息化的不断推进，国家对信息安全工作的重视程度日益增加。2012年7月，国务院发布了《关于大力推进信息化发展和切实保障信息安全的若干意见》，这是国家信息化建设和信息安全工作的纲领性文件，对于今后我国信息化建设和信息安全工作具有重大的指导意义。为了保障网络安全，维护网络空间主权和国家安全、社会公共利益，保护公民、法人和其他组织的合法权益，2016年11月，第十二届全国人民代表大会常务委员会第二十四次会议通过《中华人民共和国网络安全法》。

2019年5月13日，国家标准化管理委员会发布了修订的《信息安全技术 网络安全等级保护基本要求》，这被很多人称为“等保2.0”。2019年12月1日，“等保2.0”正式实施，覆盖全社会各地区、各单位、各部门、各机构，涉及网络、信息系统、云平台、物联网、工业控制系统、大数据、移动互联等各类技术应用和场景。2021年，在“十四五”国家信息化规划中多次提及网络安全，要求全面加强网络安全保障体系和能力建设，加强网络安全核心技术联合攻关，开展高级威胁防护、态势感知、监测预警等关键技术研究，建立安全可控的网络安全软硬件防护体系，培育壮大网络安全等新兴数字产业，提升网络安全水平。

第二节　大数据对我国金融信息安全的新挑战

大数据在政府管理、新闻传播、金融创新等各个领域的应用蓬勃发展，吸引了社会各界的热切关注。但是，大数据技术也是一把双刃剑。对于中国金融市场，大数据在推动金融创新的同时，也在金融信息安全和金融市场风险两个方面带来了新的挑战。

一、大数据与中国金融信息安全

大数据技术是指一类专门针对规模庞大的数据所采用的数据技术，用来在合理时间内完成数据的获取、管理、处理，并帮助用户进行科学决策。在金融市场上，数据分析师凭借大数据技术能够对大规模、多种类的低价值数据进行快速反应，并从中提取出高价值的信息。因而，大量隐藏着的金融市场信息将被大数据技术挖掘出来，并加以利用。但当这种技术的应用逾越合理界限时，就会对我国的金融信息安全造成严重威胁。

（一）数据服务商的“信息滥用”

随着大数据技术的发展，数据服务商将拥有前所未有的信息特权。通过信息的集中化管理和量化技术，数据服务商可以轻易获得用户的大量私密信息。因此，一旦数据服务商将目标对准政府机构或大型金融企业的关键位置，并进行有针对性的信息搜集，就可能泄露重要的国家金融信息，进而产生严重后果。

2013年5月，世界顶尖数据服务商彭博社承认，该公司记者使用彭博社的银行数据终端窥

探用户信息，以此来秘密采集新闻。其中，窥探的对象不仅包括高盛等金融行业巨擘，更涉及美联储、美国财政部等金融核心部门。

对中国而言，随着国内金融行业对数据服务的需求不断扩大，来自数据服务商的威胁也在逐步迫近。

（二）日益复杂的“数据入侵”

大数据的广泛运用将为黑客攻击金融企业提供更多的机会。一方面，黑客可以利用大数据同时控制上百万台傀儡机并发起攻击，攻击的数量级远远超过传统的单点攻击；另一方面，由于大数据的价值密度较小，安全分析工具难以对价值点进行精确保护。隐藏在大数据中的黑客攻击能够误导安全检测，给金融企业的网络安全分析带来新的困难。

与此同时，随着大数据与金融服务的联系日趋紧密，“数据入侵”一旦成功，就可能给金融企业造成巨大的损失。

二、大数据与中国金融市场风险

大数据作为一种复杂的技术工具，其积极作用总是以其合理使用为前提。一旦金融从业者忽视了大数据自身的规律，不负责任地乱用、误用大数据技术，就会扭曲金融产品、误导金融决策，甚至扰乱金融市场秩序和竞争结构。此类风险可以被归纳成以下三点：

（一）数据风险

大数据技术下，依赖相关关系，只关注“是什么”而不关注“为什么”的分析方法和决策方式推动了金融创新，同时也带来了新的“数据风险”。

一方面，这一风险体现在数据本身的真实性上。目前，我国社会征信体系有待完善，交易双方时常出现逆向选择并发生道德风险，影响金融市场的稳定，给交易双方带来了不必要的经济损失。巨大体量的数据中不乏各种各样的噪声信息，甚至虚假信息，出现信息过载问题。例如，第三方支付较好地解决了由于异步交换而引起的网络交易信用问题，但也产生了新的风险：卖家可能欺骗买家，在买家付款之后，通过伪造出货单或物流信息等方式虚假发货；买家也可能在收到货物之后，以丢失为名要求卖家退款。一旦由于某种原因或某些原因导致互联网金融企业出现交易安全问题，顾客损失惨重，影响恶劣，互联网金融企业的声誉便大打折扣，不利于互联网金融的可持续发展。如何从大数据中检测并去除噪声，挖掘可用的有效的真实数据，对大数据处理能力提出了更高的要求。

银行业是对数据异常敏感的行业。对于一般的数据信息而言，因为信息采集维度广泛、信息总量较大，个别错误信息可能不会造成分析结果的偏差。但若分析所倚重的数据为涉及政策等的关键敏感信息，不准确的数据就很有可能导致银行业据此做出错误的判断，并有可能进一步引发金融市场风险。维克托・迈尔・舍恩伯格在《大数据时代》一书中强调：要采用关注全数据样本而不是采样的思维方式，分析与某事物相关的所有数据；数据量越大，信息越多，结果越真实。

另一方面，即使数据质量合格，大数据分析也可能落入“虚假关系”的陷阱。由于不再需要随机样本，传统方法中对于因果关系的逻辑思辨和推断能力不再有用武之地。这也导致大数据所揭示的事物间的关系可能并不真实存在，只是数据量扩大带来的假象，进而导致金融企业做出错误的决策。

（二）鲁莽行为

近年来，金融大数据的兴起为高频交易提供了更加有力的技术支持，并促进交易策略不断创新。但是，大数据在给高频交易带来策略升级的同时，也带来了风险升级。这些基于大数据的交易算法容易受到“数据风险”的干扰。在程序化的高频交易中，这些干扰难以人为排除，并且可能立即形成错误的交易行为，进而给公司造成严重的损失。更为重要的是，在对冲基金林立、程序化交易广泛普及的今天，一家高频交易公司的失误，往往会对其他公司的交易程序释放错误的信号。这将触发“多米诺骨牌效应”，导致一系列的、遍及市场的错误交易，并将单个公司的风险迅速扩大为市场风险。

（三）数据垄断

大数据驱动金融创新的核心在于信息流、资金流和商品流的紧密结合。由于目前我国金融大数据交易不畅通，“三流合一”主要在企业内部进行，这将导致金融行业严重的两极分化。

一方面，同时拥有数据资源和资金资源的电商巨头和商业银行将凭借“数据垄断”获得绝对的竞争优势。比如，阿里巴巴凭借电商平台的数据优势和雄厚的资金实力，先后进入小额贷款、理财账户和保险领域。而建设银行、工商银行等传统商业银行逐步启用“沉睡已久”的内部数据，开始了业务创新。

另一方面，金融市场的中小参与者则处于数据和资金两相分离的弱势地位。普通的互联网服务商，如新浪微博，虽然拥有丰富的大数据资源，但无法向金融服务进行转化。中小型的金融企业则缺少大数据的原始储备和获得渠道，难以进行相关业务的拓展。如同其他非自然垄断一样，这种“数据垄断”一旦形成，将降低金融市场的竞争效率，抑制金融大数据的活力，阻碍金融创新进一步发展和金融市场结构进一步优化。

第三节　各国对大数据与金融安全问题的处置经验

一、应对大数据带来的金融信息安全问题

近年来，国外因大数据技术导致的信息泄露事件屡有发生。各国政府对此均高度重视，并相继出台措施以保护国家信息安全。统而言之，这些措施主要包括“软防护”和“硬防护”两个方面。

“软防护”是指通过制定行业标准、设置行业门槛等制度措施，规范数据服务商的行为，限制国外信息产品的使用，从而降低“信息滥用”和“信息监听”的可能性。针对“信息滥用”的威胁，2016年，美国推出《联邦数据研发战略计划》，进一步提出未来金融数据的发展战略。2022年5月，美国众议院通过《促进数字隐私技术法案》，对金融数据的隐私技术加强了政策支持。新加坡也于2012年颁布了《个人数据保护法》，旨在防范对国内数据及源于境外

的个人资料的滥用行为，2019年10月9日，新加坡隐私委员会发布的声明中宣布，已经修订了《个人数据保护法》指导指南。

2016年4月14日欧盟议会通过了《通用数据保护条例》，该条例的适用范围极为广泛，任何收集、传输、保留或处理涉及欧盟所有成员国国内的个人信息的机构组织均受该条例的约束；2022年，欧盟委员会公布《数据法案》，致力于解决那些阻碍数据利用的法律、经济和技术问题，并且预计新规则将使更多的数据被重新使用，到2028年将创造2 700亿欧元的额外GDP。

“硬防护”是指通过发展本国的信息技术产业振兴民族品牌，从而在本国关键的信息系统中提高软件和硬件的自主化水平，减少使用国外产品产生的“信息监听”风险。

二、应对大数据带来的金融市场风险

金融市场在一国的经济活动中发挥着重要的枢纽作用，各国政府和业界控制相关风险的方案和措施层出不穷，根据着力点的不同，这些方案和措施主要分为三个方面。

（一）建立第三方审查机构

为了消除“数据风险”和“鲁莽行为”对金融市场的危害，多年前美国商品期货交易委员会等监管机构就曾考虑是否由金融监管机构直接对企业的数据处理方法和交易算法进行认证。但是，此类行为可能会导致另一个困境：政府的直接管制可能会干扰金融企业的正常运营，并导致数据和算法的知识产权遭到侵害。对此，国外许多学者指出，可以参照目前的财务审计制度，设立第三方大数据审查机构。就像会计师事务所审计公司财务信息一样，第三方大数据审查机构凭借其专业能力，在商业协议的框架内对金融企业的数据准确性、分析合理性及算法安全性进行审核，促使其达到政府规定的安全标准。

（二）实现市场监管自动化

虽然大数据技术给金融市场安全带来了新的挑战，但是大数据技术也可以应用到市场监管领域，通过监管的自动化，加大监管效率和监管力度，从而增强金融市场的安全性。即使对于人力难以察觉的“鲁莽行为”，自动化的监管系统也能通过一系列的实时指数进行准确监控，并及时预警以阻止损失的发生。从2001年开始，美国全国证券交易商协会采用SONAR自动化监管系统，对美国多个证券市场的内幕交易和欺诈行为进行监测。采用了SONAR系统后，美国全国证券交易商协会能够以更少的人力实现更加全面的证券市场监管。

（三）发展大数据产业链

推动大数据产业的发展和成熟，以产业发展解决风险难题，成为消除各类隐患的根本途径。一方面，大数据产业链的整体发展能够提高行业的数据搜集和分析能力，为大数据在金融行业高效安全的应用奠定技术基础；另一方面，大数据产业链的发展也能够降低金融大数据的技术门槛和资金门槛，加速数据资产的交易和利用。这将打破大型企业对数据的垄断，维护金融市场的高效竞争，并为金融创新提供持续的动力。

近年来，多国政府相继出台具体措施，推动大数据产业链的发展。新加坡较早地提出了“将数据作为资源”。早在2006年，新加坡就推出了一项名为“智能城市2015”的信息化计划，这个为期十年的发展蓝图，目的是要通过大力发展信息与通信技术（information and communications technology，ICT）产业，应用ICT技术提高关键领域的竞争力，将新加坡建设成为由ICT技术驱动的智能城市。经过十年的努力，新加坡于2014年将该发展蓝图升级为“智慧国2025”，用接下来的十年将新加坡建设成为智慧国度，这是全球第一个智慧国家发展蓝图。

除了新加坡外，美国政府也将大数据视为“新世纪的石油”，并将大数据的发展上升至国家战略的高度。2012年，美国政府正式启动了“大数据研究和发展计划”，投资2亿多美元形成政府、产业界与学术界的研究互动，以充分发挥大数据对国家安全、经济发展和社会管理等方面的积极作用。受此影响，美国Splunk等大数据服务公司迅速兴起，信息租售等商业模式蓬勃发展，相关科学研究也逐步升温。2013年，出台了《数据、知识、行动》，以指导相关政府机构促进跨部门的大数据创新合作，共享资源与信息，加快基础大数据理论研究，形成完善的理论知识体系，并促进各部门在各自的领域采取行动、实现价值。2015年，美国国家科学基金会建立了全国性区域大数据创新中心，其研究领域与重点都聚焦在大数据知识转化问题。2016年，美国国家科学与技术委员会提出《联邦大数据研究与开发战略计划》，提出了大数据研究与开发重要领域的七项战略，重点强调鼓励跨部门、跨机构的大数据合作，构建和增强大数据生态系统内部联系。2019年，美国国会议员提交了《国家安全与个人数据保护法提案》和《数据保护法案》，这些法案的内容主要包括对金融数据进行保护、加强对金融数据第三方使用的管理、保障金融数据研发经费的规模等，有效提升了风险防控的力度和质量。美国在金融数据治理方面的主要经验可以概括为两点：一是通过立法来确保金融数据安全，二是提升跨境金融数据流动的监管质量，通过金融数据共享服务实体经济发展。经过多年的发展，美国的金融数据已经建立了多元化的应用格局。此外，美国政府建立了金融数据治理容错机制，鼓励金融数据治理的积极创新。

第四节 我国金融信息安全现状

现在，每落地一项金融科技，都会对金融行业现有的法律、监管机制、企业运行方式等带来冲击，同时带来安全隐患，大数据更是如此。如何应用机制、技术解决这些问题和隐患是当下数据与信息安全保护的重点任务。随着金融行业对数据资源价值认知的逐渐提升，金融行业数据保护意识正在逐渐加强。但是，金融行业的数据保护意识还不能完全满足现如今的数据保护需求，需要监管机构、金融企业和行业组织等行业主体更积极地面对数据安全方面的挑战。

一、个人信息保护

（一）大数据对个人信息保护带来的挑战

（1）网络攻击的规模大幅度提升。针对数据的网络攻击事件层出不穷，网络安全风险逐年上升。网络攻击呈现规模化、集团化趋势。电商安全生态联盟发布的《电子商务生态安全白皮书》显示，有组织大规模的攻击呈增加趋势。

分布式拒绝服务（DDoS）攻击规模直线上升。DDoS技术已经发生了显著的变化。从20世纪90年代需要自己动手部署的拒绝服务，到如今利用Memcached超级DRDoS，DDoS在复杂性和数量上都达到了前所未有的高度。根据DDoS防护公司Gcore发布的2023年第三、四季度DDoS攻击趋势报告指出，DDoS攻击的规模和复杂性都有了惊人增长。Gcore发现，过去三年，DDoS峰值攻击流量每年的增幅都超过了100%，2021年DDoS攻击峰值流量为300 Gbit/s，2022年增至650 Gbit/s，2023年第一到第二季度再次增至800 Gbit/s，2023年第三到第四季度增至1 600 Gbit/s。

攻击源的全球传播表明了网络威胁的无国界性质，攻击者可以跨越国界进行操作。Gcore在2023年下半年发现了多个攻击来源，其中美国位居第一，占24%。印度尼西亚（17%）、荷兰（12%）、泰国（10%）、哥伦比亚（8%）、俄罗斯（8%）、乌克兰（5%），说明全球面临着广泛的威胁。

（2）技术发展导致管控困难。社交网站、智能穿戴设备、共享经济等新业态不断增加个人信息的数量，丰富个人信息的类型，创新个人信息的应用方式，同时也带来了更复杂的安全风险。首先，海量信息的收集比对极大地提升了识别到特定个人的能力，模糊了个人信息边界。其次，信息比对及反复利用是大数据价值开发的核心，个人信息超出原初目的的利用在大数据场景下成为常态，传统目的限定原则被不断突破。再次，个人信息收集的隐蔽性，流转的复杂性打破了传统的“知情+同意”框架，让用户控制难以行使，权利实质被架空。最后，多元主体尤其是第三方信息中介异军突起，但在传统架构中难以寻求有效的实用规定，造成问责不清，也让传统规制手段显得难以为继。

（二）中国个人信息保护现状

中国的个人信息保护主体可以分为政府、监管机构、行业组织和企业四类。政府通过立法、政策制定、标准发布的方式明确个人信息保护的制度框架。监管机构依据制度框架行使执法和管理的权利。企业和行业组织通过行业自律、落实执行等方式予以配合。

（1）政府制定一系列法律保护个人信息。《中华人民共和国刑法》（以下简称《刑法》）指出：“违反国家有关规定，向他人出售或者提供公民个人信息，情节严重的，处三年以下有期徒刑或者拘役，并处或者单处罚金；情节特别严重的，处三年以上七年以下有期徒刑，并处罚金。”《最高人民法院、最高人民检察院　关于办理侵犯公民个人信息刑事案件适用法律若干问题的解释》对该条文进行了解释——非法获取、出售50条以上敏感个人信息就属于《刑法》中所说的情节严重。

2016年11月7日，全国人大常委会表决通过《中华人民共和国网络安全法》，该法于2017年6月1日起施行。

2021年8月20日，十三届全国人大常委会第三十次会议表决通过《中华人民共和国个人信息保护法》（以下简称《个人信息保护法》）。自2021年11月1日起施行。《个人信息保护法》规范了个人信息处理活动，促进个人信息合理利用，提出了一系列的个人信息保护的要求、保障措施和责任承担主体：

一是个人信息的收集、处理和利用应当遵循合法、正当、必要的原则，不得违反法律法规的规定和双方的约定收集、处理和利用个人信息。个人信息的收集应当有明确而特定的目的，不得偏离有关目的收集个人信息。不得以欺诈、胁迫等其他不正当手段获取个人信息。

二是信息处理主体应当采取合理的安全措施保护个人信息，防止个人信息的意外丢失、毁损，非法收集、处理、利用。网络运营者应当采取技术措施和其他必要措施，确保其收集的个人信息安全，防止信息泄露、毁损、丢失。当发生或者可能发生个人信息泄露、毁损、丢失的情况时，应当立即采取补救措施，按照规定及时告知用户并向有关主管部门报告。

三是提出了保障措施，个人信息来源渠道和信息使用渠道清晰，确保个人信息可追溯、可异议和可纠错。

四是共同担责。发生侵权时，信息主体无法确认侵权人的，可以向有权收集、利用或处理个人信息的两个或两个以上的相关主体主张损害赔偿。

（2）企业的个人信息保护意识淡漠。最近几年，随着大数据从业者持续的市场教育，业内已经公认数据是资源、金矿，具有财产性质。因此，很多企业已经部署了大数据平台，储存了大量的个人数据作为资产。但是，在日常经营中，企业并没有像管理现金、管理服务器一样地管理好它们保存的数据。企业的个人信息保护意识淡漠会导致一系列问题，如个人信息保护制度缺失、软硬件投入不足、员工缺少对个人信息保护法律的认识等。

（3）行业组织对行业自律的影响力有限。行业组织在当前仅起到咨询和支撑作用，对行业自律和引导的实际影响力有限，也无法做到机制改进和手段创新。

（三）个人信息保护的建议

（1）开发大数据新的价值。今天，大数据应用不管是精准营销还是风险控制，都主要面向的是人类。面向人类的大数据分析处理应用必然会带来隐私危机。行业需要新的模式与新的创新，将大数据的使用范围扩展、使用价值扩展。

（2）重视个人数据的遗忘权。随着自媒体的发展，想调查都有哪些网站转载了这篇文章已不可行，想知道都有哪些用户存了这篇文章更是不可能完成的任务，遗忘权成为大数据时代新的问题。以前文明只关注如何记住问题，现在如何永久性地消灭数据也许是工程师新的发展思路。

（3）严格遵守个人信息保护原则。个人信息控制者开展个人信息处理活动，应遵循GB/T 35273—2020《信息安全技术　个人信息安全规范》给出的基本原则。

二、数据流通

从理想层面来看，万物皆数据，数据皆兄弟。单个的孤岛数据价值不大，必须要流通、要连接，才能产生新的价值。在大数据时代，连接比数据本身更重要，数据的价值不取决于数据本身是什么，而取决于数据跟其他数据之间的关系是什么、在数据世界中处于什么位置。政府进行数据开放、共享的核心目的就是让更多的数据连接起来。

大数据被定义为资产，但它的价格并不清晰。大数据也被定义为商品，但它没有完全流通起来。业内认同的是大数据很有价值，但如何流通还处于早期阶段，需要很多技术创新、理论创新的支持。数字时代需要经济学家解决数据流通存在的理论问题、方法问题。

（一）政府信息开放和共享

信息技术的超常规速度发展，促成了数据处理能力的爆炸性增长，社会也步入“大数据时代”，最终带动经济社会运行效率提升。政务信息数据资源是社会数据资源最主要的组成部分之一。政务信息数据依靠政府职能拥有广泛的覆盖面，与社会的连接性高，集中在职能部门手中。可以看到，政务信息数据价值极高，并且开发难度相对较低。政务信息数据的开放和共享将有力地推动中国大数据产业的发展。

（1）中国政务信息资源共享发展历程。我国政府正在从传统被动响应型政府向主动智慧管理型政府转型，以实现开放式、互动型、智慧化转型，政府正在积极打破政务信息数据孤岛，实现政务信息整合共享，积极开发政务信息资源实现社会开放共享。

我国政务信息资源共享主要分为四个阶段：初级阶段、对内整合阶段、共享开放阶段和跨界融合阶段。在初级阶段（1992—2005年），政府部门建立了各自的门户网站，对政府信息进行分类公开。在对内整合阶段（2006—2015年），政府部门建立了信息化业务系统，实现了对外服务和管理的在线处理。相同的上下级政府部门实现三级政府部门甚至四级政府部门的纵向信息系统整合。在共享开放阶段（2016—2018年），政府进行横向信息系统整合，实现跨部门的信息资源共享和政务业务协同。在跨界融合阶段（2019年以后），政务信息化深入发展，政务相关数据极大丰富，将陆续开放数据、开放公众参与、开放投资等，建成以政务信息资源共享为核心的政务大数据应用。

（2）政务信息资源共享政策。中央高度重视政务信息资源共享工作。要求要运用大数据提升国家治理现代化水平。要建立健全大数据辅助科学决策和社会治理的机制，推进政府管理和社会治理模式创新，实现政府决策科学化、社会治理精准化、公共服务高效化。要以推行电子政务、建设智慧城市等为抓手，以数据集中和共享为途径，推动技术融合、业务融合、数据融合，打通信息壁垒，形成覆盖全国、统筹利用、统一接入的数据共享大平台，构建全国信息资源共享体系，实现跨层级、跨地域、跨系统、跨部门、跨业务的协同管理和服务。近两年来，政务信息资源共享专项政策密集出台。推进政务信息资源共享的政策体系初步形成。

（3）政务信息资源共享进展。第一阶段，整合一批、清理一批、规范一批，基本完成国务院部门内部政务信息系统整合清理工作，初步建立全国政务信息资源目录体系，政务信息系统整合共享在一些重要领域取得显著成效，一些涉及面宽、应用广泛、有关联需求的重要政务信息系统实现互联互通。

①部门内部信息系统整合：各有关部门原则上将分散、独立的信息系统整合为一个互联互通、信息共享、业务协同的“大系统”。

②构建政务信息共享标准体系：完成人口、法人、电子证照等的国家标准的组织申报和立项。

③加快信息共享平台建设：国家数据共享交换平台基本具备跨层级、跨地域、跨系统、跨部门、跨业务的支撑服务能力。实现信用体系、公共资源交易、投资、价格、自然人、法人、能源、空间地理、交通、旅游等重点领域数据基于全国政务信息共享网站的共享服务。

④政务信息资源目录编制：开展对政务信息系统数据资源的全国大普查，逐步构建全国

统一、动态更新、共享校核、权威发布的政务信息资源目录体系。

⑤国家统一电子政务网络建设：普遍建成一体化网上政务服务平台。按照统一部署，各地区、各部门政务服务平台要主动做好与中央政府门户网站的对接，实现与国家政务服务平台的数据共享和资源接入。

第二阶段，实现整合后的政务信息系统接入国家数据共享交换平台，初步实现国务院部门和地方政府信息系统互联互通。完善项目建设运维统一备案制度，加强信息共享审计、监督和评价，推动政务信息化建设模式优化，政务数据共享和开放在重点领域取得突破性进展。

①各部门信息系统整合：基本具备跨层级、跨地域、跨系统、跨部门、跨业务的支撑服务能力。除极少数特殊情况外，目前政府各类业务专网都要向国家电子政务内网或外网整合。

②统一接入数据共享交换平台：各部门推进本部门政务信息系统向国家电子政务内网或外网迁移，对整合后的政务信息系统和数据资源按必要程序审核或评测审批后，统一接入国家数据共享交换平台。

2022年9月，国务院办公厅印发《全国一体化政务大数据体系建设指南》，提出要加快推进全国一体化政务大数据体系建设，加强数据汇聚融合、共享开放和开发利用。指南为国家政务信息化体系建设作出了整体规划，各省市积极响应党中央、国务院关于加快信息化建设、全面提升政务信息化水平的决策部署。2023年5月，河南省印发《河南省加强数字政府建设实施方案（2023—2025）》，提出要实现政府决策科学化、社会治理精准化、公共服务高效化、政务运行协同化，引领数字经济、数字社会和数字生态协调联动发展。总体来看，政务数字化正向高效协同运作方向不断迈进。

（二）企业间数据流通

从全球实践经验来看，用户提供必要的个人数据是获取相关服务的前提，个人数据可以在企业服务业务范围内使用和流动。但数据离开企业服务业务范围，在其他业务范围或业务场景被使用，即构成数据流通，包括数据交换、数据共享和数据交易等形式。例如，某集团将自有电商交易数据提供给某个其控股的市场营销企业使用，与某第三方数据交易平台将运营商通信数据交易给某市场营销企业使用，并没有本质上的不同。只不过前者发生在关联企业之间，采用的是数据对价形式。后者发生在非关联企业之间，采用的是数据定价形式。

（1）法律问题。《网络安全法》规定，网络运营者应当承担严格的保密责任，未经信息主体同意，不得向他人提供个人信息，但是经过处理无法识别特定个人且不能复原的除外。可以看到，《网络安全法》已经明确认可了“脱敏数据交易的合法性”。首先，出售个人信息需要当事人的同意。目前市场上流通的数据是否真的得到当事人的授权还有待商榷。其次，随着大数据、人工智能等技术的发展，“无法识别特定个人”和“数据不能复原”的界限越发难以判断，并且必然会随着技术的发展而发生变化。

（2）行业自律。我国数据流通行业正在快速发展，数据流通的新模式、新技术不断涌现，各种数据交易机构管理水平与服务能力不断上升，行业呈现出蓬勃发展的状态。但随着数据流通服务平台的大量涌现和数据流通产业的交易模式为全社会所认知，在利益诱导等情况下，大数据流通面临的问题也愈发凸显，包括虚假流通、灰色交易，甚至违法流通等。数据流通中的这些问题不仅严重损害了国家安全、企业合法利益、个人隐私、数据价值挖掘等方面，更在实质上阻碍了大数据产业的整体健康发展。

数据流通规则亟待建立。数据的权利类型尚未达成共识，部分数据的权利主体存在争议，如用户行为数据等；数据的定价模式不统一，存在供方定价、拍卖、买方出价等多种方式，缺乏参照和标准；对于哪些数据可以进行交易以及哪些数据禁止交易等没有明确规定；明确的监管机构对涉及数据交易相关行为的合法性进行监管和执法；数据交易涉及平台、供方、买方等多个主体，如何确保数据在交易过程中不被泄露、窃取、篡改、复制是当前需要解决的重要问题。

为保障大数据行业的正常运行，业内需要加快制定行业公认、符合国家法律要求的数据流通规则。通过系列数据流通治理活动，相关的企业认真落实数据流通规则，并自觉披露相关信息接受社会监督，提升数据流通领域透明度，以便政府将行业共识提升为行业标准，乃至国家标准。

（3）发展建议。从维护市场公平性和统一性出发，应加强数据流通全范围监管。对各类数据的流通方式和应用场景实施分级分类管理，防范可能出现的交易违规、契约失灵和企业管理失效等带来的风险。同时，加强数据流通全周期、全流程管理，在数据利用的各个环节（包括收集、加工、流通、应用等）都加入隐私安全分析和控制，使数据流动和使用的每个环节可查询、可控制。

鼓励数据交易平台的建设。目前，企业很难从合规的渠道得到想要的数据。加强数据交易平台建设与合规数据服务商的认证，将为需求方提供更可信的交易场所和交易伙伴。监管机构可以在平台上的各关键环节设置数据采集点，监控数据的流通过程，像电信运营商的数据采集模式一样，记录传输数据的属性，包括传输了多少条数据和数据的维度，以便对问题进行溯源，从而实现过程可控制、责任可追溯、风险可防范。

三、大数据道德

大数据算法的透明度已经成为需要重点关心的议题之一。现在，虽然数据的开放使得数据变得透明，但是由于算法黑箱的存在还是会出现监管盲区。随着数据越来越多，越来越开放，算法黑箱势必要被打破，算法歧视问题和算法不正当利用问题亟须得到解决。

（一）大数据算法歧视

以个人大数据征信场景为例。目前，一些大型的征信机构已经深入应用大数据技术，全方位、多角度地分析个人数据，作为判断信息主体信用状况的依据。分析的维度包括年龄、性别、银行存款、固定资产、薪资水平、交易记录等。从输入数据到做出决策的机器自动化处理的中间过程，甚至更为先进的人工智能背后的代码、算法都存在“技术黑箱”。大数据算法黑箱可能导致性别、商业团体资格等各方面的歧视。而开展非歧视性大数据技术研究尚是一个模糊地带，当务之急是提高大数据算法应用的信息披露义务，打开算法黑箱，将歧视性的算法清除出去。

（二）大数据算法"杀熟"

大数据算法"杀熟"是近年业内最热门的话题之一。从今日头条智能算法带来的个性化展示，到在线旅行平台利用大数据"杀熟"，流露出的信息是大数据应用不中立，机器学习尚不成熟。大数据技术可能在分析消费者支付能力、消费偏好后，针对用户的不同情形制定不同的价格，例如，判定急需订票便提高价格、固定路线叫车报价更高等。

大数据算法"杀熟"违背商业诚信。借助大数据算法，企业能够对每个用户进行全方位的精准画像，根据消费者愿意为商品付出的最高价格而为产品制定不同的销售价格，进行歧视性定价。此种方法使原本便利普通民众生活的大数据技术成为商家谋利的手段，将危害行业发展、阻碍技术进步。

政府需要进一步加强监管，对算法进行监控，单纯依靠企业自律很难改善目前算法上存在的问题。

第五节　我国金融信息安全建设

目前，基于大数据的金融创新在中国金融市场备受关注，并以燎原之势迅速发展。随着大数据与中国金融的联系不断深化，大数据对中国金融安全的挑战也悄然而至，成为未来中国金融行业必须面对的难题。面对这些挑战，我们应当借鉴国际经验，立足自身国情，从法律制度、产业发展和市场监管三个方面合理布局、科学应对，从而趋利避害，充分发挥大数据对中国金融系统的积极作用。

一、应对挑战的"两个原则"

根据大数据自身的特点和各国现有的经验，中国在应对大数据与金融安全问题时，应当立足"两个原则"，以构建合理的应对措施体系。

（一）发展性原则

大数据产业及其与中国金融市场的联系都处于高速发展的阶段。因此，应对措施的制定必须考虑发展的因素，具有一定的前瞻性和兼容性，既要针对当前问题做出有效处置，又要能对未来变化做出充分调整，避免出现措施"出台即落伍"的情况。

（二）自主性原则

首先，自主性是指措施的设计应当立足于本国国情。虽然各国的实践提供了宝贵的经验，但是中国与各国的技术水平、基本国情和国家战略都存在较大差异。因此，应对大数据与金融安全问题的措施也应该"以我为主"，选择性地吸收国外经验，开创符合中国国情的道路。

其次，自主性还意味着措施的实施应当依靠本国的企业和技术。只有不断发展本国的民族企业和自主技术，才能在金融信息传输的全流程中实现真正的信息安全。

二、我国金融信息安全建设的措施

根据中国目前的监管体系和产业结构，处置大数据与金融安全问题是一个综合性的课题，需要多方面齐抓共管。本书认为，应该从以下三个方面采取具体措施，以全面应对大数据对中国金融安全带来的新挑战。

（一）在法律制度方面，应该实现“两个确立”

第一，通过立法等形式，将大数据确认为一种财产，并且明确规定大数据的产权如何产生、转移和终止。同时，对于侵害大数据财产权的相关行为，如黑客攻击、信息监听等，应进行相应的裁量和处罚。这些举措为从数据角度维护我国金融安全提供了法律基础，并为打击各种侵犯行为提供了法律依据和量刑标准。

第二，通过行业标准等形式，设立金融企业和数据服务商在数据使用和算法开发中的国家安全标准，引导金融行业正确使用大数据技术，减少相应风险。

（二）在产业发展方面，应该注重“三个支持”

第一，支持本国信息产业的发展。通过提升本国在软硬件领域的自主技术水平和市场竞争力，减少在银行数据中心等关键领域对国外厂商和技术的依赖，实现金融数据通道的独立自主。

第二，支持本国数据服务商的发展。本国数据服务商的发展不但能打破国外数据终端的垄断地位，也能降低大数据技术的应用成本，使得大数据技术更广泛地服务于中国的金融行业。

第三，支持第三方数据审查机构的发展。通过政府考核授权的形式，培育一批独立的数据审查机构，为金融企业和数据服务商提供数据与算法的合规性审核，从而规范大数据在金融行业的应用，充分发挥大数据的积极作用。

（三）在市场监管方面，应该推进“一个变革”

随着大数据在金融行业的广泛应用，金融市场监管的难度也逐步增大。对此，金融监管应当积极地从依靠人力的、事后的监管向依靠大数据技术的、预警性的监管逐步转变。一方面，基于大数据技术的监管自动化，能够成倍地提升监管的效率和准确度，降低监管成本，使得监管机构能够有效地应对日益复杂的市场问题。另一方面，基于大数据技术的实时监控和风险预警，能够在“鲁莽行为”等恶性行为造成实际危害前及时发现和阻断这些行为，从而降低违法行为对经济和社会造成的实际损失，保障中国金融体系的安全。

思　考　题

1. 请简述金融信息化与金融信息安全之间的关系。
2. 如何平衡金融信息化的发展与金融信息安全的保障？
3. 大数据如何对中国金融信息安全构成新的挑战？
4. 面对大数据带来的挑战，我国金融信息安全建设应遵循哪些原则？

第九章 大数据金融风险管理与控制

学习目标

1.理解大数据金融风险管理的方法与应用模式。
2.掌握大数据风险控制与传统风险控制的差异。
3.了解大数据金融风险控制的实例。

金融的本质就是利用信息优势为交易双方提供服务的中介。数据与风险是其中的两大要素。数据的获取与分析能力决定了信息优势的大小，这是其核心竞争力所在。

传统的风险评估方法除查看信用记录外，更多地侧重于土地、房屋等物质资产和公司信誉状况等指标，缓释风险的机制多数都是抵押、质押和担保。而实际上，个人或企业信用的优劣及是否存在履约风险，在多种交易行为中是能体现出来的。持续性的、高频率的、以信用为担保的交易，更能真正地、动态地反映交易主体的信用和履约能力。互联网与生俱来的信息创造及信息流整合功能，在提升透明度的基础上成就了大数据时代。而以之为前提的云数据处理技术的出现，客观上使发掘和整合传统抽样调查所无法描述的细节信息成为现实。并且，这些云数据所包含的个人或企业的信用信息，比商业银行等金融中介传统的信用评级技术所得的结果更为准确。

第一节 大数据金融的风险管理方法与应用模式

一、银行业大数据风险管理

对于我国商业银行来说，中国人民银行提供的基础信用信息和基于客户调查所获得的基本信息是过去进行风险控制的主要信息来源，而主要方法则是基于专家经验的授信决策系统。在大数据背景下，行为主体的各种行为印记被以数据的形式记录下来，而这些数据包含了各类有效信息，在相当程度上弥补了过去银行和客户之间存在的信息不对称，从而成为银行进行风险管理的有效补充。

（一）银行业大数据风险管理模式的特点

1. 集约化管理

在大数据技术的应用下，商业银行触及客户的方式发生了极大的变化，其在对客户信用风险进行管理时无须以现场直接接触的方式接触、服务和管理客户，而是以电话联系、网络在线沟通、移动智能设备客户端等方式与客户进行互动，进而有效地降低了运营成本。此外，由于业务流程更加标准化，在保证提高业务质量的同时，商业银行的服务效率也得到了提升，从而能够更好地在控制风险的基础上向不同的客户群提供其所需的金融服务。

2. 全过程风控

商业银行基于对大数据技术的应用，能够在其风险管理系统中接入海量集中式数据，这些多维度数据的交叉验证，能够解决商业银行在客户信用风险评估中客户信息难以收集的问题，从而有效地缓解商业银行在信贷业务中所面临的信息不对称，提高了商业银行对客户信用风险的识别和预防能力。

此外，基于对大数据技术的应用，商业银行的贷后管理能力也得到了提升，尤其是非现场的贷后管理能力得到了大幅提高。在大数据技术的应用下，商业银行的风险控制以非现场的预警监测为依托，对不同客户群的风险特征和行为模式进行识别，强调对授信客户进行持续跟踪、动态监测和实时预警。

3. 标准化与差异化相结合

虽然商业银行所提供的信贷产品具有一定的标准化特征，但在其风险管理过程中也同样会考虑如何对差异进行处理。根据数据分析和市场调研的结果，商业银行可以针对不同行业、不同地区、不同特征的客户群制定不同的标准化产品，并分别采用不同的运作流程、审核标准、评分卡和授信策略。

4. 输入信息多样化

随着外部输入信息的范围越来越广、数据量越来越大、数据变化频率越来越快以及数据类型愈加多样化，商业银行的风险管理系统在数据处理、数据分析、模型建立、策略应用等方面的能力也在不断增强。

（二）信贷审批

信贷审批是商业银行进行风险管理的重要环节。随着社会的不断发展和商业银行同业间的竞争加剧，商业银行在进行信贷审批时越来越注重客户的体验。例如，提供更加简便的贷款申请流程、更快速的审批结果反馈、更公开透明的贷款受理过程等都是提升客户审批体验的主要表现。在保证风险控制水平和能力的基础上，提升客户审批体验离不开大数据技术的应用。

1. 实时审批

实时审批是自动化审批的一种类型，是指从获取申请信息开始，通过接入外部数据并进行比对、规则判断、信用调查和模型评估，到最终给出授信决策，在保证决策质量的前提下，整个过程是在极短的时间内完成的。

为了实现实时审批，商业银行需要对其审批流程进行优化，减少人工干预的必要性，还需要对其非人工环节的运行效率进行提高。具体来讲，就是要让数据、模型和策略更多地代替人工做出判断，并对信息技术进行革新，以智能决策模型和策略进行操作。例如，在有效信息足够完备的情况下，利用第三方的数据信息就可以对客户的申请信息进行校验和补充，无须工作人员再电话联系客户核实信息的真实性和完整性。

大数据是实时审批的根本。在大数据技术的作用下，客户所提交的申请资料得以简化，使客户的审批体验得到了有效的提升。此外，商业银行基于大数据技术也不再单纯依靠客户所提交的信息对客户的信用风险进行评估，通过分析其他渠道获取的真实数据所得出的评估结果无疑更为有效。

2. 前置审批

利用大数据技术，商业银行可以结合多个渠道的客户数据，在客户提交信贷申请前就对客户的风险水平做出评估，预先做出投信决策，即将审批过程前置。如此一来，商业银行的工作人员根据审批合格的客户名单有针对性地接触这些优质客户，只要该客户提出投信申请便能直接与商业银行建立起信贷业务关系。从中可以看出，前置审批既是风险控制过程的一部分，也是营销环节的一部分。

大数据技术在前置审批过程中的作用表现为两个方面：一是能够使商业银行在对客户的风险水平进行评估时使用到更加全面的数据，从而做出合理的投信决策；二是能够使商业银行对客户的信贷需求做出准确的预测，从而在恰当的时机为客户提供信贷服务。

3. 隐性审批

隐性审批主要存在于消费金融领域，即在客户进行消费付款时，及时为该客户提供消费贷款，无须客户专门提交授信申请。隐性审批过程有以下三个突出特点：

（1）隐性审批有很强的应用场景。隐性审批通常与存在客户借款需求的应用需求相联系，发生于该客户在该场景中的付款过程中。基于该应用场景，商业银行能够获取借款客户的资金用途信息，从而保证了信贷资金使用的真实性，是对客户资信状况的有效补充。

（2）在这一过程中，授信申请、授信审批、放款和交易紧密地衔接在一起。即客户在发生交易行为时并未感受到其授信申请行为，授信审批和款项的拨付都集成在客户的支付行为当中。

（3）维护商圈的过程就是寻找客户的过程。在隐性审批的过程中，商业银行只需要找到客户集中的商圈便可以轻松引入优质的借款客户。

大数据技术的优势主要体现在隐性审批时，商业银行对其借款客户的风险和收益水平的实时评估中。利用更能反映客户消费能力和经营状况的第三方数据对客户进行评估，所得出的评估结果更加贴合客户的真实情况。依托于大数据的收集和存储，营销和审批环节更为紧密地结合在一起，使商业银行在提高营销效率的同时，也提高了其风险管理水平。

4. 移动审批

随着移动互联网技术的发展，越来越多的客户选择在网页端口和移动设备客户端口提交投信申请，借助于大数据技术，后端审批环节也随之发生了不小的变化。

首先，移动审批实现了客户信息的实时传递。即客户在接入端口填写申请信息时，所填写的申请信息被实时传递给后端的审批系统。其次，移动审批实现了更多的信息采集。基于对大数据技术的应用，客户在申请过程中相关数据也会被系统所采集，如填写时间、修改内容、修改次数、提交时间等信息数据。最后，移动审批的审批过程延伸至申请端。即客户在填写授信申请时，每填写一条信息，该信息就被实时地传递到后台进行核实，客户无须完成全部的申请过程就能得到审批的反馈。

（三）风险预警

风险预警是指通过信息的收集和分析，对业务和资产的风险状况进行识别、测量和分析，并对可能发生的风险采取适当措施进行化解，以达到减少损失的目的。商业银行对风险进行预警，可以及时地采取有针对性的措施对未来将会发生的损失进行控制。大数据在风险预警方面极具优势。商业银行借助大数据技术可以从多渠道选取监测指标，对其经营过程中每一个业务的每一个环节的异动进行跟踪，从而实现对风险的有效预警。

风险预警是一个动态过程。在风险预警的动态过程中，主动监测并化解风险是其主要目的，预警是实现该目的的手段。风险预警流程如图9-1所示，从图中可以看到，风险预警是一个闭环过程，通过发现问题和解决问题的循环往复实现对风险的动态管理。在这一过程中：监测环节是对风险进行识别的环节，有效的监测决定了风险预警的准确性和及时性；预警是触发风险处置措施的环节，而归因分析则是采取恰当处置措施的必要前提；在对当前所发现的风险进行处置后，当即进入下一轮的风险监测环节，以发现新的或变得更加严重的风险问题。

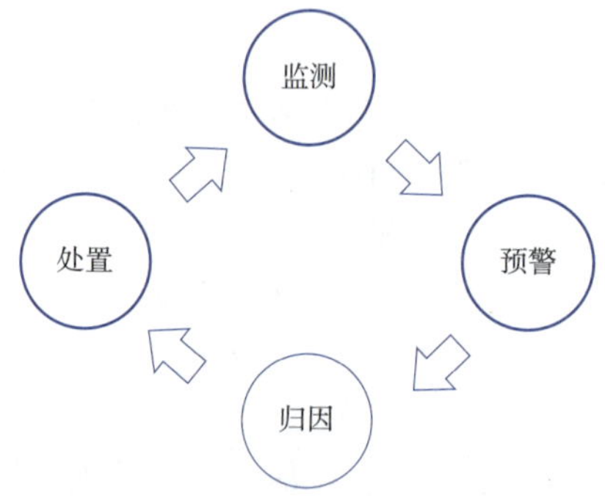

图9-1 风险预警流程

1. 风险预警体系

健全的风险预警体系是及时且全面的。风险预警体系的及时性体现在以下两个方面：

（1）风险预警信号具有前瞻性和预见性。即风险预警信号能够帮助商业银行及时识别早期的风险迹象，避免因预警信号存在滞后性而导致其承担较大的损失。

（2）及时对风险预警信号做出反应。即商业银行在收到风险预警信号后，必须有能力对所发现的风险迹象以化解风险、减少损失为出发点采取快速的应对行动。

风险预警体系的全面性体现在以下两个方面：

（1）既要关注单一客户，也要关注客户整体。即商业银行对风险预警信号的识别要覆盖每一个客户个体，也要对整体的客户结构和资产质量给予充分的关注。

（2）既要细化到单一业务，也要覆盖全部的业务范畴。即商业银行不仅要对微观层面的单一业务进行预警，还要在宏观层面对全部业务的各种风险进行有效的预警和防范。

根据预警类型的不同，可以将风险预警分为个案预警和资产组合预警。个案预警是指对某一客户个体的信用状况的监测和预警；而资产组合预警可以是对某一业务的资产质量的评估和预警，也可以是对由多种业务所组成的整体资产状况的评估和预警。通常情况下，个案预警是资产组合预警的前兆，因此可以在二者之间建立恰当的预警联动机制。

2. 分级预警机制

分级预警机制是指基于预警信号的严重程度和所需响应速度的不同，在预警体系内设置不同的预警级别，以对每个预警信号做出恰当的反应。不论是哪一级别的预警信号，都需要进行相应的归因分析，在找到预警原因的基础上采取适当的措施对风险进行必要的控制。而分级的意义在于，商业银行可以根据预警信号的级别来确定处置措施的实施范围和实施进度。

3. 大数据在风险预警中的作用

为提高预警信息的及时性和全面性，商业银行的预警信号获取范围已经扩展到了外部，而且从传统的公共记录扩展到了无限的网络世界当中。互联网大数据具有非常广的数据范围和非常高的数据更新频率，因而基于互联网中快速更新的海量信息的输入，商业银行的预警能力得到了极大的提高。在这一高效运行的风险预警体系下，客户任一异常的行为都会被及时地识别出来，并将作为风险预警信号实时传递给客户经理，客户经理将会根据该预警信号的严重程度采取相应的处置措施，及时对客户的异常情况进行排查。

二、保险业大数据风险管理

大数据在保险业风险管理中的应用主要是对于骗保诈骗的识别。目前我国保险反欺诈体系建设不够健全，对反欺诈工作的基础性投入不足，未形成全国性的反欺诈处理系统，缺少大数据分析的思维方式，保险公司之间的数据共享机制缺失，这些都使得保险欺诈现象屡屡发生，给保险公司造成经济损失，同时也给保险的社会功能实现带来了障碍。

（一）大数据保险反欺诈流程

保险公司运营的核心是基于历史理赔大数据的保险精算定价和高效运营，但如果不能有效识别恶意欺诈行为，不仅会给保险公司带来个案上的经济损失，也会对其基于历史理赔的保险定价带来负面影响。而大数据在进行欺诈识别中具有显著的技术优势。

保险公司可以通过对其所掌握的海量用户数据进行深度挖掘分析，从中找出诱发保险欺诈的活跃因素和这些因素的波动范围，并在此基础上构建大数据保险欺诈识别模型，基于这种欺诈识别模型，理赔人员可以对发生的保险理赔时间进行更为准确的欺诈风险评估，并依据这种评估的结果最终做出理赔决策。

目前已经有基于大数据技术的保险智能勘查理赔系统应用于实际的保险理赔过程中。智能勘查理赔系统可以及时客观地根据保险标的出险状况与理赔条件具体指标的吻合程度做出是否进行赔付的决策，如有异常情况，则会将此进行上报并提供依据，等待勘验人员的进一步决策。

这种欺诈识别系统依赖于数据资源的完整性和可靠性，包括保险公司自身以及同业公司的历史理赔记录、保单信息、征信记录、犯罪记录、社交网络、交通相关医疗统计数据乃至投保人理赔申请前后的金融记录等都有必要纳入系统中来进行整合处理。

保险欺诈识别与反欺诈系统从索赔方提出索赔申请或自动感知识别的理赔系统发出实时警报代替索赔人的理赔申请开始。

保险公司在收到相关申请后将自动进入审核环节。利用大数据技术对其所掌握的或通过保险信息共享平台掌握的投保人与保险标的相关的基础数据，由智能勘查理赔系统及时反馈的与出险状况相关的实时数据进行处理和分析，对引起风险事件发生的主要因素进行识别和判断。智能勘查理赔系统可以在此环节中向保险公司提供视觉化的信息并为其解释潜在的诈骗行为，从而帮助保险公司对可能的诈骗行为给予必要的关注。

大数据分析的结果将作为输入参数进入智能欺诈评估系统，以对此项理赔案件的欺诈风险进行初步的评估。评估将对案件的风险程度进行打分，如果其得分较高意味着诈骗风险较低，是正常的理赔行为，即做出理赔决策；如果得分较低，则意味着诈骗风险较高，需要进一步进行审核，如通过人工实地勘查审核评估等。

上述欺诈识别与反欺诈工作流程在保险理赔的诈骗识别中十分高效，除了能够大幅缩减理赔审核的时间，更主要的是提高了理赔审核的准确性，而这正是基于对大数据技术在海量数据处理中的应用能力。

（二）大数据反欺诈工作重点

利用大数据技术和资源进行欺诈识别和反欺诈，需要做好三个方面的工作：一是对相关数据进行有效利用，二是建立科学的承保和理赔规程，三是强化行业内部协作。

（1）对相关数据进行有效利用是保险公司大数据反欺诈工作的核心。首先是建立信息共享机制，通过大数据技术建立信息共享平台可以消除保险公司面临的信息不对称问题，为后续进行反欺诈工作提供基础性支持。其次是对数据的管理和整合，除了要对内部数据进行整合，还要对通过信息共享平台和其他第三方合作机构获得的数据进行整合分析，这种可视化分析能够将客户承保、理财等方面的数据所隐含的信息更加直观地表示出来，从而使得整个反欺诈工作的脉络更加清晰明了。最后是对信息的量化分析，量化分析可以借助预测技术建立用于欺诈识别的统计分析模型，基于大量理赔案例的历史数据作为输入参数进入反欺诈模型中之后，模型可以对当前的理赔事件风险状况进行打分，为保险公司的最终决策提供支持。

（2）建立科学的承保和理赔规程，是保险公司对承保和理赔环节的工作机制和流程的优化，从而将反欺诈工作的重点从被动的事后控制转移到主动的事前控制。首先是提高承保工作的审核质量，利用大数据技术严格分析评判投保人的投保动机，在订立保险合同之前就能够初步实现对投保人的欺诈风险评估。要实现高质量的承保，还要持续建立有效的承保审核制度、信息沟通制度和岗位考评制度。其次要建立严格的理赔勘查制度，对于欺诈识别和反欺诈模型给出的评分较低的理赔申请，要进行实地勘查，并对异常和特殊的理赔申请进行复查，以提高勘查环节的工作质量。最后是建立规范的理赔制度，包括接案人、定损人、理算人、审核人和审批人之间的分离制度以及实地勘查人员的制约制度和理赔追责制度，同时对有关风险评估数据和实地勘查报告进行有效的存储和备份。

（3）强化行业内部协作则是对整个保险行业的大数据风险管理应用进行统一协调管理，共享行业的大数据应用红利。一是全面推进行业信息共享建设，从而打破各个保险公司之间存在的信息和数据孤岛，将分散在各保险机构的相关数据按类型的不同进行分类存储和有限共享，充分挖掘和释放共享数据在保险反欺诈工作中的价值。二是制定行业大数据规划，从监管的视角将大数据技术应用和保险反欺诈工作结合，出台相应的法规政策，为保险行业的良性健康发展提供政策环境保障。同时从行业协会的角度确保数据共享的质量和层次，建立行业数据分析模型和分析框架，降低各保险主体各自建立防护体系的成本。三是推进保险行业信用体系建设，建立统一的保险行业内部信息平台，对投保客户和从业人员的信用状况进行记录和评价，建立行业黑名单制度和市场退出机制，实现对失信主体的有效约束和惩戒。

三、互联网金融大数据风险管理

互联网金融是系列互联网技术在金融领域的应用，其快速发展在相当程度上提高了金融资源配置的效率，提高了金融资源利用的普惠程度。但不可否认，互联网金融的产生也伴随着大量的风险，其中很多都是传统金融所没有的风险形态或变异形态，与此同时，大数据技术在治理这些因互联网技术应用而导致的风险时具有独特的作用。

（一）基于大数据的第三方支付欺诈风险管理

第三方支付在发展的过程中始终受到欺诈风险的威胁，尽管这种欺诈行为一般与第三方机构本身无关，而是不法分子利用网络漏洞或者消费者防范意识薄弱进行的，但最终同样是给消费者带来了损失，在一定程度上影响了社会对第三方支付的信任和行业发展。

对于支付平台来说，丰富高质量的大数据资源是其天然优势，也完全可以利用大数据进行欺诈风险防范。一方面，第三方支付交易涉及资金往来，所有平台在用户注册时均会要求用户使用真实信息注册。包括个人身份信息、通信信息、银行卡信息、财产信息以及其他隐私信息，这些信息都是具有较高经济价值且一般难以获取的。另一方面，一旦用户通过第三方支付平台进行交易，就会遗留下大量的历史交易数据，这些数据很好地刻画了消费者的消费信息，如交易对象、交易金额、交易时间、交易方式、交易频次等。以上信息都具有高质量、高可信、高密度的特点。因此完全可以被用来进行欺诈风险防范研究。第三方支付平台将以上数据信息纳入其动态云端数据库，并对此进行科学管理和分析，通过一定的算法建立风险控制模型。这种风控模型具有实时分析的特点，可通过对用户行为与云端数据的关联分析发现其中的可疑之处，从而阻止欺诈行为的发生。这就使得即便客户的账户信息已经被盗用，但通过这种关联分析也能判断出其是否异常，从而阻止损失的发生或扩大。

利用大数据技术对第三方支付欺诈风险进行防范，可以从以下四个具体的行为场景来进行：

1. 注册场景

对于第三方支付来说，欺诈行为的发生往往是从注册账户开始的。例如，不法分子会在同一个支付平台注册多个账户，其并非要进行正常的交易而是另有目的，如获取平台营销活动的红包奖励、优惠券、礼品等，或者是为今后通过这些账户进行洗钱、诈骗、盗卡等行为做准备。前者可能会给平台带来经济利益损失或降低营销活动效果，后者则可能给国家和社会带来更大的危害。

尽管在注册环节支付平台往往会通过注册界面的验证码等验证行为以及手机号验证绑定

等对这类虚假注册进行一定的管理。但对于不法分子来说，其可以通过雇用人力进行注册验证，规避注册界面的验证行为，也可以通过虚拟手机号码进行注册，从而导致以上验证行为形同虚设。而利用大数据技术，则可以通过对云端数据的分析来判断用户的注册行为是否异常，如注册请求行为的地址是否为代理地址，同一个终端发起的注册行为是否过于频繁等。平台还可以通过外部的或者自有虚假手机号数据库进行识别，并建立定期清洗机制，从而确保数据的准确性，减少系统误判行为。

2. 登录场景

在第三方支付平台的登录场景中，主要面临账户盗用以及撞库的欺诈风险。由于木马钓鱼或者互联网泄露数据等因素导致的账户盗用，会导致账户被越权访问登录用户的支付后台界面，进而发生资金损失。而越权访问获取支付账户的个人信息利用价值很高，往往也会被欺诈者反复交易使用，而对互联网用户来说，为了方便使用，很多用户会在不同的应用或网站上使用同样的用户名甚至同样的密码进行注册登录，那么只要任何一个应用或网站的安全性较差被攻陷之后，那么该网站的账号密码数据库就会发生复制，黑客对数据进行清洗封装，并对一些有价值的平台进行定向撞库攻击，即使用他们已经掌握的用户密码进行模拟登录尝试，这将导致更大规模的数据泄露。

大数据技术可以针对这种风险进行防范。一是通过用户登录的IP地址判断其登录行为是否异常，特别是短时间内是否在不同的IP地址尝试登录，如果用户在极短时间内有连续登录行为且每次登录的IP地址解析位置距离偏移过大，就说明这很可能是欺诈者在挂IP代理进行登录，意图隐匿登录来源。第三方平台的监测模型如果发现此类行为，就可以对相关账户进行密切关注。二是通过人机识别监测程序判断用户登录环境是否异常，黑客往往会在撞库的时候使用成熟的工具程序进行批量模拟登录接口，通过在登录页面布控人机识别监测程序，判断登录来源设备是否缺失或伪造，判断用户的交互行为是否存在缺陷。三是跟踪分析判断用户登录习惯是否异常。一般来说，第三方支付平台的用户的常用登录设备、常用登录地点等都是比较稳定的，因此，平台可以根据这种长期的跟踪，利用大数据分析判断其是否在非常用设备和地点进行登录，建立可信设备登录体系，对在非可信设备登录的行为进行严密监测。

3. 绑卡场景

在用户绑卡的环节，尽管第三方支付平台已经通过银行卡号、身份证号、姓名、预留手机和验证码等要素进行了风险防范，但如果欺诈者通过钓鱼木马等获取了用户的短信验证码，那么这种风险防范手段就有被攻击破坏的可能，并进一步获得用户的其他相关信息，进而继续在其他平台进行冒名注册绑卡。

针对这些绑卡环节中的欺诈风险，大数据技术可以对绑卡用户的信息、设备、IP等维度进行关联分析，对中介或团伙的批量绑卡行为特征进行快速甄别，如果发现异常行为即可立即对真实用户或者账户本身进行反馈，防止损失发生。

4. 支付场景

在支付场景中，主要可能发生的欺诈行为和风险是盗卡支付或利用此类账户进行的洗钱和套现行为，其中盗卡支付仍然源自用户隐私信息泄露，但这种行为也能够在一定程度上被大数据系统监测出来，例如，突然出现了不符合用户日常交易支付习惯和与其账户信息不吻合的异常支付行为，就值得平台进行关注。而洗钱、套现则更多表现为账户本人的违规违法行为，通过第三方支付平台的管理漏洞获得经济上的收益。

对于这些支付场景中的风险事件，第三方支付平台可以通过对账户在过往一段时间内的交易特征（如资金流向、交易金额、交易频率等）进行分析而发现异常行为。例如，资金的流动突然大额密集集中在特定账户，且账户的活跃IP、设备是同一个或相近的，符合非法套现和洗钱的特征，那么其风险异常的概率就很高。

（二）基于VITA系统的网络信贷产品匹配和风险控制

VITA金融服务推荐系统是匈牙利某信贷协会开发的一种基于知识的推荐技术平台，能够帮助销售代表与客户在销售过程中进行交互，从而提高销售代表的工作业绩，降低开发和维护相关软件的整体费用，降低由于信贷产品和资金供需双方的不匹配而导致的风险叠加。

目前网络借贷中最大的挑战和风险源就是金融信贷产品结构与客户的个性化借贷需求难以完全匹配，产品找不到合适的客户，而客户也找不到匹配自己需求的产品，不完全的匹配为后面的风险爆发积累了不稳定因素。基于知识的推荐技术能够改善这一情况，通过高效地挖掘和维护数据库，不断提高算法的准确性，可以大大提高推荐的效率，提高用户对平台的黏性，进而丰富数据库，又不断优化和迭代算法，形成良性循环。

VITA数据库包括用户特征属性、信贷产品属性和实例等明确要素，同时，其特有的约束机制能够在特定场景下不向客户推荐某些信贷产品，特别是产品风险结构与用户风险承受能力不匹配的时候，从而实现对风险的控制。而咨询过程则对信贷产品推荐的规则进行了明确定义，其推荐过程包括提取需求、信用价值审核、产品咨询和选择、精确计算及结果展现四个阶段。

在第一阶段，系统会提取用户的需求信息，包括贷款目的、贷款金额、贷款期限等，提取用户需求信息之后就会根据客户的基本状况对其信用价值进行审核，审核其过往信用记录、贷款历史、抵押财产等，通过信用价值审核之后，系统会为其提供与之相匹配的若干产品或贷款方案供其选择，客户选择了某一具体产品或方案之后，系统会计算并展现相应的产品属性，如偿还计划、保留条款等。如果双方没有其他问题就进入贷款流程，而贷后的一系列管理数据则更新到数据库中，为算法优化迭代提供新的数据资源。

（三）互联网消费金融的大数据征信与风控

消费金融面临的最大风险就是信用风险，而对互联网消费金融来说，由于其主要客户是年轻群体和中低收入群体，其信用历史记录往往更加单薄，因此对信用风险的防控更为重要。但通过传统方式收集客户信息对其还贷能力和意愿进行判断显然费时费力且效率低下，同时，我国的消费金融公司在征信建设方面缺乏足够的经验和能力，必须通过与大数据征信机构的合作来完成消费信贷的授信过程。大数据征信机构可以获得用户的多维数据，通过多维数据分析对客户进行评级和分类筛选，从而完成客户的差异化管理，为其消费信贷过程提供重要提示。

基于大数据征信的风控管理平台，先要做到多源数据的整合与管理，整合第三方数据机构与征信服务机构已有的数据，提供从反欺诈、证据保全到第三方征信、电商平台、O2O生活闭环等各个维度的数据分析与服务。另外，还需要从客户的还款意愿和能力等角度对客户进行审核，对通过风控模型评分得到的分类客户进行差异化评估，并根据这种评分分类进行审批、授信、差异化定价、风险预警和额度调整等流程设计，实现信贷工厂的批量化与规模化要求，最后与互联网消费金融的消费场景进行结合，将大数据风控植入具体的消费场景中，掌握客户贷款的实际用途，规避资金挪用的风险，为来自电商、教育、旅行、装修、购车等场景的贷款需求搭建自动化决策模型和风控体系，从而达到快速、实时放贷，满足场景消费对放贷时效的要求。

第二节　大数据风险控制与传统风险控制的区别

随着移动互联网时代的来临，人们在网络上所留下的行为印记越来越多，这些类型多种多样的印记作为数据被存储下来，已经成为金融机构金融风险控制的重要补充手段。运用大数据进行风险控制能够很好地弥补传统风险控制所存在的信息不对称、数据获取维度窄、人工采集成本高、效率低等缺点。

一、传统风险控制

传统风险控制流程：在用户提交申请表后，商业银行先要查询客户的征信情况；由录单员负责将申请表中的客户信息录入系统，并另行登记审批进度表；之后将客户申请资料随征信资料派给审核员；审核员通过阅读征信资料、查询信用网、工商信息、与第三方核实申请资料和确认申请人真实性等审核步骤，记录存在的疑点；电话联系客户，对审核中发现的疑点进行核实；之后对申请人进行实地考察，咨询其经营模式、营业收入等问题，对其经营场所、经营状况等信息进行核实；在贷款分析环节，结合之前进行的调查情况撰写调查报告，给出审批意见；进而结合审批意见，做出信贷决策：通知审核通过的客户来签约，在签约的过程中要进行复核相关资料的原件、核实客户流水情况等流程；在放款给客户后，对相关文件进行归档；在客户借款期间，要做好贷后管理，包括电话回访、通知还款、催收、续贷等业务活动。从中可以看到，传统风险控制流程十分烦琐，复杂的流程无疑会导致业务办理的低效率。

二、大数据风险控制

在大数据风险控制中，客户通常从网页端口或手机客户端口（这些端口也是数据采集的入口）进入贷款申请系统，商业银行在获得客户授权指令后，利用其系统内和第三方的相关客户信息数据对客户进行征信：首先是对客户身份进行验证，并对其进行黑名单检查，之后利用客户的交易行为数据、社交数据、教育数据、运营商数据、电商数据、公积金数据、社保数据等相关数据对客户的信用风险进行分析和评估；在评估结果的基础上，生成该客户的资信报告；基于资信报告做出投信决策，并向客户发放贷款；在客户借款期间，在与客户保持联系的基础上，依据事先设定好的催收模型和催收策略对客户的信用风险进行实时监控。从中可以看到，大数据风险控制的基本流程与传统风险控制大致相同，但在接收客户申请、对客户进行资信评估、做出投信决策、进行贷后管理环节比传统风险控制更加快捷高效。

三、二者之间的差异

大数据风险控制与传统风险控制最主要的差异体现在大数据技术在客户征信环节的运用。大数据征信与传统征信的不同主要体现在以下六个方面：

（1）数据来源不同。传统征信的数据以银行信用数据为主，来源单一，采集的频率相对较低。而大数据征信的数据来源广泛，包括用户提交的数据，如其职业背景、受教育程度等，第三方数据，如理财数据、电商平台数据、社交平台数据等其他相关数据。

（2）数据格式不同。传统征信所采用的数据主要是格式化数据，而大数据征信所采用的数据既包括格式化数据，也包括大量的非格式化数据。

（3）评价思路不同。传统征信是通过客户历史信用记录来评价客户信用水平的，而大数据征信则不仅对客户的历史信用数据进行考量，还会从海量数据中推断客户的身份特质、性格偏好、经济能力等相对稳定的指标，从而对客户的信用水平做出判断。

（4）分析方法不同。传统征信所采用的分析方法主要是线性回归、聚类分析和分类树等方法，而大数据征信所采用的是机器学习、神经网络、PageRank算法、RF等大数据处理方法。

（5）服务人群不同。传统征信的服务范围仅限于有信贷记录的客户，服务范围小，而大数据征信的服务范围不仅包括有信贷记录的人群，还包括那些没有信贷记录但在生活中留下足够多痕迹的客户，服务范围大幅拓展。

（6）应用场景不同。传统征信通常只能应用于金融领域，而大数据征信不仅能应用于金融领域，还能在多种生活领域发挥其使用价值。

第三节　大数据金融风险控制实例

一、同盾科技大数据风控平台

小微企业融资难问题由来已久，作为国内经济发展生力军的小微企业，数量占市场90%，贷款余额却不足20%。而小微企业又是市场中抗风险能力最弱、对资金和成本最敏感的主体。一大批科技企业均在探索破解之道，其中不乏一些令人期待的成果开始涌现。同盾科技提出了智能小微金融服务平台模式，表现非常出色，受到广泛关注。

（一）平台介绍

同盾科技有限公司是一家成立于2013年的中国领先的人工智能科技企业，专注于风险控制和辅助决策领域。该公司通过科技赋能、防范风险、提升决策效率，为客户提供全方位的智能风控和决策支持服务。

同盾科技在多年突破创新过程中累积了丰富的经验与独特的决策智能技术能力。基于这些能力，公司搭建了“基于人工智能的决策智能平台”和“基于隐私计算的共享智能平台”。这两个平台聚焦金融风险、安全、政企数字化三大场景，利用先进的算法、工具以及数据生态，帮助客户防范欺诈和安全风险，推动智能化决策进程，提升业务决策的灵活性、敏捷性和准确性。

截至2024年4月，同盾科技的产品和服务已经广泛应用于金融、互联网、大交通等多个行业，业务覆盖全球十余个国家和地区，为22大行业、一万多家客户提供了领先且独具特色的决策智能解决方案。

（二）解决方案

大数据风控平台是金融科技领域中不可或缺的一部分，它通过大数据技术对海量数据进行高效处理和深度分析，以实现对业务风险的全面、精准和实时的控制。这些平台通常涵盖数据采集与整合、数据挖掘与分析、风险评估与监控，以及预警与干预等关键环节。根据国际数据公司（IDC）的市场分析，同盾科技在2022年中国零售信贷智能风控解决方案市场中排名第一，显示出其在该领域的领先地位。

同盾科技的核心产品由两大平台构成：

（1）基于人工智能的决策智能平台——智策。这一平台利用同盾科技自主研发的大数据和人工智能技术，构建了一个多模式动态决策产品体系。智策能够与客户业务场景深度耦合，全链路支撑客户智能化应用，实现闭环式决策，赋能客户数字化转型。

（2）基于隐私计算的共享智能平台——智邦。智邦是针对跨机构多方数据要素进行价值挖掘的技术架构与服务体系。它以知识联邦理论体系为核心，融合大数据、密码学和人工智能技术，构建了工业级隐私计算平台。智邦为实现“数据可用不可见”和“知识共创可共享”提供了坚实的技术保障。

同盾科技为金融机构提供的大数据风控平台解决方案具备以下特点：

（1）数据层整合。同盾科技通过数据资产化，有效整合内外部数据，构建了多维度、跨行业、跨场景的实时共享数仓，为上层风控决策提供坚实的数据支撑。

（2）方案层创新。在全流程方案的基础上，同盾科技融入了决策引擎、知识图谱等产品，通过产品间的紧密协作，构建起关联网络规则指标，实现多维度、深层次的数据信息挖掘。

（3）业务层风控。同盾科技的信贷风控体系覆盖全场景、全流程、全行业，实现实时、批量、离线的智能决策能力支撑，为银行业务营销提供全时段的风险管理预警。

（4）纵横一体化服务。同盾科技提供“端对端”服务，从业务侧和技术侧出发，提供全流程支撑，包括业务诊断、咨询、规划、建设、运营等。

（5）技术赋能。同盾科技通过数据赋能、工具赋能、决策赋能，帮助银行解决数据孤岛问题，实现技术跨越式发展和数字化转型。

二、交通银行信用卡中心电子渠道实时反欺诈监控交易系统

本系统实时接收电子渠道交易数据，整合系统内其他业务数据，通过规则实现快速建模、实时告警与在线智能监控报表等功能。总体要求是能实时接收官网业务数据，整合客户信息、设备画像、位置信息、官网交易日志、浏览记录等，通过规则实现快速建模、实时告警与在线智能监控报表等功能。

（1）系统维度目标。集成信用卡中心Hadoop大数据平台，搭建适应大数据流式处理分析

场景的数据处理平台，满足信用卡中心用户行为分析、风控、反欺诈等急速增长的各类实时数据应用需求。

（2）数据维度目标。实时对接并处理现有的官网数据，以及其他整合客户信息、设备画像、位置信息、官网交易日志、浏览记录等各类生产数据源。在官网日志、消息队列间实现数据无缝流转，实现多系统内标准的批量或实时数据同步接口。

（3）业务维度目标。重点满足信用卡中心通过规则实现快速建模、实时告警与在线智能监控报表等大数据应用需求，以更好地支撑异常行为分析、反欺诈等业务的开展，从而有效地对日趋复杂的非金融类交易进行更加高效和实时的监控。

（一）成果概述

通过为交通银行信用卡中心构建反作弊模型、实时计算系统、实时决策系统，帮助拥有数十TB历史数据、日均增逾2 000万条日志流水的国有银行信用卡中心建立电子渠道实时反欺诈交易监控系统。利用分布式实时数据采集技术和实时决策引擎，帮助信用卡中心高效整合多系统业务数据，处理海量高并发线上行为数据，识别恶意用户和欺诈行为，并实时预警和处置，通过引入机器学习框架，对海量数据进行分析、挖掘、构建并周期性更新反欺诈规则和反欺诈模型。2024年4月，交通银行信用卡中心报告，信用卡业务不良率持续四年保持下降趋势，报告期末不良率为1.92%，较上年末下降0.03个百分点。

（二）解决方案

1. 方案设计

实时反欺诈交易监控流程：通过Hadoop+Spark分布式的大数据存储与计算框架，建立实时反欺诈系统，通过整合连接信用卡中心全量电子渠道用户行为数据，将其接入大数据平台，并进行实时反欺诈分析，迅速识别欺诈风险。通过系统API，连接银行体系现有系统，及时维护民众及银行的财产安全，提前预见风险。

（1）连接全量电子渠道用户行为数据：对信用卡电子渠道全部行为数据进行整合，包括实时官网数据、日批数据，全方位覆盖登录、查询、转账、支付等行为，并采用分流技术架构，利用旁路数据通道保障业务。

（2）识别欺诈风险：利用分布式架构及流式处理技术建立实时反欺诈引擎，通过实施变量衍生计算子系统，提供实时衍生字段模板管理、衍生字段计算函数库管理、衍生字段配置、衍生字段计算引擎、衍生字段计算结果更新等功能，并通过实时决策子系统规则模板管理、规则库管理、规则配置、规则决策引擎、规则匹配告警、黑白灰名单更新等功能，进行海量、高并发、实时的电子渠道交易行为的欺诈行为检测。结合离线机器学习、迭代反欺诈规则，可以更及时、高效地发现欺诈行为。图9-2所示为实时反欺诈思路。

图9-2　实时反欺诈思路

（3）对接银行现有系统：友好的API设计完美对接银行客户现有反欺诈体系和业务系统，

包括预警系统、客服系统、案件调查系统、交易监控系统等。

（4）实时反欺诈交易监控系统解决方案架构：面对每秒高并发的大量交易数据、网络行为数据、非金决策数据，需要帮助客户建立一套拥有迅速丰富反欺诈的数据来源和监控模型，快速、高效地对数据进行多重处理分析，建立数百个实时反欺诈规则及模型，结合当前用户特征数据实时识别欺诈风险，完善风控链条，将风控前移。本系统中采用Hadoop+Spark分布式的大数据存储与计算框架，能方便地支持集群资源的横向扩展，即通过增加服务器数量的方式提升集群的数据存储容量，同时近乎线性地提高计算性能。

基于对客户数据的分析、研究，结合对业务的深入了解和对客户需求的分析，为客户提供整体反欺诈方案设计思路，整个系统逻辑上可分为四个层次，即源数据层、数据接入层、实时计算引擎及决策层和数据服务层。

其中，数据接入层、实时计算引擎及决策层和数据服务层构建于Hadoop企业版的大数据基础平台，使用了Flume、Hbase、Kafka、Sentry、SparkStreaming、Sqoop、ZooKeeper等各类常用的大数据开发组件，为整个解决方案提供底层的大数据的接入、数据存储、处理技术支持。

在源数据层，有海量不同系统的数据，包括官网日志、CIM数据和非金决策数据，需要同步接入大数据平台，从而实现对信用卡中心非金交易数据的实时监控。由Flume将官网行为数据实时接入大数据平台，完成所需数据快速、实时接入。

在数据接入层，系统接收源数据层数据，并根据每种数据源的特性和实时监控需求，采用不同的处理策略。同时，数据接入层还提供必需的数据质量检查、数据清洗等工作，保证后续实时计算的正确性。

实时计算引擎及决策层的功能模块包括实时衍生变量计算子系统、实时决策子系统，两个系统分别对实时衍生字段计算结果以及规则进行管理。

在数据服务层，主要提供与外围系统的交互、生成报表、支持MIS系统的数据导出、监控催收和反欺诈交易，以及实现与催收和反欺诈案件调查系统的数据对接等功能。

在管理层，通过用户管理和运维管理保障集群运维人员账号的安全、无干扰及权限分明，保证了数据平台的易维护性，更加直观、可视化地将整个集群的状况展现出来，在提供方便、快捷的针对集群运维管理操作的同时，报警和日志功能有效帮助运维人员及时发现、定位和解决问题，保障数据平台高效可用。

2. 技术实现

“在线实时决策+离线机器学习”实现高效实时反欺诈：区别于传统渠道，信用卡线上渠道的特点是在使用、交易阶段进行用户身份真实性核实变得非常困难，同时，线上渠道会产生高并发、海量、非结构化、多维度的数据，无论从业务角度还是技术角度对于银行的反欺诈能力都提出了更高的要求。利用机器学习，根据实时检测的数据对欺诈规则库进行优化，离线迭代规则，通过对历史行为与实时行为的对比，对规则进行离线学习、管理。

在线实时决策：大数据流式处理是一种新兴的数据处理技术，以“流”的形式处理交易产生的海量数据，并基于事件驱动。利用Hadoop分布式架构及Spark分布式集群计算引擎，可以快速、高效地对数据进行协处理、流式处理、交互式分析等。实时根据反欺诈规则库的规则，以及当前用户的特征数据，判断是否存在欺诈风险以及欺诈风险等级，向银行交易监控系统、处置系统输出决策结果。

基于大数据平台存储的历史数据和计算能力，批量处理数据并存入NoSQL数据库，同时利用Kafka接入交易数据、行为数据等，通过流式处理技术，结合规则引擎，实时统计和分析客户特征，发生异常时，及时进行报警输出。基于Spark内存计算引擎，在获得流式数据后，即能开始按照需求进行变量运算并更新相应的结果。

离线机器学习：基于Spark架构的数据挖掘和机器学习平台，离线构建规则自学习模型，在实时检测异常行为的同时，记录欺诈相关数据，并进行数据清洗以及算法优化建模，从而建立有监督风险特征识别模型。利用LPA/MRF半监督机器学习模型等方式进行特征抽取、变化，更新规则库，帮助风控人员及时发现新型欺诈行为并产生对应的反欺诈规则。同时，提供整体反欺诈解决方案的资源管理和运维保障。

交通银行信用卡中心电子渠道实时反欺诈监控交易系统在提升风险管理能力、保护客户资产安全以及应对新兴欺诈手段方面发挥了重要作用。

（三）项目实施中克服的困难

随着信用卡中心移动互联应用的推广，互联网欺诈情况也日趋严重。面对这样的情况，为有效防范互联网欺诈风险，信用卡中心迫切需要一个利用分布式实时数据处理技术、能容纳TB级数据、高流量场景下具备低延迟时效性的实时监控交易系统，从而有效地对日趋复杂的网络欺诈进行高效和实时监控。

思　考　题

1. 保险业如何利用大数据进行风险管理？
2. 大数据风险控制相较于传统方法有哪些优势？
3. 大数据风险控制与传统风险控制在实施过程中的主要差异是什么？
4. 风险监管的政策指引与数据治理决策框架如何适应大数据时代的需求？

第十章 大数据与金融监管

学习目标

1. 理解金融监管的起源。
2. 掌握金融监管模式的演变。
3. 了解监管科技的本质和发展。
4. 探索监管科技的模式与创新。

第一节 大数据背景下的金融监管研究

一、风险监管的政策指引与数据治理决策框架

金融行业是典型的数据和信息密集型产业，大数据在金融监管中的应用并非一个新兴事物。在金融监管的历史上，金融监管机构历来会要求各金融从业机构及时、准确上报其有关业务经营的各类数据以供其进行金融监管，做出合理的金融监管决策。可以说金融监管非常依赖于金融市场运行已经产生的数据，当然也依赖于经济运行的其他方面的有关数据。

随着各类经济金融数据的指数级增长，以及大数据技术、云计算技术、区块链技术和人工智能、互联网等技术的快速发展，传统的金融监管数据应用已经难以对越来越复杂的金融风险进行有效监管，必须把各类技术进行有效整合，建立基于数据治理的风险监管平台，促进金融监管模式的变革与创新。依托这一监管平台，将有力推进金融监管中数据应用的实际效率与效益提升，帮助决策者优化其监管决策，最终帮助金融监管走向更加完善与高效的未来。

（一）大数据金融监管的内涵

大数据在风险监管中的应用，并不是利用大数据对系统性风险形成的原因进行事前假定，而是利用来自多维度多渠道的数据进行风险的过程推演和动态实时监测分析，这样的非抽样数据在分析过程中能够发挥数据完整的信息价值。因此，利用大数据资源和技术进行金融监管可以认为是对可获得的各类有效数据信息进行深入的数据挖掘、机器学习和可视化分析等技术处理，分析其中与系统性风险有关的信息，并对系统性风险进行量化，从而最终实现其对风险的有效监测与预警处置管理。

大数据在金融监管的过程中既提供了新的信息分析手段，也提供了新的风险管理手段。来自不同维度和渠道的海量数据可以充分发挥数据的信息价值，从而能够使得金融监管更加全面和准确，这在审查交易主体资格、内幕交易认定、整体杠杆水平衡量和欺诈信息认定等方面都有重要应用。而大数据的应用同样能够使得监管更加有针对性和个性化，能够充分考虑监管客体在资产规模、交易手段、投资目的等方面的差异性，从而做到精细化监管，提升监管效率。

对于当前的金融体系结构来说，利用大数据资源和技术进行宏观审慎监管需要从两个层面衡量其效果。一是根据系统性风险的时间维度和截面维度。时间维度即系统性风险随着时间的推移而累积的变动情况，主要解决顺周期问题；截面维度意味着需要着重研究一定时间范围内金融风险在整个金融体系的分布情况以及不同机构间风险的传染和叠加效应，因此，截面维度的宏观审慎监管是首要目标。二是利用大数据对原来未能有效进行监管的市场进行全方位穿透式监管，确保金融体系中监管套利不再出现。

（二）政府的金融监管政策指引

近年来，随着大数据、互联网等技术应用的快速普及，金融领域逐渐刮起科技潮，利用各类金融科技提供新型金融服务成为金融创新的突破点。我国政府相关部门及时关注到了这一变化及其对金融监管带来的挑战。自2015年起，从国务院到各个相关部委纷纷出台了一系列政策，力图对金融领域的创新应用进行有效监管。

（三）基于数据治理的金融监管决策

基于政府金融风险监管机构占有一定的数据资源，我们可以通过对大数据技术的现实应用，建立基于数据治理的金融监管决策框架。这一决策框架包括数据来源、数据治理、数据计算和政策交互四个部分。

在数据来源方面，四个维度的数据能确保数据所提供的信息足够完备和充分。政府本身已经建立和掌握的来自金融体系自身和其他相关领域的数据资源已经包含了不同的维度，但并不足以保证据此做出决策的科学性。来自互联网的数据和行为主体的历史行为数据是被监管客体在网络世界和现实世界的经济活动乃至非经济活动痕迹数据，能够反映其过去的所有信息，同时互联网数据还包括这些行为发生时的宏观环境信息。而第三方数据则是与之有利益关联的第三方提供的发生交互活动时的信息记录。

在数据治理和数据计算方面，需要对可得的各种数据进行结构化处理，并在此基础上储存、清洗和筛选数据，使之能够被数据模型所使用，而同时来自不同渠道的数据还要发生关联和聚合，对已完成数据进行校验与匹配。不断迭代学习的数据算法能够利用数据做出相应的金融监管决策，为政策意见的出台提供客观的依据，从而提升了最终政策的准确性和针对性。

政策交互用于人机之间的双向沟通，政策制定者可以根据自己的需求和现实环境，通过向机器输入相应的数据参数和指标，得到制定政策的相应指引。而机器也可以通过不断地与政策制定者的互动和数据分析，得到来自现实世界的反馈和修正意见，提升机器学习能力和算法的有效性。

二、基于大数据的网络借贷企业风险管理应用

基于数据治理的金融监管决策模型可以在众多金融领域进行应用。作为推动普惠金融发展的重要力量，互联网金融在弥补传统金融覆盖面不足的同时，也带来了新的风险，同时各类创新业态的出现也给金融监管带来了新的挑战。

（一）数据共享与融合

对于互联网金融企业来说，由于存在着监管套利空间，导致其逃避监管的动机和空间都比较大，相应的风险则存在于平台备案资料、交易过程中，而以专业和大众媒体报道、网络评论等为代表的信息则预示着平台风险。同时，各类相关数据并行存在于政府相应的职能部门而非统一监管部门，如工商部门、税务部门、金融监管部门等，也存在于企业官网、财务报表等信息披露源，以及媒体报道和网络评论中。而在利用大数据治理进行借贷风险管理时，首要的工作就是整合政府方面的各渠道数据，建立数据共享平台。

建立政府数据共享平台需要打通来自不同级别的政府数据以及来自政府不同职能部门的数据，以实现已有信息资源的互联互通和共享共建，改变政府部门间长期存在的占有数据但仍然存在数据孤岛的现象。建设这一平台，核心是建立政府间信息资源的共享机制，通过建立政府间的大数据中心和信息交换枢纽基础设施，实现监管信息的及时有效传递，政府政务信息及时发布，企业办事流程高效运转，同时实现经济活动的跟踪记录。

对于借贷平台来说，最终出现各类风险可以归结为两个方面的原因：一是在平台建立之时就暗藏的各类隐患，包括企业成立时的投机动机、核心资本不足、主要管理人员能力不够等；二是在企业发展过程中出现的经营因素，如为提高市场占有率而鼓吹的激进口号未能兑现、风险控制意识和手段不过关、未能及时应对各类监管新规、创始人及管理人员面对市场变化时的脆弱心理等。显然，各类经营过程中的因素具有更强的不确定性和随机性，需要以稳妥应对。

为稳妥应对这种风险，需要在构建政府数据共享平台的基础上进一步采集与之相关的各类互联网和第三方数据，以便能够更好地分析真正的风险来源和诱发因素。总体来说，可以将这些数据分为静态数据和动态数据两类。

静态数据相对容易采集和分析，主要是指平台建立之时所具有的相关信息，如成立时间、注册资本、股东背景、业务模式、撮合机制等。而动态数据则涵盖了包括经营信息在内的各类内外部数据，经营信息主要包括交易规模、利率结构、手续费率、借款期限、投资者人数及构成、借款人分布、借款用途、资金流动情况等。其他相关信息来源更广，但在一定程度上更具客观性和说服力，包括相关媒体报道，如涉及特定企业的正面或负面报道、行业地位、各类媒体榜单排名、监管机构点名、高管访谈以及各类报道出现的具体时间、关键词等，也包括这些媒体报道下的网络评论，包括评论内容、评论语气、标点符号等。这些都可以在一定程度上为相关企业进行特定舆情环境下的精准画像和风险扫描。

因此，应该选择更为广泛的数据来源，如主要门户网站、财经专业网站、主要的网贷社区、主要的社交媒体等，以获得更多维度的相关风险信息，为最后的风险管理提供依据。

但这些数据的非结构性质为后续治理增加了难度。这些数据的表现形式多以文字描述为

主，其所提供的信息都是隐藏在文字描述背后的，需要通过文本分析技术转换为结构化数据才能进行处理。而不同来源的文字信息则具有多源异构性，不同源的信息表达方式如具体内容、语气、维度等都有所不同，必须通过建立关键词标签库，结合行业专家意见和人工智能、机器学习等进行进一步的理解和结构化处理。

（二）基于机器学习的网贷企业识别和风险判断

利用机器学习，可以将经过标注的网贷平台作为学习样本，建立平台内的特征库和标签集，从而能够自动识别网贷平台上内容与业务的相关性，最终实现对此类企业的身份识别。

同时，可以利用知识图谱技术，建立以网贷企业为中心的知识图谱，而相应的节点则包含企业的相关信息，如法人代表/股东成员、注册时间和注册地、相关产品和业务等，并通过这些节点与其他相关企业进行连接，绘制成完整的网贷企业风险管理图谱。这种图谱体系可以揭示各企业之间的关联程度和相似程度，而相应的风险情况也必然有所关联和相似。如果某一企业被认为是高风险的借贷企业，那么在图谱体系中，与之有着高度关联和相似的其他企业也很有可能面临着高风险，因为它们可能具有同样企业法人/股东，或者具有极其相似的产品设计和经营模式，或者具有高度关联的债权债务关系等，而这些都可以通过这种图谱体系得以展现。

对于那些非结构性的文本类信息，在对其进行结构化处理的同时，还有必要挖掘那些文本里的用户情感信息，因为这些舆情情感信息表达着利益相关方对网贷平台和网贷市场的意见，这些意见很多时候可能成为风险的预警指标。当然，对于大量的无效信息也需要进行排除，而那些同质的或重复的信息，则表达了某种情感的激烈程度，需要加以考虑。

我们可以利用UGC（user generated content），用户生成的内容方法对这些舆情信息的密度、情感倾向、用户权重等做出0~1之间的评分，以明确这些信息在应用中的不同重要程度。那些更多维度的评价信息、有互动的信息、主流媒体的信息等显然应该得到更多关注。最后，根据情感分析的结果，可以对不同的平台进行不同的风险程度分类，例如，针对某平台出现了更多的批评、讽刺的舆论，在相当程度上意味着其风险的迅速积累，而要衡量这种风险的大小，则需要进一步对这些评论的质量也就是UGC评分进行分析。如果这些负面信息的评分质量都比较高，那么平台的风险自然就很高了。

（三）基于深度学习的风险指数量化

网贷平台的风险指数量化是指以平台的特征集合为输入，输出介于0~100之间的风险量化评分。其中的特征集合包括静态数据构成的静态特征集合、动态数据构成的指数特征集合、网站新闻特征集合以及社交媒体动态评论特征集合。得分为0意味着是问题平台，而得分为100则表示平台正常运营。具体的风险量化分值具有以下基本性质：一是需要有一个适当的风险阈值，平台得分低于阈值意味着其是问题平台的概率非常大，而高于阈值则意味着其是正常平台的概率非常大；二是问题平台的风险量化值应该尽可能低并且接近于0，而正常平台的得分则应该尽可能高，且接近于100；三是如果对所有的平台按照风险量化分值从高到低进行排序，那么排在前面的平台中正常平台数量应该显著大于问题平台数量。

可以说，对网贷平台进行风险量化实际上是一个二分类问题，以尽可能明确地把所有平台区分为问题平台和正常平台，而这三个基本性质则可以成为判断深度学习模型是否具有良好性能的标准。可以利用神经网络进行深度学习，以构建这样的量化模型，无论是单个数据值还是数据值序列，无论是数据值、类别值还是文本数据，都可以直接或经过转换处理进入神经网络的学习过程，从而构建神经网络深度学习模型，最终输出与平台自身相吻合的风险指数量化数值。

第二节　金融监管的发展

一、金融监管的含义

金融监管的含义分为狭义和广义两种。从狭义上来说，金融监管是指金融监管机构按照国家法律法规对金融机构和金融市场进行的监督和管理，从而实现金融机构的稳健经营、维护金融市场的安全和效率、保障消费者的利益。从广义上来说，金融监管不仅包括对金融监管机构的监管，还包括对行业自律组织、社会组织、社会舆论等的监管。其中：行业自律组织通过制定行业自律规则来进行非强制性的约束；社会组织包括信用评级机构、律师事务所、会计师事务所等，作为独立的第三方，对金融机构的情况进行客观评价；社会舆论监管以金融机构客观信息的公开为前提，其效果具有连续性。

从本质上说，金融监管的目标是为了解决金融市场自身存在的外部性、信息不对称和金融市场的脆弱性问题。虽然各国在金融监管目标的表述上有差异，但是区别不大。具体来说，包括维护金融系统的安全、保护金融消费者的利益、提升金融市场的效率。维护金融系统的安全是世界各国金融监管当局的首要目标，也是实现另外两个目标的前提和基础。保护金融消费者利益的具体内容以防范金融机构个体风险和金融市场系统性风险为基础，包括处理消费者投诉、对金融机构侵害消费者利益的行为进行处罚、开展投资者教育、建立消费者保护制度等。提升金融市场的效率可以支撑金融机构的长远发展和金融市场的繁荣，同时可以更好地发挥优化资源配置的作用。金融监管力度的强弱对金融市场的效率有一定的影响，不合理的、过度严格的监管可能会损伤金融市场效率。因此，监管机构需要在监管政策制定上平衡金融市场安全与效率的关系。

二、金融监管模式的演变

金融监管模式按照主体标准可以分为分业监管、混业监管和不完全集中监管。分业监管是指金融机构所从事的不同类型的业务分别由不同的监管主体进行监管。混业监管是指所有金融机构所从事的所有类型业务由一个监管主体负责监管。混业监管的监管主体往往是中央银行或者是其他单设机构，行使统一监管权力。不完全集中监管是一种介于分业监管和混业监管之间的中间模式。一般是在分业监管的基础上，建立一个统筹管理机构来负责不同监管机构之间的信息沟通和监管协调。自次贷危机之后，多国金融监管部门认识到防范系统性金融风险的重要性，而在分业监管模式下，这项任务由新设的牵头机构承担比较合适，此外还可以发挥不同监管机构之间磋商合作的功能。因此不完全集中监管的模式也被更多国家采用。

【知识拓展】

金融危机与金融监管演变

从金融发展历史来看，金融危机似乎从未远离我们，而每次金融危机的爆发都意味着监管的失败和随之而来的重大变革。现代金融发展史就是一部金融危机史，同时也是金融监管变革史。回顾20世纪以来的金融危机，为探究金融监管的发展提供了一种新的视角，为当下金融监管的变革提供了另一种思路。

1929年的经济大萧条，推动美国步入金融分业经营、分业监管时代。危机发生之前，美国脱实向虚严重，大量资金加速撤出生产部门，投向高回报的证券投资领域，与此同时，银行信用热情高涨，个人消费信贷加速，股市虚假繁荣。1929年华尔街股市崩盘，金融泡沫被戳破，95%的商业银行倒闭，美国金融体系几乎瘫痪，经济衰退席卷全球。在此次金融危机中，金融监管的不作为负有很大的责任。据此，罗斯福上台后颁布了《格拉斯-斯蒂格尔法案》，禁止商业银行、投资银行和保险公司在业务上相互渗透，遏制混业经营乱象，相继颁布了《证券交易法》《投资公司法》等一系列法案，弥补银行投机、证券市场监管空缺，美国开始步入严格分业经营、分业监管时代。

1997年亚洲金融危机，促成了巴塞尔新资本协议的出台。危机前东南亚各国盯住美元的固定汇率制度、银行对私人部门和企业信贷的持续快速增长、证券市场与房地产市场泡沫以及不合理的外债结构，都为危机的爆发埋下隐患。随着货币贬值和汇率风险上升，亚洲各国危机显现。资本净流出增大，外汇储备下降，国内利率暴涨，债务偿还困难和资本市场泡沫破灭，区域性亚洲金融危机来势汹汹。亚洲金融危机展现了信用风险、利率风险和汇率风险相互交织的巨大破坏力，国际银行业普遍意识到，当时的金融监管框架面对的是多种风险相互交织情景的脆弱性。在这一背景下，以“三大支柱”为主要内容的巴塞尔新资本协议推出。万绿丛中一点红，亚洲金融危机中，中国香港虽然也出现了资产泡沫破灭，但其金融危机程度较轻，这与其相对健全、富有韧性的金融体制分不开，也有赖于其金融监管相对及时、到位。

2007年美国次贷危机，导致美国出台了空前严格的金融监管模式。危机前，金融机构将风险较高的次级抵押贷款包装为标准化的债务工具（如债务担保证券等），通过特殊目的载体（SPV），以私募或公开方式，向市场不特定多数投资者销售，实现风险的转移。通过包转、分池、通道和评级公司的风险评级，这些原本高风险的金融工具，转变成为高评级的优质资产，被不知情的投资者大量购买。一些放贷机构率先申请破产保护，引起市场对其他次贷持有机构破产的忧虑，风险开始快速传播并出现大型金融机构破产，渐次引发系统性金融风险。监管机构对风险的漠视、对金融欺诈的不作为和金融政策的顺周期性，是次贷危机反映出的深刻教训。危机后美国政府深入反思，做出一系列针对性的监管改革，突出体现在对衍生产品交易、系统重要性机构和消费者权益保护的监管上。

2008年的金融危机中断了世界经济持续30多年的黄金增长期，金融体系的去杠杆和实体经济的下行形成巨大的反馈循环，世界经济陷入长期的深度衰退。如今距离危机爆发已经10多年了，全球金融经济尽管有所恢复，但危机的阴霾并未就此消散，金融风险和金融监管到底应如何平衡？中国究竟要建立什么样的金融体系？相应的金融监管体系到底该如何改革？……不论如何，金融监管不可或缺，这不仅是金融危机惨痛代价换来的经验教训，也是金融逻辑的内在要求。金融业是以信用创造和风险经营为基础的行业，具有典型的外部性和高度信息不对称性。金融的自身逻辑决定了市场机制纠偏的成本较大，甚至大到难以承受的地步。金融市场的失灵和巨大的市场纠偏成本，需要政府监管的有效介入，这也正是金融监管的缘起和初衷。

（资料来源：陈辉.监管科技：框架与实践.中国经济出版社，2016.）

三、大数据下的金融监管难题

（一）科技创新与金融风险集聚同步增长，金融体系不稳定性不断加剧

进入21世纪，金融搭上了“科技”列车高速发展，金融审慎监管趋势增强。科技在突破，金融在创新，风险也在不断地异化和集聚。金融的本质是信用，信用本身就是一把“双刃剑”，在促进生产和资本高效集中的同时，信用集聚产生的显杠杆率也在不断上升。金融业经营的是风险，核心是风险和收益的平衡，金融风险的大小取决于信用的变化，信用的不确定性使风险管理如同“刀尖上舞蹈”。随着市场经济不断深入、开放升级，金融风险的形态更加多样，风险机理愈加复杂，金融机构面对在风险和收益之间平衡的挑战更大。在未来风险和当期收益的博弈中，当期收益往往占上风，金融机构总是有着不竭的动力承担风险。在虚假的经济繁荣面前，金融监管往往也被迷惑。金融监管的缺位将使“劣币驱逐良币”，随着稳健经营者的淘汰，金融体系风险积累日盛。金融体系需要通过集中风险的方式实现金融功能，就必须通过加强金融监管的方式降低风险，达到平衡。

金融资产价格和信贷增长具有自强化功能和顺周期性特征。资产价格上涨时，抵押物价值上升，金融机构信贷扩张，社会信用规模扩大，乐观的经济形势将推动资产价格的进一步上升，正反馈的自我强化将不断推动这一过程。一旦预期逆转，资产价格将下跌，抵押物价值下降，金融机构信贷压缩，社会信用规模收缩，不利的经济形势将推动资产价格的进一步下降，形成负反馈的自我强化。这种自我强化机制会使金融行业在金融过剩和金融供给不足之间摇摆。资产价格也会对金融体系形成周期性冲击。随着21世纪金融市场发展的速度增快，金融周期的波峰更高，波谷降低，金融周期循环加速，金融体系的不稳定性将不断增强。

（二）金融系统性风险传染性强，监管复杂度与难度加大

随着高杠杆、信贷扩张、金融产品创新等风险积累，系统性风险的传染性正在逐步增强。由于金融外部性的存在，单个金融机构的行为产生的金融风险将被扩大至整个金融系统，通过金融体系固有的杠杆机制被放大和强化。这远远超越了传统监管模式中以单个金融机构等的监管模式为目标，若监管缺失，一旦风险在金融体系最薄弱的一环被引爆，将传染至整个金融市场和所有金融机构，甚至引发系统性金融风险，严重威胁社会经济生活的各个方面，产生难以承受的后果。随着现代科技和信息时代的发展，全球金融市场密切相关。

（三）大数据信息技术引起金融风险变异和监管缺失，迫切需要新的监管科技

随着信息革命的展开，金融创新的复杂性加剧了信息不对称程度和信息隐藏行为，使风险的积累、触发与扩散机制呈现出一系列新特点，进而加剧金融体系的脆弱性。近几年来，随着大数据价值发现理论、协同自组织理论、产权界定理论、资本要素理论、管理决策理论的日臻完善，以及多源异构数据集成挖掘和个性化价值测度理论的相互融合，特别是21世纪以来大数据在金融监管体系中的广泛应用，金融监管体系发生了一场革命，金融监管机构依托大数据金融监管平台，对机构、功能、业务、人员等方面的大数据进行价值挖掘，以提升金融监管决策的时效性、准确性和动态性，从而使金融监管体系进入到大数据驱动下的全景式管理模式，管理决策中用多元、交互的信息数据建立情景统计预测模型，利用大数据挖掘技术构建多源异构及非结构化的关联、融合、分析平台。

当前，国外对大数据驱动下金融监管平台的实践研究较为广泛，主要涉及银行、保险、证券、信托等多个领域，从结构化数据和非结构化数据两个方面构建强大的企业级数据库，运用大数据挖掘技术进行分类管理、聚类分析，结合各领域的管理应用理论和模型，构建满足金融监管需要的智能管理决策模型，使监管部门可以实时追踪金融机构的相关数据，为金融监管体系及时科学决策奠定基础。

【知识拓展】

金融监管理论的发展

从金融监管理论的发展史来看，金融监管理论的发展包括以下几个阶段：

（1）金融监管制度萌芽期、金融监管期和理论发展期。从时间上来看，金融监管制度的萌芽诞生于20世纪30年代金融危机爆发之时。西方国家的政府相继出台了各自的金融监管措施，对货币政策、银行利率、外汇以及经营手段等进行约束，各国央行作为金融监管政策的主要执行者。而该时期金融监管的主要特征是以法律作为金融管制的主要手段，以保障金融行业安全为主要目的，政府直接干预。

（2）自20世纪70年代起，金融监管理论的发展进入了金融监管期，这一阶段的发展主要是围绕市场安全、经济效率、监管者与被监管者关系而展开的，经历了“效率优先”“辩证发展”等阶段。这一阶段，西方国家普遍放松监管的法律法规，主张市场自由竞争。

（3）20世纪90年代后，“经济自由化”理论在西方国家得到了广泛验证。但最近30年来，全球各地接二连三爆发的金融危机、银行危机和次贷危机，让很多新兴市场国家，乃至发达国家都开始陷入深思。金融体系自身的脆弱性和金融不稳定的相互传染，使经济学者再度关注加强监管的必要性。一部分学者将研究重点放在金融行业本身对金融监管提出的要求和给金融监管措施带来的影响，如何平衡市场发展与市场安全，成为学者们思考的重点问题。

第三节 金融监管与监管科技

一、监管科技的定义

目前学界和业界对于监管科技的定义并没有完全统一，由于金融领域向来是强监管的领域，因此和科技结合得最为紧密。“监管科技”（RegTech）主要指的是金融领域的监管科技，也与“金融科技”（FinTech）的英文文义衍生有关。在国际上，英国政府科学办公室对监管科技的定义是：“可以应用于监管或被监管所使用的科学。”英国金融行为监管局认为监管科技是金融科技的子集，是采纳新科技实现监管目标。国际金融协会认为，监管科技是“能够高效且有效解决监管和合规性要求的新技术”。这些定义比较中性，没有涉及“监管科技”的价值取向。

金融科技的含义十分广泛，不只限于各项技术，而且覆盖了互联网、云计算、分布式账簿计划、区块链及加密货币等系统，也包括人工智能、大数据、生物统计数据、API（应用程序编程接口）及移动通信等科技。

从监管端来看，面对金融科技背景下更加复杂多变的金融市场环境，监管部门有运用监管科技的充足动力。一方面，由于2008年金融危机后，金融监管上升到前所未有的高度，监管机构渴望获取更加全面、更加精准的数据；另一方面，监管部门面对金融机构报送的海量数据，需要借助科技提高处理效率和监管效能。金融科技带来了新的风险场景和风险特征，也需要监管机构“以科技对科技”去积极应对。因而，监管端的监管科技在近几年各国的实践中得到了飞跃发展。具体而言，监管科技在监管端的运用可以分为数据收集和数据分析两大方面。数据收集过程中可以形成报告（自动化报告、实时检测报告），进行数据管理（数据整合、数据确认、数据可视化、云计算大数据）。数据分析的具体运用包括五个方面，即虚拟助手、市场监管、不端行为监测、微观审慎监管和宏观审慎监管。

二、金融监管科技的发展

自诞生以来就与区块链、大数据、人工智能等新型技术联系紧密的监管科技，拥有与生俱来的颠覆基因，即颠覆式创新。颠覆式创新指的是一个较小的公司或组织使用较少的资源能够成功地挑战市场已有的格局，特别是当已有的市场经营者主流在着力于提高他们的产品与服务，并将其用于满足高利润消费群体，从而忽略了其他不能带来高额利润的消费群体时，市场闯入者就可以用颠覆性的手段向那些被市场主流所忽略的消费群体提供能够满足他们需求又相对低价的产品与服务，并以此站稳脚跟。他们通常是一个利润极低的非主流市场。由于成熟的企业都在追求更高的利润率，不愿意踏足，这就给这些采用颠覆性技术的企业留有生存和发展的空间。

越来越多的市场数据，以及数据分析方法的发展使监管机构和企业能够在“监管科技”这一新兴领域中开发并研究出新的合规工具，金融机构也更容易遵守监管要求。例如，实时风险分析工具，可以帮助监管机构更迅速地发现欺诈行为。尽管商业银行、投资银行一直以来都是监管部门严查的主要目标，但随着时间的推移，“监管科技”的覆盖范围已经逐步扩大到零售银行、互联网金融公司、网络信贷平台、互联网保险等，以促进消费者保护和保证市场稳定健康发展。随着“监管科技”这一行业的出现，监管机构应探索使用类似的科技工具，协助市场监督。监管机构向来习惯与技术创新者进行互动，并将其作为潜在的受监管机构，但实际上，他们也应该将这些创新企业视为金融监管工具的服务提供商和合作伙伴。

以大数据、人工智能为代表的智能技术的应用已经全面渗透至金融行业价值链，成为当前金融机构数字化转型的新驱动引擎。人工智能在数据处理方面表现突出，解决了金融行业交易数据的数量级高、颗粒度大、数据异构等痛点，且金融业务的线上化、虚拟化越来越普遍，带来了大量数据流量和沉淀，为大数据和人工智能技术的应用提供了较好的数据基础资源。随着监管合规对于数据的依赖程度逐渐上升，监管科技智能化是必然趋势。

监管科技的发展依托于金融科技大数据的发展，利用科技手段履行监管职责的内在需求。虽然监管科技仍处初期，但是其已经被广泛关注并快速发展。大数据的发展驱动监管科技的发展，其对传统金融业态的尝试性调整突出表现为跨界化、去中介化和去中心化、自服务四大特征，对金融监管产生了巨大的冲击和影响。面对金融科技给传统监管体系带来的冲击和挑战，迫切需要监管机构改变现有的监管方式、方法，甚至进行流程再造。

（一）跨界化的大数据技术需要金融监管构建匹配的技术和监管力量

以大数据为基础的金融科技跨越技术和金融两个部门，金融业务跨越了多个金融子部门。金融科技公司的技术属性使监管很难具备同等水平的能力与之匹配，存在人力、物力和财力的严重失衡，令监管有效性无法得到保证。业务的跨界化发展很难准确对应某类监管，多头监管的结果是无人监管，很容易被监管机构忽视，尤其是诱发监管漠视，低估系统性风险。随着近年计算机学科的快速发展，以人工智能为主的创新服务模式可能导致金融机构中介功能的弱化，机构化的监管框架和去中心化的金融科技存在明显错位。

金融科技可能具有自我强化的自服务功能和自我学习能力，引发监管问题。首先，具有自服务功能的模型和算法可能引发程序依赖自我化，使风险累积甚至出现其他风险。其次，任何算法、模型都与现实存在一定偏差，或者在运行一段时间后出现与新的现实的偏差，使相关运行无法收敛。再次，在人工智能领域，信息数据的安全性是一个潜在风险点，数据一旦泄露，在一个依赖自我强化的系统里会极速扩张，甚至导致更加严重的数据篡改等问题。最后，在没有或缺少道德约束的情况下，人工智能的自我学习功能可能使机器变成“坏小子”，甚至演变为智能欺诈、智能违约等风险。为应对以上风险，金融监管必须“以其人之道，还治其人之身”，通过与科技的结合，弥补、修正自身存在的问题。

（二）合规成本趋高，金融监管需要配合监管科技

2008年金融危机爆发以来，全球金融监管步入趋严态势，金融机构的合规成本大幅提升，包括对合规人员及合规技术的监管要求的软硬件迭代以及违规处罚费用等方面。监管科技的最大优势是能实现纸质报告流程的数字化、减少监管的人力激励支出及集中化满足监管要求，从而降低合规成本。同时，监管科技的金融机构无缝对接监管政策，及时自测与核查等行为，

完成风险识别与控制。在保持合规和控制风险的前提下，金融机构势必通过各种手段以最小的支出实现最大的效果。

（三）监管科技变制度为技术，促进新的监管创新

金融科技思维与传统金融业的结合，将助力金融业的转型升级和金融科技的发展，并会产生一些金融监管创新。这些创新型监管模式包含技术与理念的双重优势，将持续颠覆传统金融业，并将在很大程度上改变全球经济的风貌。让金融从“制度”向“技术”转变，这将成为未来金融“演变革命”的开始。金融是现代社会的制度安排，“制度”是金融的自然属性。但随着社会的发展，特别是科技的进步，将赋予金融越来越多的科技内涵，并改变金融的属性。具体而言，新技术主要在以下方面发挥了替代的优势。一是云计算等技术的应用便于整理、搜集、归纳更加准确、详尽的监管信息和动态，能够提高监管信息的可得性和及时性，通过应用程序接口（API）实现内外部监管数据和信息的及时、准确传输。二是嵌入式的监管系统。在调整和更改监管规则和标准时能够极大地发挥软件系统的迭代优势，明显降低规则的“菜单成本”。

【知识拓展】

监管科技ABC架构

监管科技ABC架构如图10-1所示，架构的顶层以人工智能服务呈现。云计算技术是基于低成本的复制、可扩展的弹性、众人参与的开源等特性开发的，是解决大数据问题的最实用的办法。同时，大数据和云计算又驱动了人工智能的发展。就目前来看，机器学习仍是实践人工智能的主要技术。金融机构实践人工智能所用到的技术仍是机器学习，即应用算法、模型分析数据，测定、判断、预测业务、产品、用户、市场和风险，从而实现机器自动化、自主化决策的方式。在今天的大数据和云计算时代，有了充足的“食物”供应——大数据，并进化出了极强劲的“消化”系统——云计算和GPU，机器学习迎来了崛起的契机，它是大数据时代的人工智能新途径，也是现阶段实现人工智能最靠谱的途径。

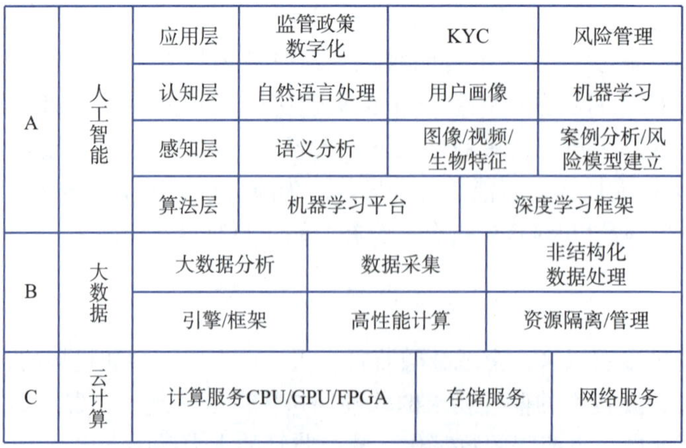

A	人工智能	应用层	监管政策数字化	KYC	风险管理
		认知层	自然语言处理	用户画像	机器学习
		感知层	语义分析	图像/视频/生物特征	案例分析/风险模型建立
		算法层	机器学习平台	深度学习框架	
B	大数据	大数据分析	数据采集	非结构化数据处理	
		引擎/框架	高性能计算	资源隔离/管理	
C	云计算	计算服务CPU/GPU/FPGA	存储服务	网络服务	

图10-1　监管科技ABC架构图

三、基于金融监管的监管科技应用

（一）监管科技收集数据应用

监管科技收集数据应用包括自动化收集和实时监控。在自动化报告中，金融科技解决的一个关键是数据推送方式。例如，奥地利中央银行搭建起了一个报告平台，成为连通被监管单位系统与监管机构之间的桥梁。该系统允许银行部门在不增加数据提供者的管理负担的情况下传送关键信息。这个平台搭建在奥地利报告服务有限公司，由七家最大的奥地利银行集团共同拥有。在标准化的转换规则下，基础数据被连续转换。目前，大多数统计和财务稳定性报告以及一些监管报告都是根据这一数据模型运行的。澳大利亚MAI系统可以实现实时监控，从所有股权和股权衍生的产品和交易中心提取实时数据，提供实时警报，识别在执行时调查或检测到的市场异常。

（二）监管科技管理数据应用

监管科技管理数据应用主要包括数据验证、机器学习、数据整合、数据可视化和云计算。数据验证主要包括检查数据接收、数据完整性、正确合理性以及一致性。例如，新加坡金融管理局运用科技进行数据验证，包括数据清理和数据质量检查。这能够提升效率、节省时间，监管机构将更多的精力集中于调查。机器学习可以自动标记异常数据，为统计者或数据源指出潜在错误来提高数据质量。奥地利中央银行也基于机器学习和非监督学习建立了数据验证模型。数据整合通过监管科技能够将微观零散数据汇集起来形成宏观庞大数据，最终形成报告。Sun-Tech应用程序可以组合多个数据源以支持分析工作，通常包括结构化数据和非结构化数据。例如，意大利银行将可疑交易举报（结构化数据）与新闻评论（非结构化数据）整合起来进行反洗钱调查。卢旺达国家银行将监管数据与内部系统数据整合起来为监管者和决策者提供更有意义的信息。数据并不直接等同于信息，因此运用数据可视化工具将大量的、复杂的数据以容易理解的方式呈现给监管者意义重大。另外，云计算能够实现更大、更灵活的存储、移动容量和计算能力。

（三）监管科技的数据分析

金融方面，利用监管科技实现数据分析主要包括虚拟助手、市场监管、不端行为监测分析和宏微观审慎管理。虚拟助手包括监管机构使用机器人向被监管机构提供研究与实践监督，分析这些数据并发出市场操纵信号。监管科技可以应用在合规数据的标准化流程中，利用多种新技术帮助金融机构清洗加工数据自动生成合规报告。市场监管通过Sup-Tech分析大量数据，可以进行市场监管和对可疑交易进行检测。不端行为监测分析方面，通过监管科技可以监测到人工监测不易发现的异常交易和关系网络。诸多监管机构如意大利银行、卢旺达国家银行、菲律宾中央银行、新加坡金融管理局及墨西哥国家银行证券委员会等都正在或计划运用创新技术来监控。新加坡金融监管局用自然语言处理机器学习来分析可疑交易报告，以便发现潜在的洗钱网。反欺诈/潜在欺诈识别利用机器学习算法能够帮助识别潜在的欺诈行为。

【案例】

腾讯“灵鲲”金融安全大数据监管平台

腾讯“灵鲲”作为国内首家金融安全大数据监管平台，将大数据应用与反欺诈相结合，探索防范金融风险的基础预警平台，是富有价值的监管科技创新。灵鲲平台定位为金融监管科技平台，基于腾讯自有数据及监管单位本地数据实现数据打通，通过对常规金融业务、准金融业务、类金融业务的风险量化指标进行人工确认后，深度挖掘腾讯储备的金融黑产数据和金融业务风险数据，实现金融安全风险决策引擎模型的初步确认，同时对具体的金融案情进行机器学习并生成风险量化指标，经过人工指标和机器学习生成的指标反复互相校验和优化，稳定后正式上线部署。平台可锁定监管对象进行监管科技管理，其中实现监测、分析、模型拟定、欺诈定型、监管科技全流程管理；平台覆盖传统/创新/未知（工具/业态/模式）等金融风险，其中分析方向包括人员流、设备流、信息流、资金流，实现实时监测，实时止损，实时展示数据链接。

目前，腾讯金融安全全息大数据监控科技平台，已经实现现金贷、P2P、虚假投资理财预警、金融传销等场景的风险预警，其中主要的风险指标量化包括：信用风险、操作风险、流动性风险、市场风险、法律风险、传播风险、舆情风险等；其中风险分析还包括宏观风险指标，如GDP增长率、通货膨胀率、出口变化率、投资增长率、银行存贷款变化、资产价格变化。该平台可同时提供金融风控SAAS服务，服务区域性地方银行、信用社等弱风控能力的金融部门，减少它们的风控成本，助力加快落实普惠金融。平台的整体架构由四个模块组成，分别是灵鲲“7+4”风控引擎、灵鲲盒子（AI大数据引擎）、灵鲲大数据监管平台和灵鲲消费者举报查询平台。

第一，灵鲲“7+4”风控引擎的前台端是企业的线上提交入口，在这个入口处需要提供主要合伙人信息以及主题信息。将这些信息结合腾讯内部构建好的各种库，如通信黑库、RL解析库等，通过灵鲲大数据侦测引擎进行关联分析，从而得出风险评分。第二，灵鲲盒子（AI大数据引擎）是安全平台的核心，通过云端数据、线上线下数据，结合智能算法完成精准预警、洞察感知风险的功能。这个引擎覆盖全面，涉及八大维度、100+特征，覆盖消费者分析到工商、股权、存活、收益、舆情、经营、关注度、平台等。第三，灵鲲大数据监管平台在网站上实时显示被监管公司或个体的情况，可以根据可信度由低到高排序，最上面的公司要尤为注重监管。第四，灵鲲消费者举报查询平台通过小程序的平台入口，消费者可以选择查询或者举报，时时关注公司当前是什么状态。

灵鲲金融风险监管平台目前已经服务于国家工商总局、北京和深圳金融局等多个省市政府机构，在金融风险防范上取得了显著的成绩。通过和工商总局合作，能有效感知整个互联网的传销态势，通过对3 400多家传销平台和3 000多万传销参与者分析，已经向工商部门预警了高危传销平台20多家。截至2023年7月，平台已配合各地工商、公安、运营商等共同打击金融黑产，上报超过5万条线索网站，日拦截传销网站逾1 000万，及时帮助消费者挽回潜在损失超过500亿。

第四节　监管科技的模式与创新

一、国外监管科技的发展

各国在金融科技的监管方面包括：一方面，督促金融科技初创企业加强自身的合规与内控工作，加快发布行业统一的技术、服务标准；另一方面，实施“柔性监管”，利用监管科技来应对金融科技带来的风险。

（一）美国

美国金融体系属于混业经营模式，对FinTech的监管主要是功能性监管，即不论FinTech以何种形态出现，都根据FinTech的金融本质所涉及的金融业务，按照其功能纳入现有金融监管体系。例如：资产证券化的P2P业务，属于美国证监会监管；虚拟货币方要被美国国税局征税，并且纽约州金融服务管理局还要将其纳入到货币活动商业许可证的监管范围。另外，美国还有对FinTech的完整政策法律体系，并能适时动态地进行调整。2012年，美国金融消费者权益保护局启动了“催化剂”项目，通过发起“办公时间”计划、出台试验披露豁免政策，与“无异议函”政策，以及发起“研究启航”计划等举措，掌握金融科技与金融创新的动态，研判金融消费者面临的风险。2016年，美国货币监理署发布了“负责任的创新”计划，对金融科技企业的产品进行审核，评估新产品在网络安全、经营风险等方面是否符合监管标准。2016年5月，P2P平台Lending Clube的贷款销售违规事件发生后，美国监管部门开始加强对网贷平台和金融科技企业的管理。2017年1月13日，美国国家经济委员会发布了金融科技白皮书。该白皮书阐述了美国对金融科技监管的目标、基本原则及具体策略。从目标来看，白皮书旨在鼓励金融科技的创新型发展，发展普惠金融；就基本原则而言，白皮书倡导保护金融消费者的权益，增强金融服务透明度，避免技术标准与可操作性冲突。2017年，美国政府发布了《金融科技框架》，明确了对金融科技创新活动的前瞻性态度，提出将消费者放在首位、克服技术偏见、提高透明度以及维护金融稳定等十项原则，并强调金融科技参与者应把这些原则作为参与金融科技活动的指引。2019年3月，美国联邦贸易委员会宣布，将就《金融服务现代化法案》涉及金融隐私的《保障条例》和《隐私条例》的修订开展意见征询，从而更好地保护消费者。

2022年至2024年间，美国金融科技监管的现状与发展趋势可以概括为以下几点：

（1）持续的监管框架优化：尽管在此期间没有设立单一的金融科技监管机构，美国监管体系通过各部门协作持续优化，以适应金融科技的快速发展。联邦层面的多机构合作模式持续强化，确保对不同类型的金融科技活动实施有效监管。

（2）监管科技（RegTech）的加速发展：监管科技的应用迅速增长，助力金融机构和监管机构利用技术提升合规效率和风险管理能力，特别是在自动化合规报告、反洗钱监控等方面。

（3）灵活监管策略的实施：美国监管机构推行了更多灵活的监管措施，比如“监管沙盒”

项目，以鼓励金融科技创新，同时保障消费者权益和金融稳定。

（4）加强跨境合作：鉴于金融科技的跨国界特性，美国与其他国家的监管机构在过去三年中增强了跨境合作，共同应对国际金融科技服务的监管挑战，协调制定国际标准和互认协议。

（5）新兴技术的监管聚焦：特别是在2024年的当下，美国监管机构对区块链、加密货币、人工智能等新兴技术的监管日益精细化，如SEC对加密资产的分类监管，以及对AI使用的伦理和透明度要求。

（6）数据隐私与安全法规的强化：随着数据泄露事件频发，美国监管机构更加重视对消费者数据隐私的保护，以及金融科技企业数据管理和安全的标准制定，尽管尚未出台类似于GDPR的全面性数据保护法规，但在个别州和行业内部已有加强措施。

（二）英国

英国是欧洲乃至整个世界重要的金融中心之一，英国的金融科技主要业务为支付、借贷、投资和保险。2011年6月，英国政府开始对金融监管体制进行全面改革，采用由审慎监管局（PRA）和金融行为监管局（FCA）构成的“准双峰”监管模式，代替了原有的由财政部、美格兰银行、金融服务局（FSA）三方共同监管的模式。这种模式在促进金融市场良性竞争的同时保护了消费者的利益。英国的Zopa、Rate Setter和Funding Circle三大P2P借贷平台在认识到金融科技行业的健康发展和自身长远利益具有一致性的情况下，于2011年带头成立行业自律组织——P2P金融协会（P2PFA），并先后制定了成员平台需履行的具体义务以及运营规则，这些规则的制定促进了英国P2P行业的持续稳健发展。随着P2P行业的发展，英国金融行为管理局（FCA）在《消费者信贷法》和行业协会自律规则的基础上，于2013年10月发布《关于众筹及类似行为的监管方法（征求意见稿）》，于2014年3月正式对外发布《关于互联网众筹及通过其他媒介发行不易变现证券的监管方法》，并开始对P2P网络借贷实施专业的金融监管。

英国监管科技的发展迅速，主要采用监管沙盒模式。根据英国金融行为管理局的定义，监管沙盒指的是金融科技企业用于测试其创新金融产品、服务、商业模式和营销方式的安全空间，而不会因为在相关活动中碰到问题时立即受到监管规则的约束，其主要目的是帮助企业在无须遵守财务指令的情况下，在实际的生活场景中“模拟测试”其业务概念。在沙盒测试过程中，企业需要在特定的范围内才可以进行交易和服务，在保护消费者和金融系统完整性的同时，依然可以进行金融创新。例如，监管机构可以针对不同的测试公司，适当放松某些监管要求，这样一来，在鼓励创新的同时，也可以在其测试阶段为企业提供适当的保护。然而，这么做也将使“标准”沙盒的运作更有难度，可能会对他们的可扩展性增加限制。监管机构确定一个商业概念是否具有创新性，也是一个潜在的问题，因为“创新决定”的判断可能不属于监管机构的技能范围。那些在其特定领域内，专业知识水平较低的监管机构，在此过程中可能需要外聘水平更高的专家才能解决该问题。升级后的监管沙盒2.0将使初创公司能够获得更多的创新融资方式，包括ICO融资和众筹等其他资源，通过集中的FCA授权机构进行监督和管理，对公司的所有投资者进行必要的反洗钱（AML）、反恐怖主义融资（CFT）和了解你的客户（KYC）检查（该项为可选服务）。

（三）新加坡

作为世界金融中心之一，新加坡是亚洲地区的金融强国。2018年3月，德国金融科技公司Ayondo在新加坡证券交易所的加泰罗尼亚板上市，成为首家在新加坡上市的金融科技企业。2017—2018年，金融科技行业为新加坡金融业带来了近1/4的新增工作岗位。根据新加坡《联合早报》新闻数据显示，2022年新加坡金融科技融资额达到34亿美元（约45亿新元），比2021年和2020年高出22%和75%。

新加坡由于金融市场相对较小、市场创新相对不足，因此也采用监管沙盒模式对Fin-Tech进行监管，以此来推动FinTech的发展。2016年6月6日，新加坡金管局发布了《FinTech监管沙盒指南（征求意见稿）》。该意见稿对监管沙盒评估标准、退出机制和申请流程都有明确的阐述和提议，通过推出监管沙盒模式为FinTech的发展开辟出一个安全有益的环境，以试验性的方式向市场推出其产品和服务，让一些初创企业获得更大的发展空间，然后根据实际的市场影响来进行一些监管。与英国所不同的是，英国的监管沙盒适用于所有的科技类企业，而新加坡的监管沙盒仅适用于FinTech企业。另外，新加坡金融管理局还成立FinTech与创新组织（FG）来负责FinTech的政策、发展和监管，为企业提供一站式服务。新加坡还加强国际监管合作，在新兴趋势以及创新监管科技方面将与这些国家进行积极的共享。

（四）日本

日本政府在2016年对相关法律进行了修改，允许银行持有5%以上的科技公司的股份，并允许银行收购非金融企业100%股权，前提是该公司将信息技术应用于金融领域。日本于2020年5月颁布了《金融工具和交易法》和《金融服务提供法》，是监管日本金融科技行业的主要法规。其内容为允许建立金融服务中介企业，这些企业能够在单一的许可证下进行跨行业的银行、证券和保险金融服务中介，包括适用于加密资产交易服务和电子支付中间服务。尽管如此，日本的金融科技产业风险投资水平一直较低，金融集团受限于只能持有初创企业5%~15%的股权。另外，由于日本利率水平低，居民倾向于持有现金，金融服务创新需求偏弱，从而制约了FinTech的发展。面对金融科技发展落后于其他国家的状况，日本决定放松对金融科技企业投资的限制。日本的银行从此可以与FinTech企业建立合作关系，以开发包括机器人投资咨询和区块链在内的服务和技术。

从各国对FinTech的监管模式来看，英国的监管沙盒服务于其追求建立金融科技国际金融中心的目标；美国的功能性监管与其国内金融市场规模大、金融与科技创新动力强的市场环境相适应；新加坡的监管沙盒有利于克服国内金融市场较小、创新动力弱对FinTech发展的制约；日本放宽了金融机构持股科技企业股份的限制，有利于突破FinTech发展的资金支持瓶颈。此外，瑞士、德国、荷兰、葡萄牙和丹麦等国的监管科技也已起步。瑞士金融市场监督管理局（FNMA）明确表态，期待借助监管科技手段降低被监管方与自身的监管合规成本。

总体上，各国金融科技监管的目标主要是保护金融消费者权益，维护金融市场稳定。进一步地，除了金融现代化程度较高的国家以外，各国监管困境主要围绕新兴金融业务，比如如何监管移动支付、互联网消费金融等业务，在这方面各国的处理方式各不相同。除了对新兴金融领域进行管制外，各国也加强了对技术的管制，对技术造成的系统性风险较为谨慎，但是对于技术的伦理性审查则稍显不足。

二、我国金融科技监管的现状

自2005年以来，随着互联网技术的发展，我国金融业与互联网的融合逐步加深。2013—2015年是我国互联网金融飞速发展的时期。2015年至今，随着云计算、大数据、区块链的融入，金融科技产品日新月异，改变了原有的融资模式。

当前我国具有金融市场规模较大、金融创新动力强、防控系统性金融风险刻不容缓这三大特征，迅速发展的金融科技给监管带来了巨大挑战。一方面，为资金管理带来了挑战。互联网金融的高速发展主要得益于技术带来的广覆盖、低成本、高效率等优势，但由于管理经验和相关制度的欠缺，不少互联网金融企业内控薄弱、消费者保护意识缺乏。进一步地，混业、跨界式经营给行业监管带来了挑战。互联网金融企业提升了金融风险的快速传播的可能性，给金融监管带来挑战。另外，通过创新打破嵌套，往往贯穿多层次的金融市场，使底层资产和最终投资者变得模糊，风险的隐蔽性增大，难以被识别和度量，即使要求产品主动上报其实质属性，对其真实性进行鉴别和确认的工作量也很繁重，这就对金融监管的技术手段和水平提出了更高的要求。此外，监管方还面临着科技风险、道德风险等方面的挑战。金融业务越来越多融入科技创新，一些不法分子可能乘虚而入，借用系统漏洞和系统故障对用户实施欺诈行为；一些道德缺失的公司打着“金融科技”的幌子，行使诈骗。由此来看，有必要构建中国特色的监管科技体系。

我国在特色监管科技体系的构建中，需要完善金融监管双支柱，涉及宏观审慎管理和微观功能监管。总体来说，就是构建微观功能监管与宏观审慎管理相结合的金融科技行业监管双支柱，建立金融统合监管体系与主动精确的监管数据收集体系，加强国际金融科技与监管科技创新交流。建立FinTech行业监管准则。一是建立行之有效的多层次监管机制，实现风险监管全覆盖，避免监管空白，确定各类FinTech公司监管主体，明确监管职责权限。二是建立适应金融发展与风险防范并存的长效监管机制。按照实质重于形式的原则，实行“穿透式”监管。把资源、中间环节与最终投向连接起来，综合全链条信息判断业务和法律关系，执行相应的监管规则。针对经营规模资本、技术和风控能力不同的机构，在各类业务准入、创新方面采取分类分级监管方式，提高监管效率。

宏观审慎管理方面，金融机构在采用机器学习和人工智能技术来处理金融大数据和管理风险时，将具有更强的风险识别能力，客观上强化了顺周期行为。依托大数据、人工智能等分析技术，金融机构能够在经济下行时更快地捕捉到经济形势的变化，于是收缩贷款，贷款的收缩又将导致经济加速下滑，坏账风险增加，结果导致了金融机构更审慎的贷款行为，呈现出恶性循环的态势，这就是加入金融科技之后的顺周期行为，因此，更需要进行逆周期的调节。另外，一些FinTech公司收取客户备付金，可能造成流动性风险。当前已建立支付机构客户备付金集中存管制度，可以将其纳入到整个宏观审慎管理框架之中。另外，监管沙盒可以作为双支柱的必要补充。在局部地区可以采用监管沙盒模式，推进FinTech创新。但由于监管沙盒更加适用于小型的开放经济体，特别是以国际金融中心为主的经济体，而对中国并不适用。整体上更重要的还是要采取微观功能进行监管加宏观审慎管理，以此防范系统性的金融风险。

我国还可以构建金融综合监管体系和主动、精确监管数据收集体系。金融统合监管体系需要构筑金融统一监管委员会，对银行、保险、债券等金融领域实施统一监管，构筑大监管格局。通过一系列去通道、降杠杆、消非标、破刚兑的措施，规范金融机构资管业务，统一同类产品监管标准，防控金融风险。按照“实质重于形式”的原则进行业务性质筛选，根据业务职能和法律属性，明确监管原则和责任。

三、监管科技主要模式与创新

良好的金融监管是金融市场稳定繁荣的前提条件，也是世界各国政府努力实现的目标。根据货币基金组织（IMF）的评价方法，良好的金融监管应该具备以下关键要素。第一，侵入性。金融监管机构应该对金融机构的各个方面有着持续充分的了解，并进行现场检查，而不能只依靠异地分析。第二，主动性和怀疑精神。主动的金融监管对解决金融市场的顺周期性具有重要意义。在经济繁荣时期也应该具有质疑精神，对金融机构的风险情况进行分析，从而有效地防范金融机构破产。第三，全面性。金融监管应该对金融市场进行全面的观测，对系统性风险的迹象保持高度的敏感。这些风险迹象不仅来自于系统重要性金融机构，还可能来自于金融机构的表外内容。第四，适应性。适应性对当代的金融监管机构非常重要，也对其能力提出了很高的要求。金融监管机构要适应金融市场发展的新趋势和金融机构新的商业模式，调整自身的监管范围，以防止监管空白的产生，提升监管技能以适应金融创新。第五，决定性。金融监管要有明确的结论，对所有的监管行为都要达到最终结果，形成最终结论。

当前各国政府或监管当局已经或正在推出鼓励创新的一系列政策举措，大致可以分为四种模式：监管沙盒、创新中心、创新加速器（Innovation Accelerator）和安全港协议（SafeHarbor）。四种模式可以独立运用，但也有国家将监管沙盒视为更广义的创新中心中的一个模块。

（一）监管沙盒模式

目前金融科技的运用存在两方面的困境：一方面，现行监管制度无法适应金融科技的发展，甚至一些监管规则会遏制金融创新；另一方面，监管部门对新生事物不甚了解，监管能力不足，难以准确把握金融科技的发展情况及影响。在此背景下，英国金融行为监管局（ECA）于2016年5月正式启动监管沙盒项目，成为最早落地的国家。

监管沙盒可以解决金融监管当局面临的两难问题。它提供了一个“缩小版”的真实市场和“宽松版”的监管环境，在保障消费者权益的前提下，允许金融科技初创公司对创新的产品、服务、商业模式和交付机制进行大胆操作。如此，不仅金融科技初创公司可以在规定范围内进行大胆创新，监管部门也可以随时了解金融创新情况，为之后制定金融科技方面的政策法规积累经验。就中国实施监管沙盒而言，在主体框架的构架方面，监管沙盒应由中国人民银行牵头，会同国家金融监督管理总局、证监会，以部门规章的形式制定沙盒监管制度，负责沙盒监管的具体实施，并监管测试。各地方金融主管部门负责待测试企业的事前、事中及事后管理，并向中央汇报最新工作进展。

（二）创新中心模式

创新中心模式支持和引导机构（被管机构和不受监管的机构）理解金融监管框架，识别创新监管的相关监管内容、政策与法律等。这一模式已在英国、新加坡、澳大利亚、日本等多个国家和地区得以实施。其中，既有一对一的模式，也有面向更广泛受众的支持引导。但此模式一般不涉及创新产品和业务的真实或虚拟测试。这一模式因其可操作性更强，预计未来将有大量国家和地区推出类似的制度安排。

（三）创新加速器模式

创新加速器模式是监管部门或政府部门与业界建立合作机制，通过提供资金扶持或政策扶持等方式，加快金融科技创新的发展和运用。一些国家的“孵化器”安排也属于这一模式。鉴于监管部门的职责所在，预计这一模式将更多地为政府部门而非监管部门所采用。各国当局都希望在本国建立良好的金融科技生态系统，通过政府、监管部门、传统金融机构以及金融科技业等相关主体的沟通合作，建立及培育金融科技产业，激发科技创新，吸引金融科技人才，提高金融市场与金融体系效率，并增进金融消费者的满意体验。

（四）安全港协议模式

《安全港协议》是2000年12月美国商业部同欧洲建立的协议，该协议不同于美国与欧洲之间的传统商业协定，是响应欧洲的意图而建立的折中政策。《安全港协议》要求收集个人数据的企业必须通知其数据被收集，并告知他们将对数据所进行的处理，企业必须得到允许才能把信息转售给第三方，必须允许个人访问被收集的数据，并保证数据的真实性、安全性以及采取措施保证这些条款得到遵从。要达到“安全港”的要求并得到其保护，机构必须采取以下措施之一：①参加符合“安全港”原则的自律性隐私权保护项目；②制定符合“安全港”原则的自律政策；③遵守有关保护个人隐私权的法律规范。机构采取上述三项措施之一，并以“安全港”成员的身份从事电子商务，自愿作出承诺遵守“安全港”的隐私保护原则，这些机构就被假定达到了“充分保护”的要求，可以继续接受、传输来自欧盟的个人数据。加入“安全港”的机构也必须承担一定的义务，即要保证遵守“安全港”的隐私保护原则。

根据主要的监管科技模式，具体来说我国的应用创新包括交易行为监控构成、合规数据报送构成、法律法规跟踪升级构成、金融压力测试体系等。

（1）市场交易行为监控系统覆盖交易前、交易中、交易后三个阶段，实时反馈跟进。通过利用大数据、云计算等新兴技术，可以简化监管业务流程，降低成本，提高金融机构的运营效益。基于实时传送的风险监测分析，金融机构可获得更加有效、快捷的监管建议和指导，更好地了解监管法规和合规责任，在后续经营活动中不断改进自身工作。

（2）合规数据报送构成主要在于统一的数据报送口径制定，使合规数据的处理与报送流程标准化。金融机构可以对自有交易数据进行加工清洗，提高内部数据整合效率及数据质量，从而简化合规报告生成流程，降低合规成本。监管API是监管机构向金融机构提供的监管科技接口，将各种监管政策、规定和合规性要求进行数字化（工具化和标准化），使其具备“机器可读”或者“可编程”的要求，方便金融机构对其内部流程和数据进行编程，并通过统一协议交换数据和生成报告。监管机构可以针对不同的监管业务定制API。API包括各种需要输入的数据和计算函数，以及输出的数据等，金融机构通过调用API对其内部流程进行数据编程，并通过统一的协议交换数据，自动完成计算和报告等事项。

在合规数据处理阶段，金融监管部门与金融机构利用API技术、系统嵌入、云计算等方式，完成实时数据交互，减少人工干预，提高金融机构报送数据的能力，降低金融机构的合规成本。在数据标准化方面，云计算能对不同维度、不同类型和不同形态的数据进行集中处理分析，实现金融机构之间数据的通用性。同时，平台各方基于云计算技术可以制定统一的金融数据统计口径、数据交互标准，加强数据综合利用，实现监管合规要求的自动化处理。在合规数据传输过程中，可以利用安全多方计算、数据安全存储单元等加密技术保证数据传输过程中不被窃取、篡改、破坏等，通过属性、对象和访问类型标记元数据，增强监管数据采集过程的安全性和可靠性。在数据清洗环节，针对海量异构金融数据，特别是由于数据来源广、关联系统多等原因而产生的低质量数据，综合运用数据挖掘、模式规则算法、分析统计等手段进行多层清洗，使获得的数据具有高精度、低重复、高可用优势，为风险态势分析等提供更为科学合理的数据支持。

（3）法律法规跟踪升级构成主要运用人工智能技术实现监管科技的应用。人工智能通过自然语言处理和机器学习技术，可以快速处理和学习最新的法律法规和监管案例，进行案例分析推理，比较不同案例差异，进行全局化计算，评估金融风险，及时提醒金融机构调整合规操作。除此之外，人工智能和大数据技术分析还可以比较不同国家监管文件之间的关联性和差异性，帮助金融机构合法地开展跨境业务。

（4）自20世纪90年代以来，金融压力测试已经逐渐被国际银行和各种金融机构所采用并进行风险管理。测试人员将金融机构或资产组合置于某一特定的极端情景条件下，如经济增长骤减、股价暴跌等，观察其在压力下的表现，测试其承受能力。经过多年的实践，目前的金融压力测试已经形成一套较为系统科学的测试流程。以欧美常见的压力测试为例，通常选取信用较为良好、影响力大的金融机构进行测试；设定测试情境时一般选择历史情境或者极端情境，即已发生过的情况或者专家预想的极端金融状况，根据市场的状况和自身业务特点决定；信息披露与反馈测试机构会对整个测试过程实时监控、实时检测，适时披露相关信息。新技术下的金融压力测试将借助人工智能、大数据等手段更加精准地模拟虚拟情境下的金融状况反馈，监督过程也会更加透明。沙盒模式金融风洞的探索实践是力求在一个风险最低的前提下进行策略创新的良方，目前也已经在很多国家得到推行。

【案例】

智能化数据甄别分析工具——Apache Hadoop狙击洗钱犯罪

洗钱是将从非法活动中赚取的钱转化为合法货币并同时隐藏货币来源的过程。这些非法资金与恐怖主义、贿赂、勒索、贩毒、人口贩运以及网络欺诈等众多非法活动脱离不了干系。一旦非法资金通过洗钱进入银行、金融公司和股票市场，就会破坏国家金融体系的根源。随着经济一体化与互联网技术的发展，资本交易不再受限于地域和时间，这也给反洗钱工作带来了严峻的挑战。不同的金融机构对于机构内部进行的交易活动具有不同形式的定义结构。

因此，为了打击洗钱和检测洗钱犯罪，首先需要收集所有银行的单一交叉数据集。而在整个大数据生命周期中，必须支持数据完整性、访问控制权和问责制。从多个银行收集的结构化、半结构化和非结构化数据，将代表单个跨银行数据集中的变量参数。各种交易将以恒定速率添加到数据集里。例如，以日、周或月为单位。利用大数据技术提取所需信息后，汇总成跨行数据集，用于预测异常客户进行洗钱的行为，之后便需要在分布式机器上使用大数据分析软件处理大型数据集。在众多数据分析处理软件中，通过使用层次分析法模型从技术层面、社交层面以及成本和政策层面三个角度入手，基于容错率、可扩展性、性能、计算复杂性、存储容量、数据处理模型、数据安全性、安装维护、成本、可持续等多个指标进行综合评估，研究者深入分析了可用于执行大数据分析的不同平台，并评估了每个平台的优缺点，Apache Hadoop（以下简称Hadoop）尽管在特殊的数据处理需求上存在缺陷，难以配置和管理，但它在欺诈数据的筛选检测方面占有一定优势。

作为企业数据中心的一部分，Hadoop在数据管理的框架基础上进行扩展，并增设了欺诈检测软件的性能。除了将更大、更长期的描述性数据集联机以提高传统的反洗钱解决方案的性能，并引入更相关的预测模型外，Hadoop堆栈的其他组件还可以通过以下方式更好地检测欺诈性行为：进行或加强实际的勘探、发现、调查和取证；运用多种计算技术，包括静态规则引擎、状态机、图形算法、自然语言处理和机器学习等来打击洗钱行为。Hadoop还引入一个名为Map Reduce的编程原型，它由两个部分组成：Map和Reduce，目的是处理大量数据并且确保数据可用。上半部分中，Map函数在每个节点上会输出键值对的结果，下半部分中，Reduce函数将在指定的某些数据集上执行。Reduce聚合某些节点上的键值对集合，输出单个组合列表。每个节点可以包含要由Map函数处理的不同类型的数据。每个节点上的数据都是经过三重复制的。

思 考 题

1. 金融监管的本源是什么，它是如何随着时间的推移而演变的？
2. 大数据对传统金融监管模式带来了哪些挑战，金融机构应如何应对这些挑战？
3. 监管科技（RegTech）的本质是什么，它是如何帮助金融监管机构提高效率和效果的？
4. 比较国外监管科技的发展与我国金融科技监管的现状，两者在发展过程中有哪些相似之处和差异？
5. 监管科技的主要模式与创新有哪些？

参 考 文 献

[1] 陈玉罡，黎江，罗佳璟，等. 金融大数据：大数据与产业链分析[M]. 大连：东北财经大学出版社，2023.
[2] 白玮炜，高西，石磊. 金融学理论与实训[M]. 2版. 北京：对外经济贸易大学出版社，2023.
[3] 蒋洪强. 面向大数据的环境预测与决策研究[M]. 北京：中国环境出版集团，2023.
[4] 张文惠，张岩瑾. 财务大数据基础[M]. 上海：立信会计出版社，2022.
[5] 姜法芹，袁凯，贾宪军. 金融学[M]. 北京：机械工业出版社，2022.
[6] 包屹红，曾蜜. 金融学原理[M]. 武汉：华中科技大学出版社，2022.
[7] 童杰，冉孟廷，肖欢. 大数据采集与数据处理[M]. 上海：上海交通大学出版社，2022.
[8] 罗森林，潘丽敏. 大数据分析理论与技术[M]. 北京：北京理工大学出版社，2022.
[9] 张秋剑，张浩，周大川，等. 金融商业数据分析：基于Python和SAS[M]. 北京：机械工业出版社，2021.
[10] 牛淑珍，夏霁. 金融计算[M]. 上海：复旦大学出版社，2021.
[11] 王新霞编；李村璞. 大数据时代・金融营销[M]. 西安：西安交通大学出版社，2021.
[12] 韩燕作. 应用SAS实现金融大数据研究[M]. 北京：北京理工大学出版社，2021.
[13] 余大杭，易晓明. 大数据金融[M]. 厦门：厦门大学出版社，2022.
[14] 田刚. 大数据背景下金融信息安全的刑法保护[M]. 北京：中央民族大学出版社，2021.
[15] 魏石勇，林立伟，林政德. 财务金融大数据分析[M]. 北京：中国水利水电出版社，2021.
[16] 田红宇，覃朝晖. 金融大数据创新应用[M]. 长春：吉林文史出版社，2021.
[17] 赵子罡. 网络大数据下银行金融发展探究[M]. 沈阳：辽宁大学出版社，2020.
[18] 李璠. 商业银行大数据治理研究与实践[M]. 北京：机械工业出版社，2020.
[19] 张成虎. 互联网金融风险管理[M]. 北京：中国金融出版社，2020.
[20] 柏亮，顾鸣. 金融大趋势[M]. 北京：东方出版社，2019.
[21] 李继光，杨迪. 大数据背景下数据挖掘及处理分析[M]. 青岛：中国海洋大学出版社，2019.
[22] 田剑英，王剑潇. 互联网金融、平台金融和大数据金融与实体经济发展[M]. 北京：中国财政经济出版社，2018.
[23] 冯博，李辉，齐璇. 互联网金融[M]. 北京：经济日报出版社，2018.
[24] 郭永珍. 互联网金融创新与实践[M]. 北京：经济日报出版社，2018.
[25] 王丽敏，韩旭明. 面向金融大数据的若干聚类方法改进与应用研究[M]. 北京：科学出版社，2017.
[26] 涂锐. 基于大数据的金融风险研究[M]. 西安：西安交通大学出版社，2017.
[27] 崔满红，李照. 互联网金融概论[M]. 沈阳：东北财经大学出版社，2017.
[28] 张继红. 大数据时代金融信息的法律保护[M]. 北京：法律出版社，2019.
[29] 孔则吾. 大数据金融创新发展与风险防范[M]. 北京：中国商务出版社，2019.
[30] 王静逸. 区块链与金融大数据整合实战[M]. 北京：机械工业出版社，2019.
[31] 黄金老. 金融科技[M]. 大连：东北财经大学出版社，2020.
[32] 滕磊著，罗琰钦，林晨，等. 金融大数据生态体系及其风控价值研究[M]. 成都：四川大学出版社，2019.
[33] 姚树春，周连生，张强，等. 大数据技术与应用[M]. 成都：西南交通大学出版社，2018.
[34] 魏瑾瑞. 统计学视角下的金融高频数据挖掘理论与方法研究[M]. 北京：中国社会科学出版社，2015.